寻找最佳教育实践之路

——学校改进国际比较研究

张东娇　时晨晨　等◎著

教育科学出版社
·北 京·

目录

导论
学校改进的共同经验、问题和趋势

　　全世界的共识是，投资教育就是投资未来。随着理性主义管理思想的胜利、人本主义的流行和物质生活的繁荣，公众对好教育的需求持续增长，教育质量不断提高成为趋势。学校改进需要全社会力量的整合和持续支持。学校改进的本质是以多方力量合作的学校改进项目方式推动的教育质量的持续改进过程，是有目的、有计划、有实施、有评估的，也是不断寻找和接近最佳实践的过程。自 20 世纪 70 年代末、80 年代初以来，随着教育的分权变革，学校日益成为变革的中心、主体和单位，世界各国开始关注对教育变革的新路径——学校改进的研究与实践。学校改进项目层出不穷，规模也越来越大；改进活动如火如荼，过程丰富多彩，改进经验各有千秋、可圈可点，改进取向是既关注数量更关注质量，既关注效率更关注人文，既关注公平更关注差异。改进结果或接近最佳实践，或不尽如人意。但有一点必须肯定，就是世界各国对学校改进始终热情高涨，信心满满，勇于尝试。本书通过对美国、英国、德国、荷兰、日本、澳大利亚、中国 7 个国家的 22 个具有代表性的学校改进项目①的比较分析，展现了学校改进这一丰富多彩、持久的过程。基于人类认知规律和教育发展规律，世界各国学校改进的模式及其策略实施等呈现出大致相同的特点，它们的经验为世界各国学校改进的深入研究、广泛开展和持续推进提供了有益借鉴。

一、学校改进的共同经验

纵观 7 国 40 余年的学校改进历程，大体可分为三个阶段：20 世纪 70 年代末、80 年代为第一阶段，具有自发探索的特点。20 世纪 90 年代初为第二阶段，特点是关注学校效能。20 世纪 90 年代中后期至今为第三阶段，这一阶段研究成果和改进模式丰富多元。尽管 7 国学校改进的发生时间和发展程度参差不齐，但其共同之处是对学校改进的研究和实践意志坚定、智慧闪耀，积累了四点宝贵的经验，这些经验具有普遍的指导意义。

（一）以促进学生成长为目的

7 国学校改进无一例外都以促进学生成长为根本目的和价值取向。促进学生健康成长和全面发展，激发和培育学生持久的学习动机和能力，是教育的根本目的，是衡量教育实践的根本标准，也是学校改进的"定海神针"。7 国学校改进不约而同地落脚在并且直接触及学生的学习及其成就，

---

① 它们分别是：美国"学校改进拨款"（School Improvement Grants）、"综合性学校改革"（Comprehensive School Reform）、"为了所有学生的成功"（Success for All），英国"全面提升教育质量"（Improving the Quality of Education for All）、"教育行动区"（Education Action Zones）、"国家挑战"（National Challenge），德国"未来的教育和照管""中小学尖子生培养资助计划""国家融合行动计划"，荷兰"全国学校改进计划"（National School Improvement Project）、"数学改进项目"（Mathematics Improvement Programme）、"小学自我评估"（Self-evaluation in Primary School），日本"中小学一贯制""教育与社会双向互动""教师互学互助体系"，澳大利亚"高品质学校和高水平学业"（Quality Schools, Quality Outcomes）、"学生优先"（Students First）、"智慧学校：澳大利亚国家伙伴协议"（Smarter Schools National Partnerships，简称"智慧学校"），中国内地"新基础教育""学校文化建设""集团化办学"以及中国香港"优质学校改进计划"。

否则学校改进就是徒劳无功和浪费时间的瞎折腾。(Hopkins，2001)[xii]

从 7 国学校改进的发展历程来看，促进学生健康成长的目的也是随着改进实践的深入而不断明确的：第一阶段的重点是强调个体学校和教师拥有变革的主动权，在此前提下，十分注重学校的组织变革与自我评估，并没有关注到学生的学习。[①] 从第二阶段开始，学校改进开始尝试同学生的学业相关联，关注课程与教学。第三阶段更是非常关注学生的学业成就，尤其重视评估和判断那些改进实践到底能否对学生的学业成就真正产生影响。(Hopkins et al.，2001) 目的明确之后，促进学生成长和进步也自然而然成为各国学校改进的核心目标，这可以从部分学校改进项目的名称、理念与宗旨中明显看出（见表 0-1）。

表 0-1 部分学校改进项目的理念与宗旨

项目名称	理念与宗旨
美国"为了所有学生的成功"	每个学生都能学习，每所学校都能确保每个学生成功
英国"全面提升教育质量"	学校改进的目的在于提高学生的学业成就
英国"国家挑战"	没有一个学生注定是成绩差的，所有学生都拥有同等的实现学业成功的机会
德国"未来的教育和照管"	通过全日制学校延长在校学习时间，给每个学生充分发展潜能的机会
澳大利亚"高品质学校和高水平学业"	关注每个学生的学业与发展
澳大利亚"学生优先"	有效提升教育质量以及全体学生的学业水平
澳大利亚"智慧学校"	确保澳大利亚所有学生尽可能享有最好的教育，尤其是那些处境不利的学生

---

① 不少学者认为这一阶段的学校改进不是真正意义上的学校改进，同学生成长的松散联结也决定了它难以产生实效的结局。

续表

项目名称	理念与宗旨
中国"新基础教育"	关注每一个学生，培养"主动、健康发展"的新人，实现教育理念与实践的互动融通
中国"学校文化建设"	引导学生乐观、持续地投入学习，掌握系统思考学校整体发展的方法和工具，建设价值驱动型学校，过优雅、从容、完整、健康、美好的教育生活

目的明确，行动跟上。从各国的学校改进实践来看，促进学生成长的目的被进一步分解、聚焦和落实为三种行为。

一是关注不同类型的学生，尤其关注弱势群体。这一点突出的是教育公平的价值取向。相比于普通学生，英国"国家挑战"项目十分关注有学业失败危机的学困生，而德国"中小学尖子生培养资助计划"则加强对富有潜力的尖子生的培养。除此之外，德国"未来的教育和照管"与"国家融合行动计划"、澳大利亚"高品质学校和高水平学业"与"智慧学校"还特别重视对移民儿童、原住民儿童、低收入家庭儿童、留守儿童、无家可归儿童、残障儿童等弱势群体学生的教育。在日本"中小学一贯制"项目中，转校生、小学高年级学生和初一学生这些相对特别的学生群体也被给予特殊关怀。

二是切实支持学生在不同方面的成长。这一点突出的是尊重差异的价值取向。各国学校改进项目普遍认同成绩只是学生成长的一个方面，并不是全部。例如，澳大利亚"高品质学校和高水平学业"项目为提升学生的全球竞争力而努力培养学生的 21 世纪技能（21st century skills）和语言能力；中国香港"优质学校改进计划"项目则秉持"照顾学习差异"的理念，不为学生拉相同的起跑线，而是希望每个学生都能够对学习持续保持兴趣，都可以在原有基础上有所进步。

三是聚焦课程与教学。为了有效达成促进学生成长的目标，各国学校改进项目的策略实施一般都会触及学校的核心技艺（core technology）——课程与教学①。这一点突出的是提升教学质量。在课程上，美国"为了所有学生的成功"、英国"国家挑战"、荷兰"全国学校改进计划"和"数学改进项目"、澳大利亚"智慧学校"等主要从传统的阅读与数学等核心课程入手，澳大利亚"高品质学校和高水平学业"与"学生优先"、中国香港"优质学校改进计划"等关注了 STEM 课程与第二语言课程，德国"未来的教育和照管""中小学尖子生培养资助计划""国家融合行动计划"与日本"中小学一贯制"还涉及第二课堂的选修与兴趣课程、具有挑战性的"深入"课程、移民融合课程以及九年一贯制课程等特殊类型课程。在教学上，除了英国"全面提升教育质量"对影响学生学习的课堂教学条件②进行总结外，其他项目重点实施小班教学、分层教学、直接教学、明示教学（explicit instruction）、适应性教学（adaptive instruction）、加速学习计划、小组合作学习、竞争性学习、数字化学习、个性化一对一辅导等教学策略。中国进行了多次课程改革，不断调整课程标准，以培养有理想、有本领、有担当的时代新人为目标，提出实行国家、地方和校本课程三级管理体制，鼓励学校整合资源，积极开发、实施和评估校本课程，丰富社团活动，以促进每个学生全面发展。

（二）研究与实践高度互动

7 国学校改进项目共同表现出研究与实践高度互动的特点。学校改进研究标志着改进项目的顶层设计水平、对具体情境知识的抽象和概括水平、

---

① 各项目实施的其他改进策略，包括学制改革（如德国"未来的教育和照管"、日本"中小学一贯制"）、学校组织重建（如美国"学校改进拨款""综合性学校改革"，英国"国家挑战"，澳大利亚"学生优先""智慧学校"，中国"新基础教育"和"集团化办学"）、学校文化重构（如中国"学校文化建设"）、学校自治、管理与问责、校长领导力提升、教师专业发展（如日本"教师互学互助体系"）、学校自我评估（如荷兰"小学自我评估"）等，这些虽不直接指向课程与教学，但都对课堂质量提升和学生成长产生了重要影响。

② 具体包括：真实开放的课堂关系，明确的学生行为标准和边界，教师教学计划、资源和教学准备的充分性，教师的教学风格，教师的教学伙伴关系以及教师的教学反思能力。

成果固化水平、对项目的评估水平等，学校改进实践代表的是制订计划的能力、集结合作力量的能力、指导学校改进的能力、项目管理和运营能力、对知识的还原和运用能力等。学愈深，知愈明，行愈笃。学校改进研究与实践高度互动，互相补缺、相互促进，使研究更加丰富丰满，实践更加有趣有效，形成良好的认知-实践循环。

学校改进知识日趋完整。从 7 国学校改进发展历程来看，尽管第一阶段的学校改进是实践者导向的自发摸索，具有零散、飘忽不定（free float-ing）的特点，但从第二阶段开始，便在"学校效能"（探问"好学校"之道）理论指导之下，有序开展了。在第三阶段，汇聚了一系列研究成果和最佳实践案例的学校改进知识库更是被积极创建和循环使用，为学校改进实践提供了智性基础。（Harris et al.，2006）[4] 尽管各国的学校改进不完全遵循这样的历程，但不难发现，其每一个阶段都受到了新的研究发现与知识基础所驱动，新旧阶段的更替中更是呈现出"研究—实践—再研究—再实践"的研究与实践的交互形态，认知越来越成熟，知识渐趋完整、系统，实践越来越接近相对最佳状态。

学校改进模式日趋成熟。具体到各国的学校改进项目，这种研究与实践的高度互动尤其表现在项目的研发过程中。以美国"为了所有学生的成功"为例，该项目是由约翰·霍普金斯大学项目研发团队依据多维度干预理论（multidimensional intervention theory）而设计出的一种全校性变革模型。虽然该项目成形于 1987 年，但整个研发过程并不是一蹴而就的。在此之前的 10 余年里，以斯莱文（Robert Slavin）教授为首的项目团队一直在从事有关学生合作性学习的基础性研究，他们发现了一种可以充分发挥学生间相互合作力量的结构化合作性学习策略，并将其推广到学校教学实践中。随着应用的深入，项目团队逐渐意识到这项合作性学习策略仅涉及学校的教学过程，并没有触及学校的核心课程，于是从 1980 年开始先后将该策略与数学、阅读和写作课程融合，研发出"团队加速教学"和"读写一体化的合作性学习"项目。然而，项目团队并不满足于此，继续研究如何将该策略渗透到整个学校，并于 1985 年研发出"合作性学习小学"模型，这便是项目的前身。（时晨晨，2016）[25-26] 即便在项目成形之后，项目团队也一直在结合实践需求，不断丰富和调整项目的构成要素，还将其推广至海外，衍生出各种版本。表 0-2 列出了"研究与实践互动"这一有效经验在部分学校改进项目中的不同表现。

表 0-2　部分学校改进项目"研究与实践互动"的表现

项目名称	表现
美国"综合性学校改革"	各模型的研发与实施均遵循着"研究—研发—传播—应用"的范式（即 research, development, dissemination, utilization, 简称 RDDU 范式）（Cross, 2004）[3]
德国"未来的教育和照管"	开展全国性大型纵向调查项目——"全日制学校发展研究"，目标是为全日制学校发展提供科学依据，全面评估全日制学校的教育效果
荷兰"全国学校改进计划"	它是学校效能知识、学校改进经验、阅读学科知识、直接教学策略相互融合的产物
荷兰"数学改进项目"	它是学校效能知识、学校改进经验、数学学科知识、适应性教学策略相互融合的产物
荷兰"小学自我评估"	依托学校效能研究的结果，关注研究中所发现的与学校效能密切相关的学校特征，提炼归纳形成学校绩效指标体系
中国"新基础教育"	一项以实现学校整体转型为目标的大型教育研究，探讨和实验教育理论与教育实践的转化融通，创建"新基础教育"理论，引导现代新型学校建设，是理论与实践交互生成的学校变革研究及学校改进项目
中国"学校文化建设"	学校文化驱动模型是学校改进模型之一，包括 3 个知识模块 9 个单元 34 个要素。模型建设过程包括建构与形成、研究与评估、应用与完善三个阶段，始于学校改进知识和经验的持续学习，终于学校改进实践的大规模参与，得益和完善于学校文化及其理论的深入研究

（三）走多方合作的道路

在方法层面，7 国学校改进走的都是多方主体合作的道路。各国 40 余年的学校改进发展历程表明，虽然中小学是学校改进的中心和基本单位，但是校外力量的支持与合作也十分重要。"没有强有力的伙伴合作，学校变革的努力是不会长久的。当外部的支援减弱的时候，学校内部的能力将不足以维持改进的实施。"（Harris et al. , 2006）[299] 因此，多方合作的学校改进道路逐渐被广泛采纳和应用，成为各国学校改进项目的一个鲜明的特征。

任何取得卓越成效的学校改进项目都是由政府发动、联合专家系统和社会力量而系统深入推进的。这一经验屡试不爽，成为学校改进的共识。值得注意的是，虽然合作的三方主体是人们所熟知的大学、教育行政部门和中小学，即采用所谓的"U-A-S模式"，但各国学校改进项目还非常重视发挥家长、社区、基金会、工商业企业等的力量。譬如，在美国"为了所有学生的成功"项目实施过程中，项目学校专门成立社区资源小组委员会，积极寻找并充分利用生存保障类、教育类、商业类社区资源与服务。作为公私协作的学校改进项目，英国"教育行动区"项目通过对公立学校管理权的部分让渡，吸引私营企业、宗教团体等社会力量参与教育薄弱地区（即"行动区"）的学校管理、运作与服务，也鼓励工商业界提供新技能、新经验等资源或以债券基金的形式进行捐赠。在德国"未来的教育和照管"项目实施过程中，全日制学校与工厂、企业合作教学，将工厂、企业的日常场景与工作原理介绍给学生。为了解决学校资源有限的问题，培养学生的社会性，日本"教育与社会双向互动"项目充分推动学校以外的力量参与教育的管理和运作，如创办"社区学校"，开展"地区学校协动活动"、周六学习支援活动，打造放学后教室、"面向社会的课程"等。澳大利亚"学生优先"项目则十分重视发挥家长的力量，一方面创建专门的网络平台为家长提供参与学校决策的信息与途径，另一方面设立相关家长组织以保障家长发声的权利；与此同时，还积极为家长整理资源，方便家长开展高质量的家庭教育。

此外，各国学校改进的经验也充分表明，不同主体有着不同的角色与分工。就政府而言，它在各国学校改进中通常以"干预"（如提供法律和政策要求）和"支持"（如提供经费、软硬件、师资等资源）的方式来促进改进项目的研发与实施。各级政府各司其职，相互配合与支持。大学，则贡献专家学者和先进的教育理念、理论与技术，并承担项目的研究与研发、校本培训以及效果评估等。社会，主要是指家长、社区、教育事业类社会组织机构以及非教育事业类社会组织机构，它们在学校改进中所发挥的作用通常表现在两个方面：一是通过提供经费、培训、咨询等参与学校的管理工作，二是通过提供工厂参观、企业实习的机会以及专家、技术、场地等资源参与学校的课程与教学建设。中小学，作为项目落实的场所和实践的基本单位，在认真执行项目的同时，也需要同政府、大学和社会等主体交流并向其反馈，甚至可以为项目提供教学专家等资源。英国"全面提升教育质量"项目的经验还表明，多方合作最好建立在合同关系的基础上（马健生 等，2015），以厘清各改进主体的权责与分工，进而促进伙伴互信和专业协作。

（四）以项目方式推进、运营和管理

7 国学校改进具有以项目方式推进、运营和管理的共同特点。从各国 40 余年的学校改进历程可以看出，各国学校改进的发展往往表现为涌现出众多的学校改进项目。那么，到底什么是项目？它和实践有什么区别？

实践通常表征为一些零散孤立的学校和教师可以自主采纳并基于主观见解而应用的准则，如使用电子产品辅助教学、加快教学进度、提出更高难度的问题等，且一般不包含相对应的支持性材料或专业发展。而项目则是包含程序、活动、材料、专业发展等诸多要素的规范化和结构化整体，旨在促进学生学习、教师发展和提升学校质量，达成最佳教育实践。具体到学校改进项目，情况更是复杂。相比于零散、自主的实践，学校改进项

目具有改进宗旨与使命、基于科学研究的改进要素以及保障改进要素有效落实的校本培训与专业发展等项目核心要素。同时，项目实施是一个纵深推进的过程，涉及研发阶段、实施与评估阶段、可持续发展阶段等。在项目推进、运营与管理的过程中，需要综合考虑经费、项目学校、教练员、协调员、交流网络、技术支持等各方面工作，其中包含了大量的缄默知识，这些是影响学校改进效果的重要因素。

因此，在各国学校改进项目的演进与发展过程中，人们不仅认识到要以结构化的方式推进学校改进工作，而且意识到学校改进项目本身运营与管理的重要性，并为此创建了专门的组织机构。以美国联邦政府统筹的"学校改进拨款"为例，该项目分别在州和地方学区两级层面组建了学校改进办公室，甚至当一个州或学区有许多学校需要改进时，每8—10所学校就会成立一个学校改进办公室。作为项目的专门服务平台，学校改进办公室的主要职责是为联邦政府"学校改进拨款"项目的地方和校本落实做好政策优惠、资源支持、督导与服务、效能评估与反馈等管理与协调工作。表0-3列举了部分学校改进项目的组织机构。由于各学校改进项目的模式特征不同，这些项目组织机构有的是政府机构，有的是大学研究机构，还有的是社会上的非营利性基金会。

表0-3 部分学校改进项目的组织机构

项目名称	组织机构
美国"综合性学校改革"	综合性学校改革质量中心
美国"为了所有学生的成功"	"为了所有学生的成功"基金会
英国"全面提升教育质量"	伦敦大学学院教育研究院[①]
英国"教育行动区"	行动论坛
澳大利亚"智慧学校"	澳大利亚改革委员会

① 随项目主要研发者霍普金斯（D. Hopkins）任职高校的变更，该项目组织机构先后由剑桥大学、诺丁汉大学转移至伦敦大学学院。

续表

项目名称	组织机构
中国"新基础教育"	华东师范大学基础教育改革与发展研究所
中国"学校文化建设"	北京师范大学教育学部、北京师范大学学校文化研究中心
中国香港"优质学校改进计划"	香港中文大学大学与学校伙伴协作中心

二、学校改进的共同问题

学校改进是一项系统工程，多方参与、管理复杂，过程漫长、体量巨大，投入很高、问题很多。在获得宝贵经验、清晰思路的同时，各国学校改进也遭遇许多问题：巨大的投入是否带来相匹配的收益？轰轰烈烈的学校改进项目是否能不改初衷并最终促进学生的成长和进步？如何进行高屋建瓴的设计与细致入微的组织和管理从而取得更好的改进效能？学校改进大张旗鼓，但也问题频出，效果不尽如人意。

（一）成本相对高

众所周知，学校改进的成本严重制约着改进的可持续性。各国学校改进项目的高成本已经成为一个不争的事实，这主要表现在三个方面。

财力成本高。从各方主体对项目的经费支持来看，各国政府作为学校改进项目的最大资助方，为各项目投入了数额巨大的资助资金（见表0-4）。英国"教育行动区"等项目除了依赖政府的年度拨款外，还从私营企业等社会渠道筹集经费。从项目学校在改进过程中的经费来看，一所常规规模（约500名学生）的美国小学，如果连续三年实施"为了所有学生的成功"项目，每年都会获得7.5万美元的相关改进费用。学校获得的经费主要用于三处：一是项目材料与产品、项目培训与教师专业发展，如美国"为了所有学生的成功"项目费用一半用于项目材料与产品购置，一半用于教师的专业发展；二是学校基础设施，如德国"未来的教育和照管"与日本"中小学一贯制"项目对餐厅、教室、一体化校舍、装备等基础设施都提出了较高的要求；三是正式课堂教学之外的非正式活动，如"第二课堂"等。

表0-4　部分学校改进项目所获的政府资助

项目名称	政府资助
美国"学校改进拨款"	2009年，该项目创建之初，美国联邦政府就投入30亿美元
美国"综合性学校改革"	1998—2008年，美国联邦政府每年为该项目拨付的经费在1.45亿—3.1亿美元
英国"国家挑战"	英国政府在3年内为该项目投入4亿英镑
德国"未来的教育和照管"	2003—2007年，德国联邦政府共投入40亿欧元，资助全国三分之一的学校新建或改建为全日制学校。此后，政府继续为该项目每年投入430万欧元，用于支持全日制学校建设①
德国"中小学尖子生培养资助计划"	德国联邦和州两级政府共为项目投入1.25亿欧元
澳大利亚"高品质学校和高水平学业"	是一项自上而下对整个澳大利亚学校系统质量进行改进的资助计划，澳大利亚联邦政府规划每年拨付给学校系统的常规性经费从2017年的175亿澳元增长到2027年的306亿澳元
澳大利亚"学生优先"	澳大利亚联邦政府对该项目的投入总计为7700万澳元
澳大利亚"智慧学校"	澳大利亚联邦政府在该项目上投入近26亿澳元

　　人力成本高。从项目参与人员来看，从政府官员、大学研究人员到项目教练员与学校协调员，再到家长、社区与社会人员，各国学校改进项目

①这是德国有史以来资金量最大的一项教育投资。

实施的各个环节均需要投入大量的人力资源。从项目参与人员的数量来看，美国"为了所有学生的成功"基金会仅教练员就聘请 120 名，以确保为项目学校提供专业的项目培训并促进教师专业发展。从项目学校的师资投入来看，德国"未来的教育和照管"与日本"中小学一贯制"需要项目学校补充和重构师资队伍，而德国"中小学尖子生培养资助计划"和"国家融合行动计划"、日本"教育与社会双向互动"、澳大利亚"高品质学校和高水平学业"等项目还对专门师资有较高的要求，如语言教师、心理咨询教师、职业生涯规划教师、"第二课堂"教师等。

时间成本高。整体来看，各国学校改进项目的实施周期至少为 3 年，如美国"为了所有学生的成功"要求项目学校至少连续实施 3 年，英国"教育行动区"规定各行动区的法定运行期限为 3—5 年，德国"未来的教育和照管"首批工程建设期为 5 年，德国"中小学尖子生培养资助计划"运行期为 10 年，澳大利亚"高品质学校和高水平学业"的运行期也是 10 年。部分项目在一个周期之后仍被继续实施。以美国为例，平均每所项目学校实施"为了所有学生的成功"长达 8 年之久，联邦政府对"综合性学校改革"更是给予了近 20 年的法律与经费支持。中国"新基础教育"研究和实践已经持续近 30 年，"学校文化建设"已经从"十二五"规划时期持续到"十四五"规划时期。

（二）成效相对小

学校改进的效果通常有三项衡量指标：一是学生学业成就，如考试成绩、批判性思维能力、学习习惯、社会情感技能等。二是教师专业发展，如专业学习的机会、合作力的提升、责任心的提升等。三是学校变革能力，包括持续保持改进效果的能力、积极应对外部其他教育变革对学校影响的能力等。虽然各国学校改进项目得以有效实施，并取得一定成绩，但就上述三项指标而言，有研究证据表明，学校改进成效相对较小，未达到预期效果。

美国学者开展的一项整合 232 项"综合性学校改革"效能评估研究的元分析显示，项目对学生学业成绩影响的效应值（effect size，ES）为 0.15，影响较小（Cross，2004）[80]。美国联邦教育部对"学校改进拨款"的年度审核与效能评估数据显示，随着时间的推移，项目的总体成效一年不如一年。2017 年 1 月，美国联邦教育部发布的一项研究发现，"学校改进拨款"对受助学校学生的数学或阅读考试成绩、高中毕业率或大学入学率没有显著影响（Dragoset et al.，2017）。

德国联邦政府对"未来的教育和照管"在全日制学校的实施效果的评估显示，虽然它促进了教育机会均等，但并未对学校的课堂教学质量产生实质性的积极影响。

荷兰的研究发现，运用"小学自我评估"项目中的自我评估工具虽然对学校的组织特征、教师专业发展有积极影响，但对学生学习产生的影响有限。在"全国学校改进计划"实施期间，对该项目的准实验评估显示，项目内容和改进策略是有效的，教师的教学行为发生了相应改变，学生阅读效果有了改善。但项目结束一年后，后续研究发现项目效果并未得到保持。

日本政府对"中小学一贯制"实施成果的调查显示，虽然八成被调查者同意项目取得了成果，但只有一成被调查者认同"中小学一贯制"的实施取得了重大成果。

虽然在 2000 年以后，澳大利亚政府接连实施"智慧学校""学生优先"和"高品质学校和高水平学业"等改进项目，但从国际学生评估项目（Program for International Student Assessment，简称 PISA 测试）的结果来看，澳大利亚学生的阅读素养、数学素养和科学素养排名不断下降。

（三）成功相对难

学校改进本身就缘于各项教育变革难以成功的现实，是从薄弱学校开始的。从世界范围来看，学校改进各个发展阶段的交替与演进，也正是因为前一阶段学校改进的"效果不佳"。可见，学校改进要想收获成功是相当困难的，或许由于管理不力、运作不佳，或许由于合作不畅、成本过高，原因不一而足。

当前，有些项目已宣告失败。2008 年美国联邦政府拨付完最后一笔"综合性学校改革"经费之后，在 800 余种综合性学校改革模型中，绝大多数模型由于难以维持而陆续消亡。有些项目即便得以幸存，目前也已风光不再。作为美国"综合性学校改革"的高效能模型代表，"为了所有学生的成功"虽然从其他途径获取经费后得以继续存活，但由于成本较高，项目学校数量不断减少。随着奥巴马政府的下台，"学校改进拨款"也不再处于鼎盛期。日本"中小学一贯制"不仅教育成效不明显，甚至引发了择校不自由、教学内容难以消化、学校行政机构冗余等一系列教育问题。

学校改进项目获取成功何以如此艰难？原因有很多。有的同项目本身的方案设计有关。譬如，美国许多教育研究者和实践者认为，"学校改进拨款"中更换校长和教师的举措存在缺陷，且薄弱学校对改进模式设计的熟悉程度不够。同样，英国"教育行动区"方案的制定者雄心勃勃，试图在短期内解决方方面面的问题，然而面面俱到的改进策略相对缺乏重点和针对性。有的同项目落实过程中的因素有关，如成本、参与、评估、反馈等。例如，在英国"教育行动区"和"国家挑战"项目中，尽管社会各界积极参与学校改进过程，但没有建立起一套完善的督导和优化措施。缺乏对改进效果的适时评估，也在一定程度上影响了改进进程。在德国"未来的教育和照管"项目中，大部分州的全日制学校实施的仅是在上午常规教学的基础上增加下午"第二课堂"的"加法模式"，而不是项目最初主张的"融合模式"。在荷兰"小学自我评估"中，学校自我评估由于受到评估工具质量及过程性因素的影响，难以为后续改进提供可靠信息。最后，除了项目内部的因素外，外部的政治因素对项目也有影响。美国小布什政府2001 年上台后，提议撤销"综合性学校改革"经费，虽然国会起初反对，但 2004 年最终同意。2008 年最后一批经费拨付后，历时近 20 年的项目宣告终结。（Good，2008）[261] 特朗普政府上台后一直支持教育私有化和创建特许学校，而不是试图改善处于失败危机中的公立学校，因此奥巴马政府时期用于支持薄弱公立学校改进的"学校改进拨款"项目不再受到重视。在澳大利亚，代表不同集团利益的两党轮流执政，使得原有学校改进政策和项目难以持续性推进。

三、学校改进的共同趋势

富兰（Michael Fullan）总结了教育变革的八大教训，其中之一是："问题是难以避免的，它们是我们的朋友。没有它们，我们无法吸取教训，开展新的学习。"（Hopkins，2001）[42] 直面和解决顽固问题，能够激发人的斗志和信心，锻炼人的耐力和能力。世界各国学校改进的经验与问题孕育和展现出学校改进与教育变革的共同趋势，彰显了生机勃勃的时代活力。学校改进研究和实践从设计到管理、从评估到指导都必须加强整体性、专业性和精细性。

（一）系统化工程

学校改进不是一蹴而就的，需要系统思考和高屋建瓴的精密设计，它是一种复杂且持久的努力，要经历至少几年的系统化建设（Hopkins，2005）[8]。当下这项系统化的工程正呈现如下趋势和特点。

青睐系统改进方案。在学校改进的研究上，相比于局部/焦点的学校改进模式，整体、全面、系统的全国性、地域性、全校性的改进方案越来越受到重视。这些全面和系统的改进方案还尤为注重从学校和课堂两个层面帮助学校建设自我改进的能力，即"能力建设"（capacity building），以突破学校改进项目普遍存在的"项目结束后其良好效果难以继续保持"的尴尬局面。

推广区域化改进模式。在学校改进经验的传播上，不管是政府主导的"自上而下"的学校改进，还是源自基层的"自下而上"的学校改进，都开始有意将改进方案与策略在整个区域层面进行推广，尤其是在教育薄弱地区推广。相比于薄弱学校的逐个改造，区域内改进资源的共享更有助于教育薄弱地区学校的整体发展，进而实现教育的优质与均衡。

细化阶段化改进过程。学校改进至少要经历以下三个典型的阶段。在采纳/启动阶段，不管是学校自己设计的还是外部研发的学校改进方案，其校本引介一定要征得全校师生的认可与支持，这是学校改进顺利迈进后续阶段的首要前提。在实施阶段，协调合作是重中之重。"学校不仅意味着教学楼、课程、程序（例如课程表），更重要的是包含许多人群之间的互动与交流。这些合作与沟通在很大程度上会影响学校目标的成功实现。"（Hopkins et al.，1994)[166] 当然，"实施本身是不够的，只有当改进融合为学校全体成员日常行为的一部分时，改进才是成功的"（Hopkins，2005)[9]。所以，制度化阶段的改进效果巩固工作不容忽视。此外，还需强调一点，改进过程的三个典型阶段并不是一个接着另一个出现的，而是互相重叠与嵌套的。

（二）专业化网络

有学者指出："没有一所学校是一座与世隔绝的孤岛。尽管学校是改进的中心和单位，但学校改进并不是学校的单独行动。"（Reynolds et al.，1993）也有学者指出，目前国际上学校改进的第四阶段已经开启（起始于2010年前后），而其中心议题正是学校改进的网络建构。（Muijs，2010）尤其是注重在校外、校际和校内三个层面上建构和利用专业化网络，提高学校改进的专业水平，使学校获得持续发展的能力。

借助校外专家力量。相比于学校自己制定的改进计划，外部研发的改进方案在适应学校的具体情境后，更容易在学校中实施并实现提升学生学业成就的目标。不过，不论是"由内而外"还是"由外而内"的学校改进，都离不开校外专家团队的支持。（Hopkins，2005)[253-257] 除了学校改进方案的设计外，专家团队的贡献主要体现在三方面：一是改进方案的制定和实施，"如果没有外部专家的校本培训，改进方案的要素很难被完全落实"。二是改进效果的评估——借助专家团队的专业知识与技能，以量化数据和质性研究结果全面而准确衡量、评估与反馈学校改进的成效。三是指导学校改进，针对评估中出现的问题进行专业指导，学校改进才能取得事半功倍的效果。

建立校际支持网络。"一所处于教育变革与学校改进前沿的学校有可能仅仅坚持几年就无法继续前行，但是当一群有着共同的变革兴趣与语言、共同的变革愿景和技术支持的学校组建成一个支持性的网络体系时，每所成员学校会更加有可能进行系统化和持续性的变革，并最终获得变革的成功。"（Slavin et al.，1999c）[20] 校际支持网络不仅能够为学校提供情感上的支持，而且有益于专业技术等改进资源的充分利用，良好的伙伴关系可以使项目学校实现共赢。

形成校内专业学习共同体。专业学习共同体（professional learning communities）的主要任务和活动是设定学生学业的提升目标，基于目标制订可行的行动计划，组成合作团队进行教学试验，评估学生的学习效果（Hopkins，2001）[161]。显然，专业学习共同体内的合作效果与社群中所有成员的能力，尤其是学校的主要成员——教师的能力息息相关，所以提升教师能力的专业发展格外需要注意。

（三）数据化驱动

"学校改进是一个深受数据驱动的过程"的观点已经获得广泛认同，数据化驱动贯穿学校改进全程的发展趋势同样需要被我们清醒认识到。

必须基于科学研究进行学校改进。学校改进的核心策略、具体组成要素、配套支持性材料与专业培训的结构化设计要建立在既有的科学理论与研究发现的基础上。

必须基于效能证据对学校改进项目进行决策。利用元分析技术对各学校改进项目的多项效能评估研究进行整合，并最终得出能够直观显示各项目效能的效应值，以方便教育实践者和政策制定者做出采纳与启动学校改进项目的明智决定。

必须利用调查与反思结果推动学校改进项目的实施。学校改进项目实施阶段的多方面数据是改进方案执行的"显示器"，收集数据的目的在于及时掌握改进项目的进展情况。不过，只是单纯地收集调查数据是不会达到改进学校的目的的，还需要对数据进行认真反思，赋予数据以改进的意义。所以，基于调查结果的反思有助于适时修订下一阶段的执行计划。

必须利用评估与反馈保障学校改进的制度化。一方面，要利用实验或准实验的量化研究、质性研究抑或混合研究对学校改进的效果进行准确评估；另一方面，也要使评估信息透明，以便获得各方主体的反馈，"学校需要高质量的反馈循环（feedback loops），以便获取能够维持持续改进的智力"（Hopkins et al.，2001）。

事实上，上述三种发展趋势已在各国学校改进项目中得到初步反映。作为学校全面改进模式的代表，英国"全面提升教育质量"从学校和课堂两个层面帮助积蓄改进能量；英国"教育行动区"和中国"新基础教育""学校文化建设"在区域层面进行大规模的学校改进推广；美国"为了所有学生的成功"要求学校实施项目前必须获得80%以上师生的投票支持，并为项目学校创建了全国性和地方性支持网络；日本"教师互学互助体系"支持教师在职业生涯各个阶段的专业发展；荷兰"全国学校改进计划"运用实验与准实验的研究方法对项目效能进行评估；等等。

学校改进是形成优质教育群落和实现美好生活的必要手段，追求学校改进最佳实践的过程不仅能够满足期待、促进公平，还能积累幸福、创造意义。

第一章
学校改进的理论与实践

　　薄弱学校转化是一项世界性难题，正如有学者感叹的："人类可以在不长的时间里就实现登月计划，却无法在很长的时间里改变一所学校。"学校改进作为一项有目的、有计划、有组织地促进学校发展与教育变革的有效策略，自 20 世纪 70 年代末、80 年代初诞生以来便受到世界各国的广泛重视和青睐，被许多国家和地区视为提高学生学业成绩、促进教师专业发展、积蓄学校发展能量的重要手段。如今，世界各国关于学校改进的理论思考与实践探索仍在朝气蓬勃地不断向前发展。

第一节　学校改进的理论思考

　　学校效能（school effectiveness）研究与学校改进研究是提高学校教育质量的两类研究（卢乃桂 等，2007b）。不同于只关注"什么样的学校是高效能的"学校效能研究，学校改进研究是一个理论与实践高度互动的领域，既将学校改进理论成果应用于改进实践，同时也在改进实践过程中进一步丰富和完善对学校改进的理论思考。随着学校改进实践的深入与发展，各国学者也在不断探究到底什么是学校改进、为什么学校改进能适应当代教育变革的需求等问题，对学校改进的内涵、模式与策略等进行了细致的理论思考。

一、学校改进的内涵

通过系统的文献综述，本研究发现，不同学者对学校改进的内涵有不同的理解。最早对学校改进进行明确定义的是经济合作与发展组织（Organization for Economic Cooperation Development，OECD）于 1982 年发起的"国际学校改进计划"（International School Improvement Project），而后国外学者巴斯、格雷、霍普金斯等人对此定义不断修正与完善，国内学者梁歆和黄显华也在这些研究的基础上给出了自己关于学校改进的界定。

一种系统而持续的努力，旨在改变校内的学习条件（learning conditions）和其他相关的内部条件（related internal conditions），最终能让学校更有效地持续地实现教育目标。——"国际学校改进计划"（梁歆 等，2010）[8]

学校改进是一种努力，从学校外部或内部为了促进、维持校内成员（包括教师和学生）的学习而创造条件。——巴斯（梁歆 等，2010）[11]

一所改进的学校是校内相同一批学生的发展每年都有持续提升，即随着时间的推移，效能有所提升。——格雷（梁歆 等，2010）[12-13]

学校改进是教育变革的一种策略，它可以增进学生的学习成效，同时还能增强学校应对变革的能力。这样的学校改进通过聚焦教学过程以及支持它的相关条件从而提升学生的学业成果。它是在变革的时代中为提供优质教育而提升学校能力（capacity）的策略，而不是盲目、毫无批判性地接受、实施政府的法令。——霍普金斯（梁歆 等，2010）[13]

学校改进是一种系统而持久的变革，在这个过程中学校是变革的主体，校外及校内人员协同工作，通过变革学校的内部条件，如教与学、课程、教学资源、学校文化等方面的内容，最终增强学校应对变革的能力，增进学生的学习成效。——梁歆、黄显华（梁歆 等，2010）[16]

由此可见，当前国内外学者关于学校改进的定义可以划分为三种类型：一种是以"国际学校改进计划"和巴斯为代表的侧重学校改进过程的定义，一种是以格雷为代表的侧重学校改进结果的定义，还有一种是以霍普金斯和梁歆、黄显华等人为代表的兼顾了学校改进过程和结果的定义。

本研究在结合上述关于学校改进的已有定义和世界 7 国学校改进实践探索的基础上认为，学校改进不同于教育变革（educational change）、教育改进（educational improvement）、学校变革（school change）和学校改革（school reform）[①]，并不是所有对学校进行改变的实践都可以被称为学校改进。学校改进具有如下重要特征。

第一，学校改进的本质。学校改进是教育变革的一种系统而又持续的策略。

第二，学校改进的理念与前提。学校是变革的中心、主体和单位。学校为自己的发展负责，学校改进是学校的自我改进，学校对改进拥有主动权并能够控制改进的过程。这是学校改进区别于教育改革的重要特征，学校改进代表了教育改革中的分权趋势。

第三，学校改进的过程。学校改进不是一蹴而就的，它是一个旅程（journey），是一种系统而持久的努力，要经历至少几年的漫长过程，应制订系统性的改进计划并且有执行力地实施改进计划。

第四，学校改进的内容与策略。学样改进的着眼点在于学校的内部条

---

① 变革是指现状所发生的任何有意义的转变，变革分为有计划的变革和自然的变革两大类。有计划的变革具有明确的变革目标，具有一定的变革方案和变革策略，也被称为改革（reform）；自然的变革是指没有专门的变革方案且非蓄意的变革。而改进是指改变旧有情况，使其有所进步。（见：陈丽，方中雄，等. 基于品牌塑造的学校改进 [M]. 北京：北京师范大学出版社，2010：33-34. ）

件，如学校文化、学校组织、课堂与教学等。这些内部条件的改进往往需要一些启动条件来保障，如学校领导、教师专业发展、学生参与、数据调查与反思、协调合作等。

第五，学校改进的保障。学校改进需要凝聚多方力量。虽然学校是变革的中心，但成功的变革有赖于多方力量的支持和校内外力量的汇聚合作。改进的关键主体是学校的校长、教师和学生，但改进也需要学校外部的政府、大学、社区、家长的大力支援和切实合作。

第六，学校改进的效果。学校改进的最终结果就是学校应对外部教育变革的能力的增强，这也是衡量学校改进是否成功的重要标准。如果从学校效能的角度来看，增强变革能力，不仅仅指向学生学业成就（学习成绩、批判性思维、学习能力、自我评价等）的提升，还指向包括教师在内的全体教职员工的成长与进步，以及整个学校组织的社会声誉、学校评估结果的提升。

二、学校改进的模式

以上是本研究对"什么是学校改进"的认识，那么如何实现学校改进呢？这就涉及学校改进的模式与策略问题。

通过系统的文献综述，本研究发现，国内学界目前倾向于把一个个具体的学校改进项目（尤其是国外知名的学校改进项目）或改进模型等同于学校改进模式。由于每个改进项目都是独特的，这就导致"一个改进项目代表一种改进模式"的局面。本研究认为，学校改进的模式实质是指学校改进实践的整体模式特征。

那么，到底应该如何剖析一项学校改进实践的模式特征呢？本研究认为，对学校改进实践模式特征的解析，可从改进的主体与分工、改进的内容与目标、改进的实施与传播、改进的效果评估与质量保障等方面着手。

学校改进的主体与分工，指学校改进项目或实践是由政府、大学或研究机构（如研究性质的基金会）、社会力量（如工商企业等社会组织）、中小学等哪个主体发起并主导的，这些主体在改进实践中有着怎样的角色分工与合作。学校改进的内容与目标，指学校改进项目或实践是关注学校的外部系统，还是关注学校的内部系统。如果是关注学校的内部系统，那么是关注学校内部系统的整体、全面、综合的改革与发展，还是仅关注某一具体学科或课程的改进。学校改进的实施与传播，指学校改进项目或实践的实施范围是全国层面的、省级层面的还是学区层面的，抑或是若干所学校主动发起并参与的，其传播与推广又依靠哪些技术或路径。学校改进的效果评估与质量保障，指学校改进项目为了有效评估其效果或保障其质量采取了哪些创新性举措。

三、学校改进的策略

学校改进之所以能够形成一个研究领域，主要在于它希望解决"如何"的问题，即学校是如何实现高效能的。自学校改进形成一个独立的研究领域至今，对学校改进策略和途径的探讨始终是这一研究领域的重点内容。

本研究认为，所谓学校改进策略，是指学校改进项目或实践为了实现所设定的改进目标，而采取的具体的改进策略、举措、途径、方法和手段。

通过系统的文献综述，本研究发现，目前国内外学校改进研究者和实践者已经发展出多种改进策略，总体上可划分为两大类：一类是外部支持与合作策略，一类是内部能力建设策略。

（一）外部支持与合作策略

外部支持与合作，是指学校外部力量对学校改进的"输血"过程，它对学校改进的内部能力建设有着重要影响。学者哈里斯（A. Harris）和克里斯贝尔（J. H. Chrispeels）曾指出："没有强有力的伙伴合作，学校变革的努力是不会长久的。当外部的支援减弱的时候，学校的能力将不足以维持改进的实施。"（Harris et al.，2006）[299] 具体而言，学校改进的外部支援力量主要来自学校与不同团体、组织的伙伴合作，具体包含政府、大学、家庭、社区等。（梁歆 等，2010）[46]

1. 政府

这里的政府既包括中央政府，也包含地方教育部门，它们针对当前的教育发展和改革现状，制订一些策略和改进计划，为学校改进提供外部的支持和干预。所以，政府在中小学学校改进中发挥的作用既有"支持"，也有"干预"。支持，是指政策、资金、专家或其他资源的支持；干预，是指从政府层面出台一些相关政策对低绩效甚至失败的学校所进行的一些干预，如美国对待长期表现不佳的学校采取了典型的和富有争议的"重建"和"接管"的干预策略。（陈丽 等，2010）[7]

2. 大学

大学和中小学的伙伴合作由来已久，并于 20 世纪 80 年代开始受到广泛关注。各国利用这种合作关系开展学校改进工作也有 40 余年了。在这段不长的发展历程中，大学和中小学的伙伴合作关系发生了重大的变化：二者从一开始的指示-服从关系，发展到双方互动，直到最后的合作共赢、共生互助的关系。中小学也逐渐改变以往只是大学实验场的形象，而逐渐在合作的过程中有所贡献，并促进了大学人员的变化。（梁歆 等，2010）[67] 有学者对此给出专门定义：学校改进中大学与中小学的伙伴合作，是大学与中小学为了实现学校改进的目的而建立的一种机构间正式的、互动互惠互利的共生关系，关系的形成与发展是一个动态的过程。（梁歆 等，2010）[73]

一般而言，中小学会借鉴大学等研究机构学校改进的研究结果，来协助学校改进实践的开展和推进。不过，也有学者认为，大学的研究与具体的实践有时候会有所差异，因此大学与中小学之间的合作会因为彼此之间的沟通而出现一些问题。（陈丽 等，2010）[9]

3. 社区与家庭

社区（当地的社群组织和社会互动）、家庭和中小学的合作，是近年来学校改进领域内备受关注的话题。这一概念传达出在儿童接受学校教育、成长成人的过程中，家庭、学校和社区都负有重要责任，三者要共同承担责任、相互合作与支持。（梁歆 等，2010）[68] 三者的伙伴合作，也经历了由最初的信息沟通和获取支持，到真正介入学校发展和学生学习的过程。学者对此的专门定义是：学校改进中社区、家庭与学校的伙伴合作，是指无论是家庭、学校还是社区的成员都能够参与促进儿童成长、学习的活动，形成一种正式的、互动互惠互利的共生关系，关系的形成与发展是一个动态的过程。（梁歆 等，2010）[73]

（二）内部能力建设策略

美国学者古得莱得（J. I. Goodlad）曾说过，改革在实质上是每个学校自己的事情，最有希望的改革方法就是开发学校自己的能力来解决自己的问题，以成为基本上可以自我更新的学校。（古得莱得，2006）[32] 富兰也指出，"学校应该发展个体的和系统的能力，也就是说，每个人都要有学习和终身学习的能力，不要被变革所吞没"（Lieberman，2005）[212]。

从 20 世纪 90 年代末期开始，不断有学者在总结过往改进实践和研究成果的基础上指出，内部能力建设是学校改进的重要策略与途径，是高效能学校改进的重要因素，是学校持续改进的动力之源。（Harris et al.，2003）[4-6] 能力建设不仅关注学校在参与改进计划时的改变，更加关注在学校改进计划实施之后学校是否能够持续改进。（梁歆 等，2010）[39] 如果我们把学校改进中的各种外部策略与支持比喻成"输血"，那么学校内部的能力建设就是"造血"，它是为学校改进创造内部动力、练就"内功"。

到底什么是能力建设呢？学者霍普金斯给出的定义是：能力建设，是指为学校改进创造内部能力，也即创造学校改进所需的一系列条件。（梁歆 等，2010）[48] 这些能力或条件是就学校内部而言的，只要学校具备了这些能力或条件，就可以获得改进并且使改进具有持续性。

关于这些能力或者条件所包含的具体要素，本研究通过系统的文献综述发现，虽然不同学者持有不同的意见与看法，但他们均认同学校改进能力建设应该关注整个学校系统的各个层面，即学校文化、学校组织、学校领导、课程与教学、成员发展、成员参与、数据调查与反思、协调合作等。这些也是学校改进内部能力建设的常见要素。

1. 学校文化

正如富兰所讲，重构是学校组织的结构、角色以及相关因素的变革，而真正对学生和教师产生重要影响的是学校的文化再造（Fullan，2000）。基于前人研究，本研究认为学校文化包含愿景目标、改进计划、学习氛围、分享决策、批判性反思、支持实验和冒险、安全的工作环境等。虽然学校文化的塑造过程是缓慢的，但一经形成便具有高度的持久性，对学校成员的行为产生重要的影响，并能塑造成员的思维、行为和感觉方式。（Prosser，1999）[9-11]

2. 学校组织

学校组织和学校文化是一体两面，学校组织是学校文化形成的基础，是指为了学校建立、发展和重组结构，建立一个能够关注专业学习和关系建构的系统。（梁歆 等，2010）[62] 学者哈德菲尔德（M. Hadfield）指出，学校改进的能力建设要有支持性的组织安排，将学校内不同成员的活动联系起来，如创设教师共同探讨教学计划的时间、为问题的解决建立团队和小组、向教师提供参与学校决策的机会等（Harris et al.，2013）[121-136]，这些是成功的学校改进在组织变革层面上常采取的行动。

3. 学校领导

在学校效能研究中，学校领导特别是校长领导已经被确认为高效能学校的一个重要特征。研究者在总结学校改进项目的经验中也发现，学校领导是促使项目取得成功的一个关键因素，它在推动变革、为变革确立方向、促使学校变革聚焦于教与学等方面具有重要作用。（梁歆 等，2010）[62] 研究还显示，校长的分布式领导力（distributed leadership）和变革型领导力（transformational leadership）有助于学校发展改进的能力，学科部门领导、教师领导也都是促进学校改进的力量。

4. 课程与教学

课程与教学包括两个方面的内容：课程的一致性和支持教学的新资源与技术。课程的一致性，是指在一段时间之内学校应该有一个包括课程、教学、评估和学习氛围在内的总体框架，并且用这个框架来指导为学生和教师准备的一系列计划。学校的课程、教学计划要相互配合，共同指向一个清晰的学习目标并能够持久推行。（Newmann et al.，2001）支持教学的新资源和技术，包括高质量的课程、书本和教材、评估工具、实验室设备和充足的工作场所等。物资设备是实施课程和教学的基础。（梁歆 等，2010）[62]

5. 成员发展

成员发展是指学校全体成员（不仅仅是教师，还包括学生）知识、技能以及态度、信念的建构与发展，包含教职员工的专业发展和学生的学业成就提升两个方面。一方面，有关学校改进的经验显示，教职员工的专业发展是学校改进不可或缺的因素。教职员工的专业发展包括获得新知识、新技能以及价值观、合作力与责任心的提升。另一方面，学校改进的最终目的是促进学生学业成就的提升。国际上学校改进实践从第三阶段开始更加关注学生的学业学习，研究者也日益关注学校部门改进、教师教学效能和教师专业发展对学生学业成就的影响。这里的学生学业成就使用的是其广泛意义，学业成绩只是其中的一个指标，还包括批判性思维能力、学习技能、自尊自信等。

6. 成员参与

教职员工和学生等学校成员共同参与学校发展，为学习创建支持性的环境和氛围。霍普金斯表示，有诸多证据证明，学校的成功与教师和教师之外人员的参与和支持分不开。（马健生 等，2015）

首先，国外学者认为，为教师赋权增能是学校改进的一条很好的路径。他们从六个方面对为教师赋权增能进行了阐释：教师对直接影响教学工作的重要决策的参与程度；教师在学校生活中的影响力；从同行对其专业的尊重角度来考虑教师地位；教师可以自主控制和确定的范围；教师可获得的继续学习、发展专业技能的机会；在指导学生学习方面，教师自我效能感的提升。（陈蓉辉 等，2008）

其次，许多研究表明，学生参与学校改进具有重要意义，应该让学生参与到学校改进的进程之中，而不是让学生仅仅作为学校改进的被动接受者。学校可考虑通过给学生赋权、在改进的不同阶段安排不同层次的学生参与，以及采用灵活多样的形式加强学生和成人之间的对话等方式，让学生参与到学校改进之中。（卢乃桂 等，2007a）

7. 数据调查与反思

数据调查与反思，是指学校成员共同调查、反思学校发展的多方面数据并用于学校改进。霍普金斯认为，调查与反思不仅是学校改进活动的重要反馈方式，更是改进计划实施效果的"监测器"。那些认识到调查与反思是学校改进不可或缺部分的学校会更加容易保持改进成果。（马健生 等，2015）

8. 协调合作

协调合作，是指建立沟通合作体系以确保学校全体成员都了解学校改进的优先事项和整体进程。霍普金斯通过研究发现，"协调"是促进学校全体成员参与改进的重要途径，成功的学校通常会创建一个合作的环境来鼓励协调与沟通。（马健生 等，2015）

由于国外学校改进不仅在实践上早于我国，而且在理论探索上也比我国更为深入和细致，所以本节主要是在国外关于学校改进的定义、模式和策略研究的基础上，总结出本研究对此三者的理论认识。这里对学校改进定义、模式和策略等的澄清与界定，不仅为后文美国、英国、澳大利亚、德国、荷兰、日本、中国 7 个国家学校改进的模式特征与策略实施解析提供了理论框架，也为本书最后一章"七国学校改进模式与策略比较"提供了分析视角。

第二节　学校改进的实践探索

作为一个崭新的实践领域，学校改进肇始于 20 世纪 70 年代末、80 年代初，迄今已有 40 余年的发展历史。霍普金斯和雷诺兹（D. Reynolds）认为，学校改进虽然历史不长，但从世界范围来看，已经经历了三个明显不同的发展阶段。[①]（Hopkins et al.，2001）如今，学校改进作为教育变革的一项有效策略正日益受到世界各国的普遍重视，而它的缘起与发展也同教育变革密切相连，它主要是由如下两个教育变革的宏观环境引发的。

教育变革目标的激励驱动。为了迎接 21 世纪的挑战、增强国力和全球竞争力，世界各国无不充分意识到教育变革的重要性和迫切性，并将教育变革放置在重要议事日程上且全力推进。然而，为了取得良好的变革效果，各个国家往往不断设定更高的教育变革目标，它们远远超越了现有学校系统所具备或能达到的能力。这样一来，以大力增强学校应对教育变革能力、提高学生学业成就为目的的学校改进工作开始受到世界各国教育系统的青睐和重视。（梁歆 等，2010）[7]

教育变革的分权趋势。自 20 世纪 60 年代以来，世界各国开始普遍加大教育变革的力度。富兰指出，迄今为止，西方国家至少经历了四个阶段的教育变革：第一阶段是在 20 世纪 60 年代，大规模的教育改革开始在西方国家出现，但是改革成效不大。第二阶段是从 20 世纪 70 年代开始，当时经历了一段改革的低迷期，同时人们对公立学校学生学业成绩的不满日益增长。第三阶段的出现源于对公立学校教育质量的不满，这导致了更强有力的中央干预以及对学校的问责机制在 20 世纪 80 年代出现。进入教育改革的第四阶段后，人们逐渐意识到问责并不能从根本上解决问题，学校

[①]　关于学校改进的发展历程，不同学者持有不同的观点和划分标准，有三阶段说、四阶段说和五阶段说。这里主要对国内学界最为认可的霍普金斯的三阶段说进行详细介绍。

系统本身的能力建设以及与学校有关社群的能力建设才是改革的关键。(赵志成 等，2013)[55] 从这个发展历程中我们可以看出，西方国家教育变革的重点日益聚焦到学校层面，即教育变革呈现分权趋势，在此趋势下越来越强调让学校成为变革的中心，赋予学校自主权，使其能够控制改进的过程并获得持续的自我改进力量。

一、第一阶段：强调学校变革所有权

在上述教育变革的宏观背景下，学校改进于 20 世纪 70 年代末、80 年代初开始获得发展。由 OECD 于 1982 年发起的"国际学校改进计划"可以说是第一阶段学校改进的缩影。这一阶段学校改进的特点是强调学校变革所有权。

"国际学校改进计划"历时 4 年，有来自 14 个国家（美国、英国、澳大利亚、加拿大、日本、法国、联邦德国、意大利、荷兰、比利时、挪威、瑞典、瑞士、丹麦）的 150 位教育人士参与。它的出现与当时教育变革的形势密切相关。当时西方一些国家，特别是英、美等国都吸取了 20 世纪 60 年代课程改革失败的教训，逐渐意识到大规模的自上而下的变革模式是不起作用的，它不能使教师投入变革并真正影响学生的学业。富兰曾称这一时代为"采纳的时代"（adoption era），即"为了变革而变革"，完全不加质疑地采纳。然而，完成变革，不仅要采纳变革，更应该在学校开展新的实践。学校不应是教育变革的对象，而应是教育变革的中心。教师也不应是变革的对象，教师需要的是深度的、持久的专业投入，这种专业投入同时应伴随着学校组织的变革。因此，这个阶段学校改进的项目开始关注中间层面的变革，即以学校为变革的单位。(梁歆 等，2010)[8]

所以，以"国际学校改进计划"为代表，这一阶段的学校改进主要强调学校的组织变革、学校的自我评估、学校及其教师个体掌握"变革所有权"，无论是在思想上还是在实践上都没有关注到学生的学业成就。而且，正如欧斯顿（J. Auston）所言，"早期的学校改进计划强调的是技术性的组织变革，它的过程是线性的，没有反馈机制"。世界各国在这一阶段所采取的具体改进举措也是多变的、零散的、飘忽不定的，并没有展现出学校改进是学校变革的一种系统的、有计划的和连贯的路径。因此，在大多数学校改进研究人员看来，这一阶段的学校改进很难对学校的课堂教学实践产生真正的影响。（Hopkins et al.，2001）

二、第二阶段：联结学校效能研究

第二阶段的学校改进开始于 20 世纪 90 年代初，是学校效能研究与学校改进实践走向一体化的结果。学校效能研究主要是从理论上回答"什么是高效能的学校"，即探问"好学校"之道，而学校改进则需要从实践上探索"如何使学校获得高效能"，二者互为补充。

在这一阶段，学校效能研究对学校改进的重要作用主要表现在如下方面。

（一）为学校改进实践提供知识基础

学校效能研究为学校改进实践提供了一个大规模的、被证实有效的关于"学校层面上的哪些条件可以对学生学业成就产生影响"的知识库。

（二）为学校改进实践的效能评估提供技术支持

学校效能研究能够指导学校改进实践，利用增值性评估方法来评判学校整体的效能，以及学校内部各组成部门和教师个体的效能。因此，在这一阶段，学校效能研究为学校提供改进实施的指南和策略，而且这一阶段的学校改进也真正做到了把教育变革带至学校课堂层面。基于合作教学的教师专业发展，关注学生学业成就的学校发展规划（这个规划意在将学校组织和课堂变革连接起来），是这一阶段学校改进实践的两个突出成果。（Hopkins et al.，2001）

（三）掀起影响广泛的学校效能改进运动

在这一阶段，人们为了有效地把学校效能提升和学校改进联结在一起，提出了各种各样的学校改进方案，如校本管理变革、高效能学校运动、全面质量管理等。许多学者也在致力于寻找学校效能提升与学校改进之间的联结点，并掀起了浩浩荡荡的学校效能与改进运动，其标志性事件是 1986 年美国国家高效能学校研究与发展中心（National Center for Effective Schools Research and Development）的成立以及 1988 年国际性论坛组织"国际学校效能与改进学会"（International Congress for School Effectiveness and Improvement）[①] 在英国伦敦的成立。同时，也出现了一批将两者结合的学校改进项目，如英国的"全面提升教育质量"项目以及欧盟实施的"高效能学校改进"（Effective School Improvement）项目。以欧盟"高效能学校改进"项目为例，它是欧盟为了提升内部教育质量、提升学校应变潜能而启动的跨国研究项目，由荷兰格罗宁根大学教育研究所主持，英国、芬兰、比利时、意大利、西班牙、葡萄牙和希腊 7 国最优秀的教育研究机构参与。该项目的目的是研究学校效能与学校改进的关系，从而结合学校效能研究以实现有效的学校改进。这一项目为各国的学校改进实践提供了框架，但具体如何开展则由各国按照自己的实际情况决定，每个国家可有不同的改进项目。（赵志成 等，2013）[25]

在学校改进第二阶段的末期，关于学校效能和学校改进的见解被许多国家的政府和官方机构所采用，进而影响到其教育变革政策，由此引发了一系列国家层面的大规模教育改革。例如，学校发展规划、高效能学校的知识基础和其他许多学校改进举措，都曾对英国的教育政策产生过影响。

---

① "国际学校效能与改进学会" 1988 年首届大会的主题是 "如何识别高效能学校？什么使得一所学校具有效能？"。1990 年该学会创办会刊《学校效能与学校改进》（School Effectiveness and School Improvement）。现如今，它慢慢发展为国际学校效能和学校改进领域规格最高、影响最大的学术团体，拥有来自全球 60 多个国家的数千名会员，是各国学者共同探讨、交流该领域关键问题和成果并进行推广的重要平台。

同样，美国那些产生于学校效能、学校改进和学校重建研究的学校改进设计方案，如"为了所有学生的成功"项目，都是在联邦政府的资金支持下提供给学校的。

三、第三阶段：倡导全面改进策略

尽管在学校改进的第一阶段和第二阶段都涌现出一些成功的学校改进项目，但是开始于 20 世纪 90 年代中后期的第三阶段的学校改进却是因为前两个阶段教育改革效果不佳而启动的，即许多国家的一系列大规模的国家层面的教育改革不是特别成功。例如，尽管大部分 OECD 国家的教育改革力度在不断加大，但是这些改革对学生学业成就的总体影响被普遍认为并没有达到预期，即使个别国家的个别学校改进项目是成功的，如英国的"国家读写和计算战略"（National Literacy and Numeracy Strategies）和美国的"为了所有学生的成功"项目。因此，致力于学校改进的大部分研究人员和从业人员仍然认为改善学生学业成就是"一座需要被征服的山"（Hopkins et al.，2001）。

（一）忧心忡忡的结论

雷斯伍德（K. Leithwood）等人曾对这一时期美国肯塔基州和加利福尼亚州、新西兰、澳大利亚维多利亚州的大规模教育改革的效能进行过研究，得出两条惊人的结论。

第一，根据可获得的证据，大部分大规模的教育改革并没有提升学生的学业成绩。

第二，这些大规模教育改革并没有触碰到学校的"核心技术"。这些改革没有充分认识到学校情境的重要性，没有很好地支持改革的本土化，没有找到有效的激励因素，忽视了对课堂、教学、教师专业发展的关注（Leithwood et al.，2002）。这些局限导致它们没有对学生学业成就产生积极影响。

此外，美国的"兰德变革代理人研究"（Rand Change Agent Study）和"支持学校改进的传播努力"（Dissemination Efforts Supporting School Improvement）研究以及"学校重建运动"（Reconstructing School），均得出了相同的结论。除非大规模教育改革能够解决教与学问题，处理好学校层面能力建设的问题，同时有良好的外部支持，否则它的愿景很难实现。（Hopkins et al.，2001）

（二）且行且思再聚焦

人们很快从沮丧中振作起来，第三阶段的学校改进试图从前两个阶段取得极其有限的成就的学校改进或教育改革中汲取经验教训，调整思路，且行且思，重树信心，逐渐聚焦核心领域，注重提升学校全面而持续改进的能力。这可以从美国的"综合性学校改革"、英国的"全面提升教育质量"以及荷兰的"全国学校改进计划"等学校改进实践中看出。同第一和第二阶段相比，第三阶段的学校改进实践具有如下特征。（Hopkins et al.，2001）

第一，更加关注学生的学业成就。此前，学校改进比较关注变革学校的过程，而这一阶段学校改进的焦点是这些变革是否足够有力并影响学生的学业成就。在这一阶段，教师的学习水平和教学行为也越来越受到关注。

第二，汇聚最佳改进实践案例和研究成果的学校改进知识库在这一阶段被创建和使用。这个学校改进知识库不仅关注学校内部的教师专业发展，也关注外部的学校改进传播和网络建构。

第三，日益重视能力建设。它包括教师的专业发展、中期的战略规划、利用"压力与支持"的变革策略以及外部机构的智慧。

第四，采用"混合型方法"。定量数据和定性结果均被用于评估学校改进的质量和质量变化。这种评估方法包括对现有课堂和学校改进进程与结果的调查，并将调查结果同当地政府所期望的结果进行对比，特别是关注不同学生群体的教育体验。

　　第五，日益重视学校改进项目在学校组织全体成员中被"可靠"且"高保真"地实施。这同过去两个阶段的学校改进项目没有被组织"盯紧"形成了鲜明的对比。

　　第六，认识到文化变革对维持学校改进成效的重要性，例如"愿景建构"。

　　第七，日益关注通过采用日益复杂的培训、指导和专业发展方案来确保学校改进人员能够有效地落实学校改进项目。

　　上述学校改进的理念在最近几十年间不断发展，尽管我们会发现第三阶段学校改进的一些理念准则也零星地存在于第二甚至是第一阶段的学校改进中（譬如，1982 年 OECD 实施的"国际学校改进计划"也有在文化变革上的努力），但综合来看，在外部对学校施加的改进压力越来越大，而给予它们的资源越来越有限的背景下，第三阶段的学校改进实践提供了一种能够产生和维持学校改进成效的创新性路径。

（三）信心满满向未来

　　人们笃信学校改进前途光明。就目前而言，国际上学校改进的第三阶段尚未结束。霍普金斯等人指出，虽然第三阶段的学校改进相比于第一和第二阶段有很大的完善与进步，但仍然能够很明显地看出，学校改进工作还需要进一步发展。为此，他指出了未来学校改进实践需要遵循的十个理念（Hopkins et al.，2001）。

　　第一，关注学生学业成就。同时，还要关注那些影响学生学业成就的因素，而不能仅仅关注常见的学校和课堂上的因素。

　　第二，在学校愿景上赋权。要向那些卷入学校改进过程的成员提供"变革代理人"（change agent）的技能，这将会在整个教育社区的层面上改善学校的绩效表现。

　　第三，基于科学研究。要实施那些被科学研究证明是高效能的改进策略、改进项目或者落实项目中的某些要素。

第四，关注学校的具体情境。要关注个体学校的具体背景特征，并基于此建构适合其背景的改进策略。

第五，建设改进能力。要试图建设学校的组织条件和文化，以支持学校的持续改进。

第六，数据驱动。学校需要高质量的反馈循环圈，以便获取能够维持持续改进的智力资源。

第七，课堂教学导向。学校改进要聚焦学校最为核心的业务，即课堂教学实践和学生学习质量。

第八，建立外部支持网络。积极寻求学校周边机构的支持，并创建和发展能够传播和维持"最佳改进实践"的支持网络。

第九，重视实施过程，尤其要关注学生的改进体验。

第十，注重系统性。要理解教育政策背景，也要意识到利用外部变革背景激发内部变革需求的重要性，以及利用学校系统的创造性和协同性的重要性。

从国际上学校改进的实践发展和理论探索来看，学校改进作为独立研究领域最初出现于西方国家，是为了配合教育改革而兴起的。随后，西方国家也在一直引领着这一领域的实践与研究，譬如学校改进经验较为丰富的美国、英国、德国、荷兰、澳大利亚。不过，世界其他国家和地区也开始慢慢关注和重视学校改进的实践发展与理论探索，尤其是日本和中国。所以，在之后的7章中，本研究将从学校改进模式与策略实施的视角切入，对7个国家具有代表性的学校改进实践进行深入探析。

为了有效达到本研究的目的——学校改进模式与策略的比较研究，我们首先对各个国家的学校改进历程进行了细致梳理；然后，选取3个①典型的学校改进项目，分析各国学校改进的模式特征和具体策略。这主要是考虑到学校改进是实践性和情境性很强的活动，受当地政治、文化、历史等

——————————

① 中国选取了4个项目，包括3个中国内地项目和1个中国香港项目。

背景因素影响较大（赵志成 等，2013）[24]，不同的学校改进实践具有不同的模式特征，所采取的改进策略更是不尽相同，因此，从国家层面总结出各国学校改进的模式特征和具体策略不仅是"不现实的"，也是"不真实的"。而从某些典型的学校改进项目或实践切入，分析各国学校改进模式与策略可能更为"可靠"。

第二章
美国学校改进模式与策略

　　相较于世界上的其他国家和地区，美国的学校改进无论是在研究上还是在实践上都起步早且影响大。它不仅对美国中小学质量的提升起到重要推动作用，而且对国际范围内学校改进的实践和研究也具有一定的借鉴意义和参考价值。所以，本研究首先对美国学校改进的实践进行探析。

第一节　美国学校改进的发展历程

　　美国学者特德利（C. Teddlie）和斯特林菲尔德（S. Stringfield）在《美国学校改进研究简史》和《过去 25 年美国学校效能和学校改进研究的历史》这两篇论文中率先对美国学校改进的历史进行了深入的探究。梁歆和黄显华（2007）、楚旋（2010a）等我国学者对美国学校改进历程的研究基本上是对这二人研究成果的补充完善。总体来看，国内外诸多学者均把美国学校改进的演进历史划分为如下五个发展阶段。

一、关注课程改革的教育变革

早在 20 世纪 70 年代正式的学校改进形成规模之前，美国教育领域就出现了早期的学校改进活动，主要有 20 世纪 30 年代的"八年研究"（Eight-Year Study）和 20 世纪 60 年代由苏联卫星上天事件驱动的课程改革。

（一）"八年研究"

"八年研究"由美国进步教育协会（Progressive Education Association）发起，是美国第一次大规模的、全国性的教育改革研究。该协会宣称，这一研究的主要目标是通过让学校提供基于学生个人发展需求的课程而不是大学入学考试课程来从根本上变革美国的中学教育。为此，该协会成立了"课程小组委员会"，同全国 30 所愿意参与这项教育改革研究的实验中学进行合作。这项研究让 30 所实验中学弃用了当时被普遍使用的大学入学考试课程，替代以满足学生个人发展需求的课程，并为每所实验学校匹配一所控制组学校，让控制组学校继续沿用传统的为大学入学考试做准备的课程，通过对比实验，考察两种不同类型课程的优劣及其对学生大学学业的影响。"八年研究"的一个重要影响就是激发了美国教育者对大规模教育变革研究的兴趣和热情，并为 60 年代美国大规模的课程改革奠定了经验基础。

（二）课程改革

1958 年，苏联人造卫星成功发射引发了美国社会对当时学校教育的深刻反思，随后美国进行了一场大规模的课程改革。这场课程改革主要采用自上而下的路径，强调推广和使用由当时知名课程专家研发出来的数学和科学科目的示范性课程材料。虽然课程材料质量较高，但是这场课程改革的最终效果却不理想，学者总结原因有二：一是课程材料的研发以大学的课程专家和心理学家为主导，中小学一线教师没有参与到研发的过程中去，因此与课堂教学实际相脱离。二是针对如何使用这些新课程材料开展的教师在职培训比较肤浅、不够深入，教师仅是简单地从新课程材料中挑选出他们认为有用的部分融入自己的课堂教学。因而，美国 20 世纪 60 年代这场课程改革的一个重要教训是，作为一项创新活动，教育改革效能的评估应主要依据其在真实的情境中所产生的可被观察到的实际效果，而不是其理论上的完美性。

综上所述，美国 20 世纪 70 年代之前的学校改进实践主要表现为开展全国规模的自上而下的课程变革，希望通过设置"可替代"的课程或者课程材料来提升学校教育的质量。在这一阶段，美国政府并没有对学校改进给予更多的干预和指导，主要是由进步教育协会和大学的教育研究者发起并参与课程改革。

二、基于学校变革研究的学校改进

这一阶段主要出现在 20 世纪 70 年代至 80 年代初。此时美国政府开始认识到学校变革的重要性，并且基于当时所开展的一系列大规模的、使用实证研究方法的学校变革研究，将学校改进实践聚焦在课堂、课程、领导力等微观层面。这一时期美国所开展的著名的大规模学校变革研究主要有三项，它们主要调查研究有哪些因素促进或者阻碍了学校改革。

（一）兰德变革代理人研究

"兰德变革代理人研究"于 1973 年至 1978 年开展，主要研究地方学校的背景性因素在教育变革政策实施过程中的重要性。负责人麦克劳夫伦基于研究结果总结道，尽管宏观的教育变革政策可能会为教育变革提供一个方向和框架，但是政策不能够控制实施，不能够决定教育变革的实际效果。相反，教育变革的实施才是决定教育变革效果的重要因素。此外，麦克劳夫伦 1990 年在对该研究的回顾性反思中，进一步总结出影响教育变革政策在学校里实施的学校背景性因素，包括学校的组织文化和制度背景、学校里相互支持和激励的教师群体、校长对变革政策的积极支持、面向教师的持续的变革培训、变革过程中教师对决策的参与、教师对经验丰富的同行的课堂的观察、有关变革实施的常规会议。由此可见，教育变革政策如果想取得良好的效果，必须重视教育变革的实施，而教育变革的实施也一定要适应学校的背景性因素。这也是美国学校改进研究领域的重要发现。

（二）追踪课堂观察评估

"追踪课堂观察评估"（Follow-Through Classroom Observation Evaluation）于 1974 年开展，主要采用课堂观察的方式调查由美国联邦政府资助的六种不同的学校改进模式的实施效果，这是美国学校改进历史上第一次在如此众多的学校样本中收集详细的课堂观察数据。研究结果表明，这六种学校改进模式在学校中都没有得到理想的支持，都没有被完整地实施，因此效果不佳。同时该项研究还揭示，学校改进模式被设计得愈加合理和结构化，就会得到愈加完整的实施，进而会愈加促进学生学业成就的提升。

（三）支持学校改进的传播努力

"支持学校改进的传播努力"于 1983 年开展，是美国学校改进历史上规模最大的、最有影响力的学校改进研究之一。这项研究主要收集了美国10 个州 146 所学校的改进数据，回收了 3000 名教师的问卷调查数据，以及393 名教师、146 名校长和 138 名学区管理人员的访谈资料。这项研究产生了三项影响美国学校改进实践的重要发现：一是相比于地方学校自己研发的学校改进计划，外部研发的学校改进方案在适应地方学校的具体情境后，更容易在学校中实施并且能更好地提升学生的学业成就。二是教师在学校改进中的主体地位并不是一个"要么全有，要么全无"的概念，相反，它是在教师常年参与学校改进的实施工作中慢慢积累的。三是教师对学校改进方案的信任和积极实践是学校改进取得成功的重要因素。

美国这一阶段的学校改进主要是基于上述三项全国大规模学校变革研究的发现进行设计和实施的。这三项研究还对 20 世纪 70 年代以后 40 多年的美国学校效能和学校改进研究产生了深远的影响。

三、基于学校效能研究的学校改进

这一阶段起始于 20 世纪 70 年代的学校效能研究，结束于 20 世纪 90 年代初。学校效能研究和大规模的学校变革研究开始于同一时代。① 学校效能研究在这一时期会得到发展，主要同 1966 年科尔曼（J. S. Coleman）等人的《教育机会均等》报告（Coleman et al.，1966）以及 1972 年詹克斯（C. Jencks）等人的《不平等：对美国家庭与学校作用的再评价》报告（Jencks et al.，1972）有直接的关联。两个报告均认为学生学业成就与其家庭社会经济地位有很强的关联，这使得当时美国社会对学校教育的有效性产生了质疑。所以，以埃德蒙兹（R. Edmonds）② 为首的坚信学校教育不会无所作为的学者们开始对学校的有效性和高效能学校特征展开研究。

埃德蒙兹等人通过研究总结出高效能学校具有五个主要特征，即"五因素模型"：校长强有力的领导、对学生学业成就的高期待、促进学生学习的安全而有序的学校环境、重视学生对基本技能的掌握以及对学生学业进展的频繁评估。随后，一些学校改进研发团队根据高效能学校"五因素模型"进行学校改进模型的设计，并在一些大城市的学区实施。譬如，"纽约市学校改进计划"（New York City's School Improvement Project），主要由三个部分组成：关注高效能学校的五因素，制订校本改进计划，并在学校中

---

① 特德利和斯特林菲尔德表示，由于基于大规模学校变革研究的学校改进和基于学校效能研究的学校改进这两类不同学校改进活动不是前后交替出现的，所以阶段二和阶段三有些交叉重叠。

② 埃德蒙兹是美国较早对学校效能进行研究的学者，其主要著作为两个报告：《城市贫民的高效能学校》（Effective Schools for the Urban Poor）和《更多学校可以变得更高效》（Some Schools Work and More Can）。

安置改进联络员。布鲁克福（W. B. Brookover）在埃德蒙兹等人提出的高效能学校"五因素模型"的基础上，研究发现如下六个因素也会影响学校的效能，即有效教学、教学中的学生分组、课堂管理、学生合作性学习、强化巩固的原则、家长参与。所以，美国 20 世纪 80 年代许多基于科学研究的学校改进项目都建立在上述高效能学校 11 个特征的研究基础之上。

　　由于学校效能研究在这一时期得到了快速发展，美国许多学校改进研发团队基于学校效能研究的理论来设计学校改进模式，因此该阶段被称为基于学校效能研究的学校改进阶段，也被称为学校效能与学校改进的整合阶段。这一阶段还可以被看作学校改进的理论建构时期，它为学校改进实践提供了理论基础，所以严格来说，这一阶段才是美国学校改进实践真正开启的阶段。（Hopkins et al. , 2001）

四、关注学校组织结构重建的学校改进

　　美国学校改进的第四个阶段主要集中在 20 世纪 90 年代。学校效能研究在 20 世纪 90 年代中期进入衰退期，这主要是由于最初推动学校效能研究的基本问题得到了解答，例如：学校效能存在吗？高效能学校通常表现出什么样的特征？高效能学校的特征在不同类型学校中是不同的吗？因此，一些在 20 世纪 80 年代热衷于学校效能研究的学者在 90 年代纷纷转向学校重建等实践领域的研究。

　　美国学校重建运动开始于 20 世纪 80 年代末、90 年代初。它认为先前美国的学校改进实践太受局限且没有触及本质，所以其基本理念是真正的学校改进需要对学校的基本组织结构进行重建。学校重建运动试图对学校进行彻底的变革，对学校的教学内容、教学组织形式、教学方法、校长和教师的角色、家长和学生的学校参与、政府的外部干预等要素进行重新配置，以期彻底改变传统的教育结构，构建起一个行之有效的教育结构。也就是说，学校重建是对学校基本组织结构采取一系列改革措施，典型的改

革干预措施有：校本管理（即把教育控制权分给地方学校，赋予学校更多的自主权）、教学结构的变革（如开展跨学科教学）、广泛的家长参与、变革型领导力（核心特征是分权）、灵活的学校日程安排、更加精确的问责措施（如档案评估）。

学校重建运动在美国很受欢迎，尤其是在 20 世纪 90 年代初期和中期，当时美国许多大型学区都宣布参与学校重建运动。在学校重建运动中，美国出现了许多新的学校类型，例如特许学校（charter school）、磁石学校（magnet school）、家庭学校（home-schooling）、虚拟学校（virtual school）、专业发展学校（professional development school）等。毫无疑问，学校重建运动无论是在理论上还是在实践上都对美国学校改进产生了深远而又持久的影响。一个典型表现是，在学校重建运动的影响下，实施改进实践的学校通常会设置一个改进团队，而且这个团队包含必要的教师和家长代表，他们被赋权去运营和管理学校。

然而，由于诸多因素，例如许多学校重建的措施在本质上是"漫无目标"、没有针对性的，许多改进措施并没有触及学校的核心——教与学，学校重建运动实际效果（尤其是对学生学业成就的影响）的测量出现了一定的困难，许多研究人员没有找到能够证明学校重建运动取得成功的全面性证据。

五、关注学校整体性变革的学校改进

这一阶段从 20 世纪 90 年代末一直持续至今。由于缺乏证据表明美国学校重建运动是成功的，在《初等和中等教育法案》第一条款修正案通过之后，综合性学校改革运动开始席卷整个美国。

随着美国学校改进实践的不断发展，越来越多参与学校改进的研究人员认识到，相比于片面的、"零敲碎打"式的学校改进，系统、全面、综合的学校改进更有可能是高效能的并且会产生持续的改进效果。所以，综合性学校改革的基本理念就是，关注整体性的学校改进而不局限于特殊的改进主题、计划或教学方法，其目的是促进全校性变革以影响学校教育的所有方面，包括课程、教学、专业发展和家长参与等。

美国综合性学校改革运动的发展，开始于 1991 年新美国学校发展公司（New American Schools Development Corporation）① 的成立，它筹集了超过 1 亿美元的风险投资用于开发 "面向 21 世纪、打破陈规的学校模式"。经过几年的尝试，新美国学校发展公司成功探索出一条全面性的学校改进道路，研发出一些较为成熟的综合性学校改革模型，并成功地推广到全国的中小学，收获了不错的反响和成效。新美国学校发展公司的这一大胆尝试引起了美国联邦政府的重视，联邦政府决定出资资助这场倡导全面学校改进的运动，于是启动了为期 3 年的综合性学校改革示范项目（Comprehensive School Reform Demonstration Program），为那些采用综合性学校改革模型的学校提供改进经费，相关政策允许每所学校每年至少可获得 5 万美元的改进经费，并且可连续申请 3 年。2000 年美国国会再次投票决定继续实施综合性学校改革项目，并把这个项目纳入 2002 年《不让一个孩子掉队法案》的第一条款中。至此，美国综合性学校改革运动已经发展得十分成熟。

根据美国西南教育发展实验室（Southwest Educational Development Laboratory）提供的数据，截至 2004 年，美国已有 5160 所学校获得了综合性学校改革经费，有超过 800 种综合性学校改革模型得到开发并实施。（Cross，2004）[8] 比较知名的、应用最广泛的综合性学校改革模型有 "为了所有学生的成功"、"跃进学校"（Accelerated Schools）、"美国的选择"（America's Choice）、"学校发展计划"（School Development Plan）、"基础学

---

① 新美国学校发展公司是一个私人的非营利性组织，于 1995 年正式更名为新美国学校（New American School）。1991 年老布什总统签发全美教育改革文件——《美国 2000 年：教育战略》（America 2000：An Education Strategy），这份纲领性文件提出要 "建立新一代美国学校"，通过重建学校制度来使美国学生学业成就达到世界级水准。在这个背景下，新美国学校发展公司成立。

校联盟"（Coalition of Essential Schools）等①，它们都采取全面性学校改进策略，只不过侧重的是不同的改革内容。这些综合性学校改革模型在十几年内由最初的只有几所或者几十所项目学校发展到不同州内具有上千所项目学校，有些甚至一直持续至今，如"为了所有学生的成功"项目从 1986年开发至今已有 30 多年的历史，它们对美国中小学的学校改进产生了极大的支持和促进作用。

从美国学校改进历程中可以看出，美国的学校改进并不是一蹴而就的，而是随着历史变迁不断地发展的，比较错综复杂。在不同的历史发展阶段，美国学校改进所关注的内容不同。早期的美国学校改进主要关注组织管理的层面，尽管有学者提出了关注教学、教师等方面，但往往为人们所忽视。在积累了一定实践经验之后，美国学校改进从相对单一的关注点——组织管理，发展到如今关注多层面的取向。这具体体现在如下几个方面：从关注组织重构到关注学校文化再造，从忽视学生的学业成就到更加关注学生的学业成就，从关注给教师的决策赋权到关注为教师的教学行为增能。同时，更加关注学校的能力建设，如员工发展、"压力和支持"共存的变革策略的采用，以及外部支持。（梁歆 等，2007）

第二节　学校改进拨款：联邦政府统筹的学校改进

为推动全美最薄弱学校改进，早在 20 世纪 60 年代美国就设立了"学校改进拨款"，它是美国联邦政府统筹的自上而下的学校改进专项经费。虽然其在不同的时期有不同的发展，但它对美国学校改进的重要引导性作用一直未变。

---

① 关于综合性学校改革的模型，可参见佰奇勒（M. Buechler）《学校改革模型目录：项目报告》（*The Catalog of School Reform Models：Program Report*）。

一、模式特征

2009 年 12 月 3 日，奥巴马政府正式推出全新版本的"学校改进拨款"项目，它是奥巴马政府教育政策白皮书中的一项重点内容，也是美国历史上联邦教育部针对学校改进投入经费最多的一项计划。（何璇，2015）[6] 这个学校改进项目的模式特征如下。

（一）美国联邦政府立法保障

"学校改进拨款"项目的发起人和主导者是美国联邦政府，其主要目的是协助各州及学区改进薄弱学校，提高学生学业成绩。

作为较早开展学校改进的国家，美国联邦政府主导的学校改进立法保障工作最早可追溯至 1965 年的《初等和中等教育法案》。该法案首次提出"第一条款薄弱学校改进项目"（Title Ⅰ，School Improvement Program，简称 Title Ⅰ 项目①），旨在通过改善处境不利儿童的教育状况来解决贫困和种族歧视两大社会问题。

1988 年颁布的《霍金斯–斯塔福德初等和中等学校改进修正案》（Augustus F. Hawkins-Robert T. Stafford Elementary and Secondary School Improvement Amendments）对 Title Ⅰ 项目做了根本性的改变。该法案首次提出学校绩效责任制（school accountability），规定各州需要先制定学业标准，然后才有资格获得 Title Ⅰ 项目资金，所有未能达到州学业标准的学校会被贴上"待改进"的标签，所有被划入"待改进"之列的学校必须制定一份改进方案并提交给地方教育委员会。（林福森 等，2010）1994 年，美国国会重新核准了《初等和中等教育法案》，强调对 Title Ⅰ 项目学校给予特殊的经费补助，并加强绩效考核。同年颁布的《改进美国学校法案》（The Improving America's Schools Act）更加突出绩效考核与问责，并明确规定各州要先为

---

① 参与该项目的学校和学生分别简称为 Title Ⅰ 项目学校和 Title Ⅰ 项目学生。

所有学生制定内容标准和表现标准，然后才能获得 Title I 项目资金，并把资助的范围进一步扩大，以帮助处境不利儿童达到高学业标准（何璇，2015）[23-24]。1999 年，克林顿政府再次修订《初等和中等教育法案》，其中对 Title I 项目的修订主要是：改善高度薄弱学校和学业表现不佳学生的教育与学习状况，依据贫困生数量给学区和学校提供相应额度的资金（何璇，2015）[24]。

2002 年，小布什总统对《初等和中等教育法案》进行了再次修订并签署《不让一个孩子掉队法案》。该法案对 Title I 项目的内容又做了进一步修订，并建立了在全美范围内通行的统一标准评估系统，以判断 Title I 项目学校是否取得了适当的年度进步，并据此将 Title I 项目学校划分为三个级别。第一个级别是连续 2 年或 3 年未能达到适当年度进步目标的"需改进的学校"，学区须向其提供技术援助并帮助其制订整改计划，学校须为学生提供选择他校的机会或联系外部组织为学生提供辅导等。第二个级别是连续 4 年未能达到适当年度进步目标的"需纠偏的学校"，这些学校必须采取纠偏行动，如调整一些员工或全面推行新课程。第三个级别是连续 5 年未能达到适当年度进步目标的"需重建的学校"，这些学校需要重建，具体措施包括更换教职员工、与外部机构合作建立特许学校、将学校交给州接管和对学校管理机构进行重大调整等。

2009 年 2 月 17 日，美国总统奥巴马入主白宫后签署的第一个法案《美国复苏与再投资法案》（American Recovery and Reinvestment Act）[①]，提出了教育改革的四大核心内容，其中一项就是对薄弱学校进行有效改进，Title I 项目依旧是薄弱学校改进的重点投资项目。Title I 项目资金实际上是奥巴马政府在此后 3 年内用于《初等和中等教育法案》第一条款的追加拨款，其中 2009 年为 130 亿美元，2010 年和 2011 年均为 100 亿美元（王志强，

---

① 该法案旨在通过增加就业机会以及扩大教育消费等措施来摆脱经济危机，促进美国经济长远发展。在这项投入总额为 7870 亿美元的投资计划中，教育领域的投资总额达到了 1150 亿美元，居各领域之首。

2010)。2009 年 130 亿美元追加拨款中的 30 亿美元是专门用于学校改进的学校改进拨款，它企图改善低绩效学校的运转效率，提高薄弱学校中学生的学业成就。目前，"学校改进拨款"项目已经涵盖了全美 1300 多所薄弱学校，每所学校可获得 50 万至 200 万美元的资助。

（二）聚焦全美最低绩效学校的快速改进

"学校改进拨款"项目的内容与目标是，帮助全美范围内的最薄弱学校快速地进行学校改进，并进一步将资助对象分为三个等级，通过四种学校改进模型（即关闭模型、重办模型、扭转模型、变革模型）对这些最为薄弱的学校进行具体改进。

自 2009 年起，"学校改进拨款"项目就加强了对《不让一个孩子掉队法案》实施后改进效果不佳的最低绩效学校的关注，其主要目的是对全美最薄弱的 5000 所学校进行改造，并对《不让一个孩子掉队法案》关于 Title I 项目学校的分类标准做出相应调整，根据对各个学校全体学生阅读和数学成绩的评估，提出了"持续保持最低绩效的学校"这一概念，它是指《不让一个孩子掉队法案》实施后未能取得进展的、处于最薄弱状态、占比约为 5% 的 Title I 项目学校。

在"学校改进拨款"项目中，界定"持续保持最低绩效的学校"是州教育部门的任务。"持续保持最低绩效的学校"共分为三级。第一级是从那些处于被改进、纠错、重建或接管状态的薄弱学校中挑选出来的"持续保持最低绩效的学校"。其中包括从处于被改进、纠错、重建和接管状态的学校中选出处于倒数 5% 的学校或位列最后的 5 所学校（二者中以数字大的为准），以及根据所在州的综合水平排名，处于倒数 20% 或者连续 2 年未达到适当年度进步目标的小学。第二级是从那些具备获得 Title I 项目拨款资格却未实际收到拨款的学校中挑选出的"持续保持最低绩效的学校"。其中包括连续多年学生毕业率低于 60% 的学校，以及根据所在州的综合水平排名，处于倒数 20% 或者连续 2 年未达到适当年度进步目标的高中。第三级是同样处于被改进、纠偏或重建状态，但未被确定为第一级薄弱学校的"漏网之鱼"，以及根据所在州的综合水平排名，处于倒数20%或者连续2年未达到适当年度进步目标的学校。（Perlman et al.，2011）这三级学校获得学校改进拨款的优先程度依次递减。换言之，第一级和第二级学校才是"学校改进拨款"项目主要关注的学校。据美国联邦教育部2012年的统计，从获得学校改进拨款资助的学校的等级来看，第一级和第二级学校所占比例之和超过70%。

在州教育部门确定"持续保持最低绩效的学校"名单后，地方教育部门向州教育部门申请获得学校改进拨款资助，并为学校选择合适的改进模型（Perlman et al.，2011）。

（三）三级教育部门分工明确，共促项目落实

"学校改进拨款"项目的实施特征是，联邦政府教育部门、州教育部门和地方教育部门三者分工明确、科学高效地推进项目的实施。

依据该项目的安排，美国联邦政府教育部门的职责除了制定相关细则以及薄弱学校改进的四种干预模型外，最主要的任务是将资助款拨给各州教育部门。各州教育部门依据相关规定确定薄弱学校，并根据地方教育改革需要（如 Title I 项目学校和学生的情况）和申请过程中的表现来分配资助款，将95%的资助款直接拨付给各地方教育部门，各州仅能保留不超过5%的经费作为行政、评价和技术支援之用。（何璇，2015）[6]最后，再由地方教育部门将资金分配给有需要的公立学校。具体监督各学校改进进程也是地方教育部门的任务，它需要将州教育部门确定的"持续保持最低绩效的学校"纳入薄弱学校范围，向州教育部门申请获得学校改进资助，同时决定四种学校改进模型中的哪一种模型最适合哪一所学校。

为了帮助地方教育部门为学校选择合适的改进模型，美国创新与改进

中心（Center on Innovation & Improvement，2017）①开发了一套决策模型，如图2-1所示。它不仅有助于引导地方教育部门在选取干预模型时评估一些重要信息和思考一些根本问题，而且能够帮助地方教育部门选择强有力的内部合作伙伴和外部服务提供商。模型中的第一步适用于地方教育部门管辖下的所有学校，其余四个步骤则要考虑到学校的具体情境。

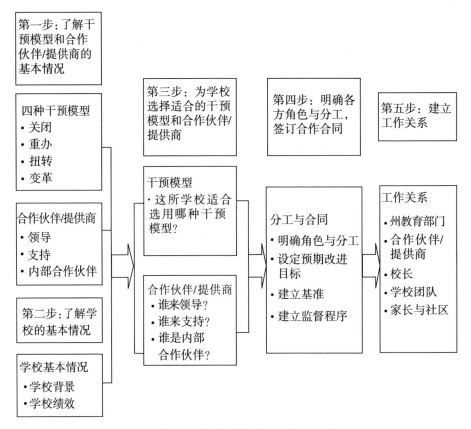

图2-1　地方教育部门为薄弱学校选取改进模型的决策模型

---

①　美国创新与改进中心是由创建于1984年的一家非营利性组织——学术发展中心（Academic Development Institute）来管理的，主要同各州合作，为州内的学区和学校提供发展的机会、信息和技能。该中心已经于2012年停止运行。

（四）建立配套组织机构以服务项目监测

为保障"学校改进拨款"项目充分发挥其应有的效益，在项目质量保障上采取的重要措施就是建立配套组织和机构，对项目进行监督和管理。

在"学校改进拨款"项目的实施过程中，州和地方分别成立薄弱学校改进办公室，做好政策保障、资源支持、实际指导与管理等工作。首先，在政策保障方面，要做到坚持改革、赋权于校，保证学区或学校在实施四种改进模型时所需的自由度和空间。其次，在资源支持方面，州级办公室要汇集来自《美国复苏与再投资法案》及其他渠道的资金，将其提供给地方学区，并指派资深工作人员协助工作；学区对学校也要提供类似的资源支持。最后，在实际指导与管理方面，州和地方两级办公室为学区和学校制定改进目标，帮助学校选择适合的模型并监测其实施情况，促进学校与其他部门（如特许管理组织）的合作，加强州级部门、学区和学校之间的定期交流，致力于实现长期改进目标，等等。此外，地方办公室还负责向所有利益相关者提供改进进程与效果方面的信息。（吕敏霞，2011）

总而言之，薄弱学校改进办公室为薄弱学校改进提供了一个专门的服务平台，能够为每所学校提供差异化的服务。目前，美国许多州和学区都建立了薄弱学校改进办公室。一般而言，当一个州或学区有许多学校需要改进时，每8—10所学校为一组，就会建立一个薄弱学校改进办公室。（何璇，2015）[48]

在监测学校改进工作方面，州或地方薄弱学校改进办公室主要关注以下几个方面：资助申请过程、技术援助、监督过程、财政责任、数据收集以及计划的实施。此外，在监督过程中，薄弱学校改进办公室要表明对学校的改进期望及其应达到的目标，并设时间表以监督其进程；学校则需使用检测工具定期分析学生到校率、纪律表现等方面的数据并呈交学区。州或学区以此参与到学校改进活动中，并促进薄弱学校间的交流。（吕敏霞，2011）

二、策略实施

"学校改进拨款"项目对"持续保持最低绩效的学校"提出了四种较为宏观的、具有指导性意义的干预模型。为了促进"学校改进拨款"项目的有效实施，美国联邦教育部出台的"学校改进拨款"项目指导手册还为学校提供了六大方面的具体改进策略和建议。

(一) 四种宏观干预模型

根据"学校改进拨款"项目规定，通过审批获得拨款的第三级"持续保持最低绩效的学校"可以依照学校具体情况自行制定改进细则，但第一级、第二级"持续保持最低绩效的学校"则必须根据学校的实际情况，从联邦教育部所规定的四种干预模型中选择一种，并严格按照模型的要求进行为期 3 年的改进。这四种干预模型，按照其对学校的改造程度，由强到弱依次是关闭模型、重办模型、扭转模型和变革模型（Perlman et al.，2011）。

1. 关闭模型

关闭模型要求学区将绩效水平低的学校关闭，并将学生转移到区内绩效水平较高的学校。但何种学校需要关闭，关闭模型并未给出具体的标准，需要学区依照学校的情况自行决定。该模型常用于那些较大的都市学区（如芝加哥学区），成为学区整体教育改革的一部分。（吕敏霞，2011）关闭模型所需解决的最大难题就是大量教职员工和学生的安置问题：如何将原校的教职员工分配至新学校？如何判断哪所新学校可以接收原校的学生？在学生重新入学的过程中，学区将如何给予学生和家长以帮助？学区将给予接收原校教职工和学生的新学校以何种支持？此外，作为社会系统中的重要一环，学校教育与人们的生活密切相连，学校的兴办与关闭势必会对周边社区的发展带来一定影响，因而学区在选择关闭模型时必须慎重。

2. 重办模型

重办模型要求学区先将学校关闭，然后通过严格筛选从而在特许管理组织或其他教育管理组织的帮助下重新办校。由于重办模型的应用建立在外部管理组织的协助基础之上，因此在选择该模型时，学校首先需要确保本学区内的特许管理组织或其他教育管理组织有意愿帮助其进行改进。此模型要求州内法规允许且自身拥有丰富经验的私营教育管理组织介入。学区可先关闭学校，再与私营组织合作重新办校，即20世纪90年代盛行的特许学校。（吕敏霞，2011）此外，重办模型意味着要进行大量的人员调换，因而与之伴随的是经费补贴、人员安置等问题。解决这些问题，就需要学校详细规划，州和地方教育管理组织也应积极为学校的重办提供全方位的支持。

3. 扭转模型

扭转模型要求学区协助更换学校校长（校长因上任时间过短而未来得及体现其工作效果等特殊情况除外），在教职员工聘任、学校财政规划等方面给予新校长以充分的自主空间。其主要改进措施如下：雇用不超过50%的原教职员工，并运用物质奖励、增加晋升机会、提供灵活工作环境等措施招募新教职员工，确保为所有的教职员工提供持续的、高质量的专业发展机会，促进其进行有效教学；雇用专职人员，及时向州和地方教育部门汇报学校改进事宜；基于数据以及州学业标准来分年级编写教学方案；对学生进行形成性、中期性以及终结性评价，从而更好地满足学生的个体学习需求；增加学生在校学习时间以及为学生提供恰当的社会情感服务与支持；等等。

扭转模型主要适用于整体师资力量弱、学生各学科成绩普遍较差、不良文化盛行的学校。由于单纯地在课程教学层面小修小补无济于事，因此需要对校长和教师"大换血"来实现改进目标。因此，扭转模型被认为是最能快速有效地提升学校质量的模型。（吕敏霞，2011）但在发生大规模的人事变动时，学校和学区也必须思考以下问题：应当基于何种标准选任新校长？他（她）应当具备怎样的工作能力和工作经验？辞退低绩效教师的依据和具体流程是什么？学区应当如何培养高绩效教师和校长，并将其分配至低效能学校？伴随校长和大量教师的更替，学校决策结构是否应当随之变更？学区能够为新校长和新教师开展教学改革提供何种支持？

4. 变革模型

变革模型要求学区协助更换学校校长（校长上任时间过短等特殊情况除外）；建立透明的评价系统，从而对校长和教师进行严格评估；对帮助提高学生学业成就和学生毕业率的教职员工予以奖励，辞退无作为的教职员工；运用物质奖励、增加晋升机会、提供灵活工作环境等措施招募新教职员工，确保为所有的教职员工提供持续的、高质量的专业发展机会，促进其进行有效教学；基于数据以及州学业标准来分年级编写教学方案；对学生进行形成性、中期性以及终结性评价，从而更好地满足学生的个体学习需求；增加学生在校学习时间以及加强与家长、社区的联系等。

就具体改进措施而言，变革模型与扭转模型有所重叠，二者的主要区别在于变革模型并不需要进行大规模的教师调换，因而此模型主要适用于整体文化氛围良好，但某些方面发展较为薄弱的学校，通过教学改革或管理提升即可帮助其实现改进目标。尽管变革模型并未对在学校改进过程中教师调换的比例做硬性规定，但提出了对高、低绩效教师的奖惩措施，因而校长和教师的任用标准以及任用过程也是在运用该模型时学区和学校所应主要考虑的问题。

对第一批（2010—2011 学年）和第二批（2011—2012 学年）获得学校改进拨款资助的薄弱学校的调查发现，90% 以上的学校都选择了变革模型和扭转模型。其中变革模型的受众最广，选择这种模型的薄弱学校分别占第一批、第二批获学校改进拨款资助的学校总数的 73% 和 75%。此外，由于扭转模型要求学校更换 50% 以上的教职员工，农村地区的薄弱学校实施起来难度较大，从调查结果来看，农村地区的薄弱学校几乎都选择了变革模型，而选择扭转模型的多为城市地区的薄弱学校。

（二）六项具体策略

美国联邦教育部出台了《学校改进拨款项目有效实施手册》（Hand-book on Effective Implementation of School Improvement Grants，以下简称"手册"），向州教育部门、地方教育部门和学校提出了如下六大具体改进策略。（Perlman et al.，2011）

1. 学校组织

手册建议学校在"学校组织"上可以实施：（1）双学分课程项目。学习双学分课程的学生可以在高中毕业之前先行修习大学的一些课程，这既可以使他们体会大学的学习生活，也让他们获得大学和高中的学分。（2）主题学习学会（thematic learning academies）。它是"大"学校里关注某些主题的"小"团体。这些主题既可以是学业上的，也可以是围绕职业的。（3）学分恢复项目（credit recovery programs），让那些未修到该修学分的学生通过放学后或暑期补习的途径拿到学分。（4）重新参与战略（re-engagement strategies），主要满足那些已经从中学辍学或有辍学危机的学生的需求。（5）小型学习社区（smaller learning communities），诸如磁石项目等，以更加关注学生参与和教师参与。

2. 学校领导

手册建议学校在"学校领导"上可以实施：（1）成立学校改进团队。（2）准许学校享有改进拨款管理规定的豁免权。灵活执行管理规定，消除障碍，代之以结果导向的问责。（3）给学校提供教职员工任免、学校日程安排、财政预算上的自主权。（4）建立早期预警系统。（5）雇佣并评估外部合作伙伴。（6）开展数据调查（如课堂观察数据）并积极使用相关结果。（7）监督改进实施的忠实度。（8）记录并报告改进进展，以指导下一步改进实践。（9）长期维持改进的效果。

3. 教师专业发展

手册建议学校在"教师专业发展"上可以实施：（1）招聘高质量的教

职员工。（2）改进教职员工的评估系统。（3）建立基于绩效表现的激励机制。（4）根据学校和学生需求，在学区内进行教职员工的调配。（5）设法留住教职员工。（6）提供专业发展机会。（7）提供职业晋升的路径。

4. 课程和教学

手册建议学校在"课程和教学"上可以实施：（1）使教学同学业标准保持一致。（2）实施分层教学。（3）有效利用学生数据以驱动教学。（4）有效利用教学实践数据以改变教学策略。（5）制定高效能教学的标准。（6）采取"干预-反应"（response to intervention，RTI）的方法。（7）明智地选择和运用教学技术。（8）使用基于绩效表现的学生评估系统。（9）开展基本阅读技能和数学技能的加速教学和习得。（10）在高中提供大学先修课程。（11）在中学实施能力本位的教学方法。

5. 日程安排和学习时间

手册建议学校在"日程安排和学习时间"上可以实施：（1）调整在校日的时间安排、延长在校日的在校时间、增加每学年在校日的天数。（2）提供全天制的幼儿园。（3）提供学前教育项目。（4）提供充足的教师备课时间。（5）增加完成学习任务的时间和学生参与度。

6. 学生支持

手册建议学校在"学生支持"上可以实施：（1）理解并应对学生的多样性。（2）识别出那些需要支持和干预的学生。（3）为那些残障学生提供支持。（4）为那些母语为非英语的学生提供支持。（5）给学生提供社会-情感学习支持，促进其全面发展。（6）提供社区支持和资源。（7）提供高效的一对一辅导。（8）帮助学生解决从初中到高中的顺利过渡问题。（9）引导家庭支持学生的学习。（10）营造支持性的学校文化。

综上所述，美国"学校改进拨款"项目不仅注重监督项目的实施过程，而且也非常重视项目的数据收集和实施效果的评估与研究。自 2009 年实施至今，"学校改进拨款"项目每年都会依据对项目校的跟踪调查结果对政策进行相应调整，总体而言，项目成效良好。2013 年 11 月，经过对项目实施过程的数据收集和实证分析，美国联邦教育部发布了 2011—2012 学年各州对学校和地方层面"学校改进拨款"项目的评估数据和简明分析。第一轮"学校改进拨款"项目的实施始于 2010—2011 学年，数据显示，在所有获得资助的薄弱学校中，有三分之二的学生数学和阅读成绩有所提升。另外，一些小的农村地区学校改进的成效更为明显。第二轮项目的实施始于 2011—2012 学年。经过两轮的改进，受到资助的学校学生数学和阅读成绩有所提高，这也显示出有针对性地对薄弱学校进行投资具有重要的意义。此外，联邦教育部还对两轮项目实施的数据进行了对比分析，发现第一轮项目实施后，所有受资助的学校都取得了良好效果；但在第二轮项目实施后，部分学校未能取得预期的成效。

第三节　综合性学校改革：推动学校全面发展的学校改进运动

自 20 世纪七八十年代一系列教育改革之后，美国学校教育依旧存在效率低下的问题，这引发了教育研究者的深刻反思：零敲碎打式的学校改革对学生学业成绩的提升似乎作用不大。于是，信奉学校改革必须整体进行的综合性学校改革运动开始兴起。正如肯特纳（B. Keltner）所言，"综合性学校改革这种新的学校改进路径是建立在这一观念的基础上，即成功改进学校的方法是同时变革学校运作环境中的所有要素，并最终使得每个要素都同学校发展的核心愿景保持一致。所以，它会系统性思考整个学校变革的过程"。

一、模式特征

正如前文所述，在美国学校改进的第五阶段（20 世纪 90 年代末期至今），学校的整体性改革得到普遍重视，人们认为改革学校整体要比变革学校的某些方面更加有效。虽然这一综合性学校改革的理念最早可追溯至1965年《初等和中等教育法案》的 Title I 项目①，但作为一场轰轰烈烈的学校改进运动，综合性学校改革的繁荣是在1991年之后。

（一）联邦政府立法资助的学校改进运动

1991年4月老布什总统签发了《美国2000年：教育战略》，这份全美教育改革纲领性文件提出要"建立新一代美国学校"，通过"重建学校制度"，使美国学生的学业成就达到世界级水准（吕达 等，2004a）[215]。随后，这份文件促进了非营利性组织——新美国学校发展公司在当年的成立，它筹集了超过1亿美元的风险投资用于开发"面向21世纪、打破陈规的学校模式"。（Good，2008）[1-39] 经过几年的尝试，新美国学校发展公司研发出多种综合性学校改革模型，并收获了不错的反响和成效。

新美国学校发展公司的这一大胆尝试引起了美国联邦政府的重视。克林顿政府对1965年《初等和中等教育法案》进行修订时，在第一条款中新增了"鼓励在处境不利儿童高度集中的学校实施全校范围的改革行动"的条款，号召全国的公立中小学进行综合改革以提升学生的学业成绩（李西佳 等，2007）。

1997年美国联邦政府决定出资资助这场倡导全面学校改进的改革运动，正式启动了为期3年的综合性学校改革示范项目，为那些采用"被证实有

---

① 在项目实施初期，由于 Title I 项目强调联邦教育经费仅作为州和地方学区教育经费的补充而不是替代，所以 Title I 项目学校在经费使用的过程中，为了清晰地区分联邦教育经费和地方教育经费，仅将 Title I 项目经费专门用于学校里的那些贫困学生，从而确保弱势群体学生能够受益。在一天的某个时间段里，Title I 项目学校将这些学生聚集在一起去接受特殊的 Title I 项目服务。但是这些"补习教育"随后遭到许多学者的批判，他们认为这些补习教育不仅不能够提升 Title I 项目学校里那些贫困学生的学业成就，而且产生了许多负面影响，如干扰了班级的正常秩序，伤害学生的自尊心，减少了他们与班级同龄学生的相处时间，等等。所以在20世纪80年代末和90年代初，Title I 项目的资助规则开始有所转变。新的资助规则允许将联邦教育经费用于 Title I 项目学校的全体学生而不再局限于学校里低学业成就的学生，还支持学校实施全校性、综合性的改进项目，促进学校的整体性改进。

效的”综合性学校改革模型的学校提供改进经费。经费共 1.45 亿美元，允许每所学校每年至少可获得 5 万美元的改进经费，且可连续申请 3 年，总共有近 3000 所学校获此项目资助。

2000 年美国国会再次投票决定继续实施这一项目。2002 年《不让一个孩子掉队法案》对综合性学校改革示范项目进行了重新授权，将其更名为综合性学校改革项目。表 2-1 展示了 2000 年后美国联邦政府下拨的综合性学校改革经费，这些经费极大地刺激了综合性学校改革模型的研发与实施。

表 2-1　2000—2008 年美国联邦政府下拨的综合性学校改革经费

年份	2000 年	2001 年	2002 年	2003 年	2004 年	2005 年	2006 年	2007 年	2008 年
金额（美元）	2.2 亿	2.6 亿	3.1 亿	3.08 亿	3.08 亿	2.05 亿	1.45 亿	1.54 亿	1.6 亿

（二）面向全美薄弱学校进行整体性改革

综合性学校改革作为美国学校改进史上的一场重要运动，意在面向全美的薄弱学校进行改进，尤其是那些经济贫困地区和处境不利儿童高度集中的公立中小学。由于认为改革学校整体要比变革学校的某些方面更加有效，综合性学校改革试图在学校的所有核心领域进行有效的改革，如课程、教学、评估、薄弱生转化、家长和社区参与、学校组织和专业发展。

具体而言，根据《不让一个孩子掉队法案》的要求，无论是综合性学校改革模型的研发还是获得综合性学校改革经费资助的学校自主实施综合性学校改进，都必须包含如下 11 个要素。（1）基于研究且被证实有效的学校改进方法和策略：综合性学校改进需要使用这些方法和策略来改善学生学习、教师教学和学校管理。（2）包含学校各个元素的全面改进计划：一个综合性的学校改进计划应包含教学、评估、课堂管理、专业发展、家长参与、学校管理等学校系统的各方面元素。（3）专业发展：要为学校全体教职员工提供高品质的、持续的专业发展机会。（4）可测量的改进目标与基准：为学生学业成就的提升制定可测量的改进目标与标准。（5）校内全体成员的支持：在学校内部有学校教师、管理者和行政人员的支持。
（6）支持校内全体成员的发展：这个综合性学校改进要支持学校全体教师、
职工和管理人员的发展。（7）家长和社区参与：使家长和社区积极参与学
校改进活动的策划、实施和评估。（8）外部技术支持与协助：将在学校改
革与改进领域有经验的专家发展成学校的外部合作者，以获取高品质的外
部技术支持和帮助。（9）年度评估：学校每年都要对学校改革的实施和学
生成就的变化状况进行评估。（10）资源协调：识别学校可获得的所有资源
（联邦/州/地方学区/私人），以支持并维持学校变革的努力。（11）效能证
据：须被证实能够有效促进学生学业成就，或者有强有力的证据表明它将
改善学生的学业成就。

　　《不让一个孩子掉队法案》规定，只有涵盖上述 11 个要素，才能称之
为综合性学校改革，才有资格申请专项经费。此外，美国联邦教育部也对
综合性学校改革中的"综合性"做出如下四点简要归纳：第一，面向学校
里的所有学生；第二，触及各个年级的所有核心学科，尤其是阅读和数学；
第三，促进学校里的全体教师的专业发展，包括有意义的、持续进行的专
业发展活动；第四，设计具体的改进目标和基准，并制订可行的评估计划。

（三）各主体分工协作共促改进实施

　　综合性学校改革项目在学校的实施过程如图 2-2 所示，共涉及美国联
邦政府、州政府、地方学区、项目学校、综合性学校改革模型提供者等改
进主体。各改进主体的主要角色与分工是：其一，联邦教育部拨款，款项
下发到提交申请的各州，各州再按照其细化的政策将联邦教育部拨款和本
州拨款下发到提交申请的各学区或学校。同时，联邦政府、州政府和地方
学区要为实施改革的学校提供外部支持保障，包括提供改革指导、开展教
育评估和研究活动、组织论坛和会议等，保证改革的顺利开展。其二，薄
弱学校作为综合性学校改革项目的目标对象，也是改进的直接执行者。这
些学校在决定参与综合性学校改革项目后，通过搜索相关信息、教师投票

等途径，选择符合学校需求的综合性学校改革模型，在前期对资源、人员、资金等方面做好充分的准备，继而落实改革的各个要素，包括课程、教学、学校管理、家长参与等。其三，综合性学校改革模型的提供者在前期、中期为学校提供初始培训、技术指导、教师专业发展和评估等。

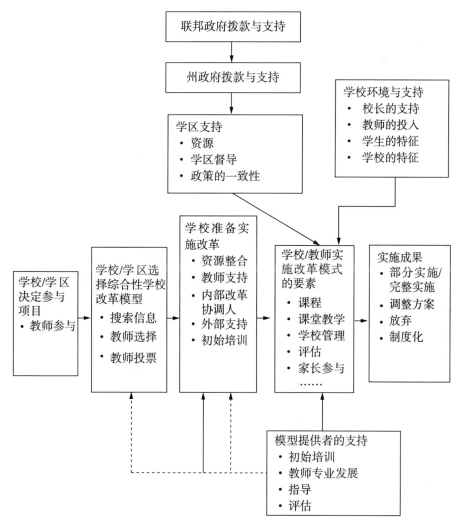

图 2-2　"综合性学校改革"实施框架

在整个综合性学校改革项目的实施过程中，项目学校可能完整或部分地执行了改进政策。而后，基于改进的效果，项目学校在完善改进方案后继续实施或直接放弃实施该项目。最后，整个改进过程的最好结果就是改进的各项努力在学校内实现制度化，彻底成为这所学校的一部分。（胡森，2014）[40-41] 这便是综合性学校改革实施的全过程。

（四）建立质量中心提供改进监测与服务

2003 年，美国联邦教育部中小学教育办公室向美国研究所（American Institutes for Research）① 提供了综合性学校改革质量保障拨款（Comprehensive School Reform Quality Initiative Grant），用于建立综合性学校改革质量中心（Comprehensive School Reform Quality Center）。该中心的主要使命是为城乡教育者和教育决策者提供可靠的工具和及时的技术帮助，以帮助他们选择最合适且高质量的综合性学校改革模型以满足他们的改进需求。为了更好地完成这一使命，综合性学校改革质量中心开展的工作主要包含三个方面。

第一，发表一系列报告，这些报告主要呈现对那些知名的综合性学校改革模型的效能与质量进行的调查。

第二，同学校、家长、社区、政策组织、州和学区层面教育工作者、技术服务提供者等发展合作伙伴关系，以确保报告满足州和学区的需求、被广泛评估和使用以及指导报告用户做出有效决策。

第三，为一些州、学区和学校提供技术支持，以帮助其提高改进能力。

为了更好地保障综合性学校改革模型的实施，综合性学校改革质量中心自 2003 年成立以来取得了如下重大成果。

---

① 美国研究所，作为美国最大的非营利性的行为与社会科学研究组织，从 1946 年就开始开发大量的研究、评估、技术支持、咨询和交流项目，为政策制定者和实践工作者提供参考。该组织的工作横跨许多领域，如教育、学生评估、个人和组织绩效、健康研究与交流、人类发展、可用性设计和测试、就业公平、统计和研究方法等。综合性学校改革质量中心隶属于美国研究所，它的日常管理与运行由美国研究所负责。

第一，《综合性学校改革质量中心报告：关于小学综合性学校改革模型》。这份报告提供了 22 种被广泛采用的小学综合性学校改革模型的效能与质量的科学调查。

第二，《综合性学校改革质量中心报告：关于中学综合性学校改革模型》。这份报告提供了 18 种被广泛采用的中学综合性学校改革模型的效能与质量的科学调查。

第三，《前进：一份关于实施综合性学校改革和改进策略的指导》。这份报告和相配套的研讨会引导学校领导者实施有效的综合性学校改革和改进策略。

第四，《促进综合性学校改革模型中残疾学生的参与》。这份报告提供满足残疾学生需求的综合性学校改革模型的特征信息，同时也向教育工作者提供了关于促进残疾学生参与综合性学校改革的相关策略。

第五，《见证改进：一份关于使用高效能综合性学校改革模型学校参观的指南》。这份报告是同美国教师联合会合作的产物，旨在帮助学校正确选择一条基于研究的、有潜力的学校改进路径。

第六，"综合性学校改革模型档案室"。这一网上数据库帮助综合性学校改革模型提供者（那些在综合性学校改革质量中心报告中没有被调查的模型）提交关于模型的非评价信息。读者可以从这个档案室中寻找到能够满足他们需求的综合性学校改革模型。

上述这些有关综合性学校改革模型的重要研究报告与资源均可从综合性学校改革质量中心的官网上获取。

（五）多主体开展对综合性学校改革的多类型研究

作为美国联邦政府立法资助的一场声势浩大的学校改进运动，综合性学校改革自诞生之日起便引发了各界关注，各方力量对其开展的研究层出不穷。从研究的主体来看，既有美国联邦政府主持的效能评估性研究，也有社会科研机构（如兰德公司）主导的调查性研究，还有大学学者自发进行的学术性研究。以美国联邦政府的研究为例，在综合性学校改革运动初期，美国联邦政府发起的学校纵向调查计划，对综合性学校改革示范项目学校和非综合性学校改革示范项目学校进行了抽样评估和比较，探寻综合性学校改革示范项目的实施及其对教学质量的影响。示范项目结束之后，美国联邦政府继续对综合性学校改革的效果进行跟踪评估，规模最大的是在 21 世纪之初发起的国家综合性学校改革纵向评估（National Longitudinal Evaluation of Comprehensive School Reform），检验综合性学校改革模型对超过 650 所小学和初中的学生成就的影响，识别最有效的要素以及使综合性学校改革模型更加有效的条件。（胡森，2014）[6-7]

从研究的内容来看，各方力量对综合性学校改革的研究主要围绕着实施效能（如整个综合性学校改革示范项目和综合性学校改革项目的实施效能）、实施过程（如影响综合性学校改革实施与推广的重要因素）、改革的持续性等问题展开。此外，也有许多研究针对的是综合性学校改革中所研发的具体改进模型。例如，为了使项目学校能够获得关于综合性学校改革模型的全面信息，从而找到适合自身的改革模型，一些研究者总结了常用的综合性学校改革模型及其特征。再如，一些研究者针对某种综合性学校改革模型进行专门研究，如克里斯滕森（G. Christenson）对"跃进学校"模型中校长行为以及领导力范式的思考，穆西（D. Muncey）等人从民族志的视角探究"基础学校联盟"模型在学校和班级中实施的动力及阻力。（胡森，2014）[10]

二、策略实施

在综合性学校改革运动中，项目学校可以采用外部综合性学校改革模型提供者所研发的综合性学校改革模型，也可以利用综合性学校改革经费自主开发校本改革模型。无论是哪种改进策略，都必须包含前述的《不让一个孩子掉队法案》所规定的 11 个要素。

一般而言，直接选择外部研发的综合性学校改革模型的项目学校比较多。大部分的综合性学校改革模型会要求学校的教职员工投票表决是否选用该模型，有些甚至还会要求教职员工的支持比例（例如达到80%）。提出这一要求的目的是将项目校教职员工的能量和热情聚集在共同的愿景和策略上，而不是让教职员工去设计一个他们自己的改革模型。在学校确定好适合自己的改革模型后，综合性学校改革模型的提供者也会为项目学校提供培训、材料和将所有项目学校聚集在一起的网络。此外，几乎所有的综合性学校改革模型都会要求在项目学校内安排一个引领人或者教练，他会观察教师的教学、组织教师相互合作，促进关于学生工作、课堂教学实践以及其他要素的讨论，确保项目要素之间的协调，并且在校长和教师之间扮演着一个沟通交流桥梁的角色。

据统计，在综合性学校改革运动中，全美研发的综合性学校改革模型总共有800多种。综合性学校改革模型也一直被广泛地评估着。从鲍曼（G. D. Borman）等人对多种综合性学校改革模型效能的评估研究以及综合性学校改革质量中心的报告中（胡森，2014）[10]，可发现如下7种综合性学校改革模型最具效能（Borman et al.，2003）。

（一）"为了所有学生的成功"模型

"为了所有学生的成功"是最被广泛使用和评估的一种综合性学校改革模型，主要关注阅读课程与教学。为了促进项目学校的改进，它不仅向项目学校提供具体的课程材料，还提供包含教学、评估、小组合作学习、一对一辅导、家长参与等项目要素的专业培训。该模型在最初设计时仅关注小学，随着项目的发展与壮大，又开发出了中学项目，并从阅读拓展到数学、科学和社会学习等其他学科。

（二）"直接教学"模型

"直接教学"是一个面向小学的改革模型，主要在小学低年级阶段实施。就像"为了所有学生的成功"模型一样，"直接教学"模型的首要目的也是帮助薄弱学校里的全体学生取得成功。相比于"为了所有学生的成功"模型，这个模型对教师们来说更加系统和具体。俄勒冈大学的直接教学国家研究所（National Institute for Direct Instruction）会为项目学校提供阅读和数学学科的专业培训。

（三）"学校发展计划"模型

"学校发展计划"由耶鲁大学儿童研究中心的柯默（J. Comer）团队研发，是最早被研发出来的综合性学校改革模型。这个模型不关注具体的课程与教学，而是帮助学校教师学习和掌握儿童的心理发展，并强调儿童、家长、教职员工以及社区卫生保健工作者之间的合作，以为学生提供一个积极的、具有自我价值感和安全感的学校环境。（朱忠明，2015）

（四）"美国的选择"模型

"美国的选择"是新美国学校发展公司开发的、严格的以课程设计为核心的综合性学校改革模型，旨在通过严格的学术课程、标准化的评价模式、高效能和灵活的组织管理方式来提高处境不利学生的学业成绩。（王玉国等，2013）

（五）"现代红色校舍"模型

"现代红色校舍"（Modern Red Schoolhouse）是一个关注基于标准的教学、适当使用技术和频繁评估的改革模型。它为项目学校提供个性化的教师专业发展培训，帮助学校建构基于州标准的一贯课程并实施相应的改进实践。后来，"现代红色校舍"的关注点也开始转向学区改革和领导力。

（六）"跃进学校"模型

"跃进学校"是一个过程导向的学校改革模型，主要强调对儿童的高期待，并开展复杂的和参与式的教学。它主张学校内部共享一系列的价值、原则和态度，奉行目标一致、权责共担和群策群力三个原则，营造一种生长、创造和加速学习的学校文化，为全体学生提供积极的学习体验。（李辉，2017）

（七）"探险学习/拓展训练"模型

"探险学习/拓展训练"（Expeditionary Learning Outward Bound）是建立在"学习远征"理念上的改革模型，即探索学校内外的事物。它的基本原则是积极学习、挑战和团队合作，因此充分利用了项目学习、合作学习和绩效评估等改进举措。

综上所述，美国综合性学校改革作为一场轰轰烈烈的学校改进运动，政府给予了长达20余年的法律和经费支持，这种富有活力和成效的学校改进运动使得美国许多薄弱学校得到改进。但是，随着小布什总统在2001年就任，美国综合性学校改革运动逐渐式微。不知出于何种原因，小布什政府提议撤销综合性学校改革经费，美国国会虽然最初极力反对，但是到2004年最终同意，综合性学校改革经费在2008年最后一次拨付。与此同时，一波学区驱动的改革浪潮（强调学区内无差异）也在逐渐侵蚀综合性学校改革运动的一个关键性原则——校本管理，这也使全美上下对综合性学校改革的热情冷却下来。现如今，一些综合性学校改革模型依然非常健康地存在着，像"为了所有学生的成功"模型和"美国的选择"模型还在为全美范围内成百上千所学校服务着，许多项目学校已经实施这些模型长达10年甚至更久。（Good，2008）[9]

第四节　为了所有学生的成功：专注阅读
学科提升的学校改进

美国综合性学校改革运动中所研发的各种学校改进模型有的昙花一现，早已销声匿迹，而有些则一直发展至今；有些学校改进模型在当时很轰动，但后来被实践证明是失败的，没有达到提升学校质量的目标，而有些学校改进模型却经受住了实践的考验，积累了越来越多能够证明其效能的证据，被实践证明是成功的、高效能的。后者典型的代表就是由约翰·霍普金斯大学研究团队于 1986 年研发的"为了所有学生的成功"，它被美国本土学者评价为美国迄今为止受到最广泛关注、传播最广泛、研究最深入且历史最长的高效能学校改进项目。

一、模式特征

作为在综合性学校改革运动中被研发出来的一个成功的学校改进模型，"为了所有学生的成功"在学校改进的主体与分工、内容与目标、实施与推广、效果评估与保障等方面具有如下特征。

（一）大学研究团队基于科学研究的自主研发

"为了所有学生的成功"由美国约翰·霍普金斯大学教育研究与改革中心（Center for Research and Reform in Education）以斯莱文教授为首的研究团队研发。该项目被研发出来并非偶然，项目团队的早期研究成果为其研发奠定了深厚的科学研究基础。

1. 建立在早期科研成果的基础上

"为了所有学生的成功"项目的源头可追溯至斯莱文研究团队在 20 世

纪 70 年代中期的一个教育研究与开发项目，它是关于教学中学生合作性学习策略的基础性研究。通过不断的研究，到 20 世纪 80 年代，斯莱文研究团队终于发现了一种可以充分发挥学生之间合作学习力量的结构化合作性学习方法，即只有在所有小组成员都学会了所学内容之后，这个小组的学业成功才会被认可。这种合作性学习方法一经发现就被迅速推广到学校教学实践中，广受中小学欢迎且被证实非常有效。后来，这一合作性学习方法也被运用到"为了所有学生的成功"阅读课程的课堂教学中。

然而，斯莱文研究团队随后慢慢意识到这种合作性学习方法仅涉及学校的教学过程，并没有触及学校的课程，所以它绝不会成为学校日常教学的基本组成部分，除非其被嵌入课程中。因此，斯莱文研究团队将合作性学习方法运用到数学课程中，并研发出一个完整的数学项目——"团队加速教学"（Team Accelerated Instruction），该项目把学生的合作性学习和个性化教学进行了有效结合。1983 年，斯莱文研究团队又将这一方法嵌入阅读和写作课程，开发出一个完整的"读写一体化的合作性学习"（Cooperative Integrated Reading and Composition）项目。斯莱文研究团队对"团队加速教学"和"读写一体化的合作性学习"实际效果的评估研究均表明，这两个项目对学生的数学、阅读和写作等方面的学业成就有着显著的积极影响。不仅如此，在这两个研究项目的推广与应用过程中，斯莱文研究团队还有效积累了关于"教学同课程的融合如何能够使合作性学习和其他有效的教学实践成为学校核心学科改革的基础"的知识。

至此，斯莱文研究团队在这两个项目中解决了学校的课堂教学问题。然而研究团队并不满足于此，随后又开始尝试研究如何促使整个学校参与学校改进的过程，以解决个体教师所不能够独自面对的学校问题。最终，该团队于 1985 年研发出"合作性学习小学"模型，这是一个将"团队加速教学""读写一体化的合作性学习"同学校中其他诸多方面问题（如学校组织变革、满足学生的特殊教育需求、寻求家庭支持等）解决结合起来的全校性的、综合性的学校改革项目。斯莱文研究团队关于"合作性学习小学"实际效果的评估研究再一次显示，这一项目具有非常显著的积极效果，并且也在一定程度上证实了，当时所盛行的综合性学校改革不仅有助于提升学校全体学生的学业成就，而且有助于学校里教师的专业发展、实现项目的高质量实施。

由此可见，从斯莱文研究团队最初研究的简单的结构化的合作性学习策略，到后来研发的包含合作性学习策略的"团队加速教学"和"读写一体化的合作性学习"以及"合作性学习小学"，这些步步深入的研究成果为"为了所有学生的成功"项目的成功研发奠定了深厚的理论与实践基础。

2. 依据科学理论设计改进措施

"为了所有学生的成功"项目正如其名称所示，坚信"每个学生都能学习，每所学校都能确保每个学生的成功"。学校改进的首要目标就是要"确保每个学生，不论他们的家庭背景、种族和学习方式，都可以实现学校教育的成功"。因此，"为了所有学生的成功"项目尤其关注学生在学校教育早期阶段即小学低年级的学业成功，以避免学生在小学低年级的学业失败对其后续学业产生的消极影响，这也是"为了所有学生的成功"项目最初开发时仅针对小学阶段，特别是阅读课程的重要原因。

（1）项目的理念：预防和早期干预。

不同于美国小学中比较常见的各种补习教育项目和特殊教育项目，"为了所有学生的成功"项目十分关注对学生尤其是小学低年级学生学业失败的预防和早期干预，而不是对学业失败进行各种补救，因为一旦学业失败事实形成，学业补救就会变得异常艰难。预防，是指要提供有效的学前班和幼儿园教育项目，促使学前班和幼儿园儿童能够为一年级学业的成功做好充分准备；同时，学校教师尤其是小学教师也被要求提供有效的教学、课程，以确保他们所教的学生刚入学时就能够在学业上取得成功。而早期干预，是指学校要为那些有学业失败危机的学生提供补充性教学服务，这样可以使他们的学习迅速恢复到正常的水平，以便他们此后顺利地从常规的高质量课堂教学中受益，而不是继续接受各种补充性和补习性教学。

（2）项目的理论基础：多维度干预理论。

"为了所有学生的成功"项目是基于斯莱文研究团队在教学、课程、学校和课堂组织、评估、学业失败危机学生转化、家长参与和教师专业发展上的科学研究成果设计开发的。基于这些研究成果，能够预测学生学业失败的各种方式，并提前给有学业失败危机的学生提供干预措施以避免其学业失败成为事实。

"为了所有学生的成功"项目所研发的各种干预措施主要依据多维度干预理论。该理论认为，要想使那些有学业失败危机的学生的学业成就快速提升，需要同时从多方面进行干预。然而，这并不意味着要将不同的独立的干预要素直接拼接在一起，相反，它需要对被研究证明有效的干预实践进行精心组合，以形成一种连贯一致的干预路径。在学校的核心领域——教与学中，多维度干预理论主要建立在斯莱文教授提出的"质量-适应-激励-时间"（quality，appropriateness，incentive，time，QAIT）教学效能模型（简称 QAIT 教学效能模型）上。（Slavin，1987）（Slavin，1997）[1-46] QAIT 教学效能模型强调，质量、适应、激励和时间这四个要素与教学效能之间的关系。这种关系会导致两个不可忽视的结果：第一，如果质量、适应、激励、时间中任何一个要素为 0，整个教学效能就为 0；第二，只有使四个要素同时最大化，才有可能使教学效能最大化。这就要求我们同时重视四个要素，而不能仅关注某一个或某几个要素。

（二）以课程与教学为突破口，推动学校整体改进

"为了所有学生的成功"项目的最初目标是提高小学生的阅读和写作能力。随着时间的推移，"为了所有学生的成功"项目也由最初的简单雏形不断发展与完善。

第一，项目组成要素的发展与完善。在项目学校不断增多的同时，"为了所有学生的成功"项目的组成要素也在不断发展与完善，所针对的学校类型已经拓展至初中甚至高中，学科由阅读发展至数学、科学、社会学习

等其他核心学科（Slavin et al.，2000）。此外，该项目不仅关注课程与教学，还关注学校组织、学校文化、教师专业发展等各个方面，成了一个名副其实的"全校性、综合性"的学校改进模型。

第二，项目各种改编版本的出现。在不断丰富充实自身组成要素的同时，"为了所有学生的成功"项目还开发出各种改编版本。除了在加拿大、英国、墨西哥、以色列和澳大利亚开发的适应各国国情的"为了所有学生的成功"项目改编版本外，项目研究团队还于1990—1991年开发出项目的西班牙语版本和母语为非英语学生版本。"为了所有学生的成功"项目研究团队和位于洛杉矶的西南地区教育发展实验室对这两个版本实际效果的评估研究发现，它们对学生西班牙语阅读和英语阅读成就都产生了积极效果。（Cheung et al.，2005；Slavin et al.，1999b）

不论"为了所有学生的成功"项目如何丰富与发展，其最为核心的要素是通过改进教学来促进学校的整体改进，而且主抓的是学校的阅读教学。

（三）项目的推广与传播

正是因为"为了所有学生的成功"项目是基于科学研究、被实践证实为有效的，所以一经研发，其便以一种前所未有的速度在美国学校中传播。

在整个20世纪90年代，斯莱文研究团队一直在不断地开发和拓展项目的实验基地，申请参与项目的学校数量每年都以高速度增长。截至2008年，项目已推广至全美49个州的1800所学校，使超过200万名学生受益。每所项目学校实施项目平均长达8年之久。除了在美国国内大力推广该项目外，斯莱文研究团队在20世纪90年代中期也开始陆续同其他国家合作，最早是加拿大，后来是英国、墨西哥、以色列和澳大利亚。为了适应这些国家的教育和文化，斯莱文研究团队还特地开发出项目的改编版本。同斯莱文研究团队对美国国内"为了所有学生的成功"项目实施效果的评估研究一样，加拿大、英国、墨西哥、以色列和澳大利亚的研究人员通过对该项目在本国实施效果的评估研究，再一次证明了"为了所有学生的成功"

项目对于学生学业成就提升的积极效果。

由于"为了所有学生的成功"项目传播的广泛性，许多研究者开始探讨"为了所有学生的成功"项目在传播和推广上的独到经验，他们发表了一系列文章，如《传播"为了所有学生的成功"：政策与实践经验》《推广：从"为了所有学生的成功"传播中获得的经验》《"为了所有学生的成功"：探索其传播的技术、规范、政治影响和社会文化等维度》《"为了所有学生的成功"的传播：前16年》《"为了所有学生的成功"：利用全国性改革网络提升学校整体变革的实施质量》《教师对"为了所有学生的成功"的反应：信念、经验和调整如何塑造项目实施》等等。这些研究首先详细地描述了"为了所有学生的成功"项目的传播过程，包括所使用的传播策略以及不同的传播路线，并从其传播和推广经验中总结出成功的学校改进项目传播需要注意的三个方面。

第一，需要有奉献精神的教练来指导项目学校的项目实施。研发团队最好像"为了所有学生的成功"项目那样创建项目学校的全国性和地方性支持网络，以便为项目学校提供技术和情感支持。

第二，要认识到州教育部门、大学、地区性教育实验室对于学校改进项目的传播非常有帮助，同时也要注意到学区协调员在搭建研发团队与项目学校之间的沟通桥梁上的重要性。此外，除了研发团队提供的教练外，项目学校也要从经验丰富的其他项目学校里聘请优秀教职员工作为自己学校的全职或者兼职项目实施指导教练。

第三，质量控制是学校改进项目有效传播和推广的关键。不论学校改进项目采用哪种传播策略，不断检查项目实施的过程并评估项目实施的实际效果与质量是十分必要的。

（四）项目的质量保障

1. 建立配套的项目管理组织

随着项目学校队伍的不断壮大，"为了所有学生的成功"项目的商业推广于 1996 年正式开启。这导致"为了所有学生的成功"项目发展得越发庞大且复杂。斯莱文曾声称"为了所有学生的成功"项目当时所挂靠的约翰·霍普金斯大学系统（巴尔的摩市最大的私人雇主）中有四分之一的雇员是为该项目服务的，约翰·霍普金斯大学系统越来越不适合用来管理和运行"为了所有学生的成功"项目。为了寻求更好的发展，斯莱文研究团队最终于 1997 年同约翰·霍普金斯大学协商实现友好的分离。1998 年，"为了所有学生的成功"研究团队正式离开约翰·霍普金斯大学，创建了非营利性的"为了所有学生的成功"基金会，并于当年 12 月搬迁至新的办公场地。1998—1999 年，"为了所有学生的成功"基金会共管理 1100 所项目学校的事务，基金会里的教练人员数量翻了一番，其他支持性工作人员数量增加了三倍。此外，该基金会还在英国建立了一个平行组织（Slavin et al.，2001）。

　　2. 开展实施效果的评估研究

　　"为了所有学生的成功"项目被认为是美国现存的实施效果得到最为广泛评估的学校改进项目，共有 60 多项研究评估该项目的实际效果。开展这些研究的主体既有斯莱文研究团队，也有其他大学研究人员，如孟菲斯大学的研究人员；还有一些美国科研机构，如美国研究所和综合性学校改革质量中心。这些研究主要采用量化研究方法，尤其是实验设计和准实验设计，很少采用质性研究。

　　20 世纪 90 年代，约翰·霍普金斯大学同其他研究机构的研究人员实施了一系列随机对照实验研究，以评估"为了所有学生的成功"项目对于学生学业成绩提升的实际效果。这些研究共涉及美国 13 个学区的学校。图 2-3 展示了斯莱文研究团队早期的一项随机对照实验研究结果（Slavin et al.，1999a）。

　　同龄人组是分析单位，是指某一年份某一个年级的所有学生，通常有50—150 名学生。例如，在一年级水平上，该实验研究对比了"为了所有学生的成功"项目学校的 68 个同龄人组和控制组学校的 68 个同龄人组。

图 2-3 中每个柱状条实际上代表着 6000 多名学生的阅读平均得分。成绩等值是建立在阅读平均得分的基础之上，仅代表着学生得分的信息值。效应值是"为了所有学生的成功"项目学校学生的阅读平均得分超过控制组学校学生的标准差。从图 2-3 中可以看出，"为了所有学生的成功"项目学校每个年级学生的阅读得分都显著超过控制组学校学生。一年级（0.52）、二年级（0.51）和五年级（0.62）的效应值都超过了 0.50，三、四年级的效应值稍低一些。这项追踪研究还发现，"为了所有学生的成功"项目对学生阅读学习的积极影响一直延续到初中，如六年级的效应值是 0.54，七年级的效应值是 0.42。

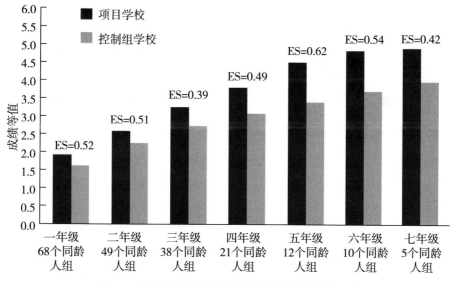

图 2-3 项目学校和控制组学校学生阅读成绩的比较

此外，还有许多关于"为了所有学生的成功"项目的量化研究发现，这一项目不仅对于学生的阅读成绩有着积极的影响，而且对项目学校里学生特殊教育的安置率和留级率有着积极的影响。例如，一项研究发现，控制组学校中会有 23% 的学生在五年级之前至少留级一次，而在"为了所有学生的成功"项目学校，这一比例仅为 9%；平均来看，控制组学校学生要比"为了所有学生的成功"项目学校学生在特殊教育上多花费 50% 的时间。

二、策略实施

"为了所有学生的成功"项目之所以能取得重大的成功，产生深远的影响，同它的改进策略密不可分。作为一个具体的学校改进模型，它的改进策略相较于"学校改进拨款"和"综合性学校改革"更为细致。

（一）制订科学的阅读学科改进计划

1. 实施适合不同年级段的阅读校本课程

"为了所有学生的成功"项目基于"预防"的理念特别强调小学低年级的学业成功。那么，小学低年级的"学业成功"到底意味着什么？调查发现，学校、教师、家长和学生对此的定义更加偏重阅读上的成功。他们根据切身经验指出，阅读上成功的学生很少留级、被分配到补习项目或被认定为有特殊教育的需求。当然，他们并不否认其他学科的重要性，但是阅读和写作的成功是小学低年级学业成功的核心。"为了所有学生的成功"项目在最初主要关注小学的阅读教学和课程，随着项目的成熟与发展，才慢慢拓展至数学、科学和社会学习等其他学科。为了有效预防学生学业失败，"为了所有学生的成功"项目学校会根据项目研发团队的指导，每天开设一节 90 分钟的阅读校本课程，并采用项目研发团队所提供的相关材料。在这个校本课程中，学生根据他们的阅读水平被分配至不同的班级，这样阅读教师所面对的都是处于同一阅读水平的学生，这大大提高了教学效率。此外，该阅读校本课程还有一个最大的特征，就是依据不同的年级水平开设不同内容的阅读课程，如学前班和幼儿园的"好奇角"（Curiosity Corner）课程和"幼儿角"（Kinder Corner）课程，一年级的"阅读根"（Reading Roots）课程，二至六年级的"阅读翼"（Reading Wings）课程，中学的"阅读前沿"（Reading Edge）课程。

2. 提供补充常规阅读教学的一对一辅导

一对一阅读辅导是"为了所有学生的成功"项目"早期干预"理念的重要表现，它是"为了所有学生的成功"项目中花费最大的部分，也是最有效益的部分，因为它能够有效降低学生的留级率和特殊教育的安置率。一对一阅读辅导之所以主要面向一年级学生，主要是基于如下假设：在学生面临阅读失败危机的第一时间，实施一对一阅读辅导能够有效消除危机。每天辅导员会抽出 20 分钟的时间对学生开展一对一辅导。

（二）注重改进过程的调查与评估

1. 开展八周阅读评估

"为了所有学生的成功"项目阅读校本课程的一个关键特征就是实施"八周阅读评估"，也被称为季度性阅读评估，是指在实施 8—9 周的阅读校本课程之后，阅读教师就对学生的阅读学业做一次正式的评估。

八周阅读评估的内容同阅读校本课程紧密相连：在低年级，评估可能会包括一些写作或者口语任务；在中高年级，学校会利用阅读理解水平评估，去跟踪学生的阅读水平进展并决定他的阅读班级。八周阅读评估通常包含高于学生当时阅读表现水平的技能评估，以帮助做出将学生分配到一个更高水平的阅读班级中的决定。

八周阅读评估的结果通常有如下几种用途。第一，指导阅读校本课程的常规课堂教学规范。第二，改变学生的阅读分组，尤其是识别那些可以被分配到高级阅读班级的学生。第三，识别出那些最需要一对一辅导和不再需要一对一辅导的学生。第四，提供了每个学生阅读进展的内部检查结果。这些评估数据可以告知学校的教职员工哪些学生没有取得预期的阅读进展，并引导他们尝试其他的阅读教学策略。第五，识别那些需要非学业类型帮助的学生，如学生的行为帮助、家庭干预或者视力、听力问题上的帮助。

　　八周阅读评估的实施通常还会牵涉教师，除了由阅读教师来负责实施和打分以外，学校的项目引领人会同教师讨论评估结果以回顾所有学生的阅读进展，并建议开展分组、辅导、行为干预、视力和听力评估、家长参与及其他变革以确保阅读学业进展。当低阅读进展学生的学习需求被识别出时，解决方案团队就会扮演服务的代理人和预防规划小组的角色。

　　2. 基于阅读评估的同质性分组

　　进行同质性分组是八周阅读评估的一个重要目的。"为了所有学生的成功"项目学校行政班级（home class，区别于教学班级）的学生是高度异质性的。然而，为了充分利用有限的阅读教学时间，从一年级开始，学生就会被依据阅读能力，以跨越年龄和年级的方式进行重新分组，这样所有阅读班级学生的阅读能力都处于同一水平上，有利于提高教师的教学效率。例如，一个二年级水平的阅读班级可能会包含来自一年级、二年级和三年级等多个年级的学生。在每天一节90分钟的常规阅读校本课程中，会有许多教师来教授阅读，譬如被认证的一对一辅导员、图书管理员、多媒体专家、体育和特殊教育教师、双语教师等。阅读班级规模也要比行政班级小，通常每班20人左右。基于常规的每季度的阅读评估，阅读分组任务也不断被检验，在高级阅读班级学习的学生会被要求加速前进，而那些阅读表现不佳的学生会被提供一对一辅导、家庭支持服务、课程或教学的调试以及其他帮助他们追赶同龄人学业的服务。

　　"为了所有学生的成功"项目中跨年级和跨班级的分组出于许多原因，其中最重要的是，使处于同一阅读水平的学生都在一个班级中，避免了对班级内部的学生进行分组。班级内部分组通常会产生这样一个问题：当教师在辅导一个小组时，其他小组的同学只能坐在座位上，做他们的课堂作业或者完成其他没有任何教学价值的独立任务。为了充分利用90分钟的课程时间，让积极的、有效的教学充满整堂课，仅设一个阅读小组是十分必要的。有关跨年级阅读小组的研究已经证明，这一方法会提升学生的学业成就（Slavin，1987）。

使用跨年级和跨班级的分组方法，也能够让一对一辅导员和其他被认证的教职员工充当常规阅读课堂教师的角色。这有相当多的益处：第一，它会减少阅读班级的学生数量，十分有利于低年级学生学业成就的大幅提升。第二，它给了辅导员和其他认证教师去体验阅读课堂教学的机会，这样他们就能够准确地知道他们一对一辅导的学生正在经历什么。第三，可以让教师去教授整个阅读班级，而不必像之前那样将班级学生分成若干个阅读小组。这大大减少了教师花费在课堂作业上的时间，从而增加了直接教学的时间。

（三）聘任至少一名全职的学校改进引领人

大部分项目学校都会雇佣一个全职的项目引领人，专职负责学校改进的实施与协调工作，仅有少数小型学校会雇佣兼职项目引领人，兼职项目引领人主要负责学生课后的一对一辅导。在"为了所有学生的成功"项目学校里，项目引领人的角色定位是"变革代理人"，他同学校校长一起负责监管和协调项目在学校内的实施。由于项目引领人的身份是"变革代理人"而不是学校日常运行的管理者，所以，"为了所有学生的成功"项目认为明确项目引领人在学校整个组织结构中的位置是一个非常"微妙"的过程：他不应该被项目学校校长聘任为学校的副校长，因为引领人需要一直观察课堂、组织项目工作人员会议，而不是负责收取午餐费用或管理操场。

"为了所有学生的成功"项目学校通常任命学校里经验丰富的教师来担任项目引领人，他们一般在阅读教学、儿童早期教育或者 Title I 补习项目上有着良好的经验和背景。一个好的项目引领人通常具有这些特征：他是拥有巨大能量和良好的人际沟通技能的人；他对"每个学生都能成功"这个项目理念深信不疑；学校里的每位同事都对他很尊重；教师把他视为自己的朋友和支持者，所以他不参与任何正式和非正式的教师评估；教师在自己的课堂中看到项目引领人时会感到很开心，并且很乐意和他分享自己课程教学上的成功或存在的问题。

每一位项目引领人的主要责任，就是确保"为了所有学生的成功"项目实现它的目标，即传递成功而不仅仅是服务。项目引领人的设置，就是为了确保没有孩子会被遗忘；学校里所有的教职员工都能相互沟通并且有效合作；从整体上帮助学校教职员工，确信每个学生都能取得足够的学业进步与成功。具体而言，项目引领人的工作职责主要包括如下四个方面：维持"为了所有学生的成功"项目的协调与实施、组织项目各要素团队的常规例会、指导学校教师的专业发展、管理学生的八周阅读评估。

（四）鼓励多方利益相关者的共同参与

"为了所有学生的成功"项目中的多方利益相关者共同参与，除了表现为以斯莱文为首的约翰·霍普金斯大学项目研究团队对项目学校的有效指导、"为了所有学生的成功"基金会提供的关于项目实施以及教师专业发展的密集培训，还体现在非常重视提供资源与服务的社区、协助学校教育的家长的参与，以及成立多方人员参与的、负责解决学生非学业问题的解决方案团队。

1. 积极利用社区提供的资源与服务

社区参与，尤其是社区所提供的资源与服务在学校改进中具有重要的作用。然而，许多学生和家庭，都会在请求社区机构的服务上遇到诸多问题与麻烦，所以在一般情况下，家庭不能够或者不愿意从社区机构中获取这些资源和服务。但是学校和社区机构会发现，如果这些社区资源和服务在家长所熟悉的地点被提供，那么家长更有可能去充分利用他们需要的社区资源和服务。而对于家长来说，学校无疑是他们所熟悉的地点。因此，"为了所有学生的成功"项目学校专门成立了社区资源分委员会去帮助家长和学校积极利用社区所提供的资源和服务。通常来说，项目学校的社区资源分委员会会帮助家长和学校利用三类社区资源与服务：生存保障类资源与服务、教育类资源与服务、商业类资源与服务。

2. 鼓励家长多途径的参与

家长参与是"为了所有学生的成功"项目学校学生学业成功的一个关键要素。相关研究表明，家长参与同学生出勤率的提高、学业成就的提升、行为问题的减少等具有相关性（Epstein，2010）。所以，"为了所有学生的成功"项目非常强调强有力的家长参与。家长参与被认为是学校体系的一个重要组成部分。由于没有研究者说明哪一种类型的家长参与是"正确的"，学校需要开展一系列活动，以满足不同家长的需求和偏好。"为了所有学生的成功"项目学校促使家长参与学校教育的一些具体途径有：鼓励家长参与学校治理，参与学校课程，参与学校志愿服务活动。

3. 成立多方人员参与的解决方案团队

"为了所有学生的成功"项目学校一般会成立一个解决方案团队（之前被称为家庭支持团队），帮助解决学生的非学业问题，以确保所有学生都为学习做好准备。该团队由多方人员共同组成，主要有学校的教职员工、家长联络员、社会工作者、学区顾问和副校长等，这也是"为了所有学生的成功"项目学校鼓励多方利益相关者参与学校教育的重要措施。为了帮助解决学生由于非学业因素所导致的学业问题，这个团队又划分为三个分委员会：出勤分委员会的职责是提升学生的出勤率，行为管理分委员会负责监督学校的文化氛围、规划全校性的行为管理策略、关注"和睦相处"（Getting Along Together）课程的效能，干预分委员会专门针对有非学业问题的个体学生进行干预和转化。

（五）专业团体提供专业发展服务

"为了所有学生的成功"项目强调项目学校内的专业发展不仅要面向开展课堂教学的教师，还要涵盖学校的校长、项目引领人、学校行政管理人员以及学校里的其他工作人员等。由于专业发展的对象比较广泛，"为了所有学生的成功"项目学校在专业发展能力建设的策略上，除了上文提到的项目引领人对教师专业发展的指导（主要通过观察教师的课堂等方式）外，最主要的路径就是利用第三方专业团队——"为了所有学生的成功"基金会所提供的专业发展服务①。具体而言，项目学校可以从"为了所有学生的成功"基金会那里获得三种类型的专业发展服务。

1. 对新项目学校的初始培训

"为了所有学生的成功"基金会会安排教练为项目学校提供专业发展培训和支持。这些教练大都来自大学和州的教育部门，他们受雇于"为了所有学生的成功"基金会。这些教练会给所有的"为了所有学生的成功"项目学校提供初始培训和后续指导两种专业发展培训。"初始培训"指项目学校确认参加"为了所有学生的成功"项目后，"为了所有学生的成功"基金会对新项目学校所开展的项目正式实施前的培训。根据所面向的群体，该培训又可以分为两类：一类是面向新项目学校领导者的 5 天研讨会，一类是面向新项目学校全体教师的 3 天初始培训。

2. 建设项目学校的后续指导

"为了所有学生的成功"项目关于教师专业发展的理念是：第一，尽管对教师的初始培训非常重要，但是教师教学实践的真正变革发生在课堂中而不是研讨会上。第二，教师的专业发展是一个永无止境的过程，需要为教师的教学实践提供持续不断的指导和支持。所以，在初始培训之后，"为了所有学生的成功"基金会教练也会向项目学校提供持续的后续指导与培训。具体有如下两种形式：项目实施第一年的 26 人现场专业发展培训，项目步入正轨后每月的定期走访和电话联络。

3. 建设项目学校网络

"为了所有学生的成功"基金会认为，一所走在教育变革和学校改进前沿的学校有可能仅仅坚持几年就无法继续前行，但是当一群有着共同的变革兴趣和语言、分享着共同的变革愿景和技术支持的学校组建成一个支持

---

① "为了所有学生的成功"基金会除了提供教师专业发展的培训和支持外，还不断研究和改进项目的课程材料、教师手册、培训材料与培训程序。

性的网络体系时，网络体系中的每个学校会更加有可能进行系统化和持续性的变革，并最终获得变革的成功。这也是促使"为了所有学生的成功"基金会从 2008 年开始创建项目学校网络的一个重要原因。而加入由"为了所有学生的成功"基金会所创办的全国性和地方性项目学校网络，也是项目学校提升教师专业发展水平的另一重要路径。（Slavin et al.，1999c）

（六）培育教师高水平的领导力

"为了所有学生的成功"项目特别重视提升教师的领导力，充分发挥教师在学校改进过程中的作用。这里的教师领导力主要包含两个方面的内涵：一是教师的教学领导力，二是教师在学校组织中的领导力。

1. 提升教师的教学领导力

项目学校为提升教师教学领导力，除了给教师提供大量且密集的专业发展培训以提升其教学技能外，还会组织面向处于阅读危机的学生进行一对一辅导的辅导员小组。辅导员小组对学生的一对一阅读辅导体现了较强的教学领导力与自主权，例如哪些学生需要一对一辅导，是基于学生在季度性阅读评估上的得分以及教师的建议而决定的。

2. 提升教师在学校组织中的领导力

"为了所有学生的成功"项目学校主要通过两种途径提升教师在学校组织中的领导力。

其一，在将项目引入学校之前，一个重要的步骤和程序就是：项目学校校长要充分征求教师的意见，并获得大部分教师的全力支持。在这一步骤中，"为了所有学生的成功"基金会的工作人员会给那些对项目感兴趣的学校教职员工一周以上的时间去讨论、争论，或者派遣代表团去参观那些正在实施项目的学校。这一做法的目的是让项目学校教师充分了解"为了所有学生的成功"项目，打消他们对项目的疑问，最终让教师毫无压力地去投票支持在学校中实施该项目。这一做法在项目学校引入"为了所有学生的成功"项目的过程中十分重要：第一，它给予了教师充分了解"为了所有学生的成功"项目并自主决定是否参与该项目的重要机会。第二，它也会让那些一开始不愿意支持项目引入的教师，了解他们的同事为何如此积极地支持这一项目在学校内的实施。第三，当项目在实施过程中面临困难时，项目学校的每一位教师都不会忘记这条改革道路是他们自己选择的，因此会积极地迎接挑战，克服困难。

其二，在项目实施之后，项目学校还通过任命项目引领人、辅导员团队和解决方案团队的形式来提升教师在学校组织中的领导力。在项目正式实施后，项目学校里的教职员工的角色会发生很大的变化。通常来说，学校里负责 Title I 项目和特殊教育项目的教职员工会转变成负责一对一辅导的辅导员，并选举其中经验丰富的教师担当项目引领人的角色。

综上所述，"为了所有学生的成功"项目作为一项具有 30 多年发展历程的学校改进项目，被美国本土学者 50 多项评估研究证明具有高效能，至今仍备受美国中小学的推崇。"为了所有学生的成功"项目之所以能够在实践领域收获积极成效，除了因为它本身建立在科学研究的基础之上，更在于它帮助项目学校发展了学校改进能力，即制订基于科学研究的改进计划，实施贯穿改进全程的调查与反思，聘任负责改进协调工作的专职项目引领人，鼓励多方利益相关者的参与，利用专业团队提供的专业发展服务，实施科层管理与教师赋权并重的领导实践。

通过分析美国学校改进的三个典型项目——"学校改进拨款""综合性学校改革""为了所有学生的成功"，我们可以发现美国学校改进的如下经验和问题。

首先，在学校改进的模式上，以联邦政府统筹学校改进工作为核心，不仅在立法上保障了全美的薄弱学校改进，而且提供了充足经费予以支持。美国的学校改进尤其关注那些薄弱学校的整体改造，通常会配套建设组织机构以有效监督和服务学校改进项目的实施，并定期评估改进实施效果。

其次，在学校改进的策略上，"学校改进拨款"项目中的"关闭"和

"重办"是针对全美最为薄弱学校的改进举措。除此之外，针对一般性薄弱
学校，则更侧重对学校实施综合性的改进措施，以及对学校组织系统中的
各个要素进行整体改革。

最后，在学校改进的问题上，美国学校改进历史虽然不长，却历经了
五个不同的发展阶段，足见美国上下对基础教育质量提升的重视程度。但
是，总体来看，学校改进效果并不十分理想，有些学校改进项目与实践只
是昙花一现。但这并不妨碍我们从美国学校改进实践中吸取值得学习与借
鉴的有益经验。

未来美国学校改进的发展趋势是：相比于教育制度的变革，政府将日
益重视聚焦学校和课堂层面的学校改进。相比于单一元素的改进，更加注
重从整体层面进行综合性改革，以最终提升学生的学业成就。为了有效保
持学校改进的成果，学校改进日益关注学校改进能力的建设。

第三章
英国学校改进模式与策略

就传统而言，英国教育研究一直遵从心理学范式，其秉持的立场为个人和家庭因素而非学校教育，才是影响学生学业成就的关键。由于学校具有高度的办学自主权，外部人士常碍于程序的复杂性而难以进入其中开展教育研究。此外，可靠有效的学校文化测量与评估手段的缺失以及教育社会学研究的不充分发展，进一步造成了英国学校效能和学校改进研究与实践的相对滞后。（Reynolds et al.，1996b）

然而，自 20 世纪 70 年代末以来，英国政治、文化、社会领域的深度变革重塑了教育发展的环境，有关学校角色、学校领导与发展的探讨出现了明显的话语转向，并进一步促进了相关实践活动的开展。在过去 40 多年的发展中，英国学校改进模式与策略不仅影响了英国教育变革的进程，同时也为其他国家所借鉴应用，对学校改进这一专业领域的发展做出了不可磨灭的贡献。

第一节　英国学校改进的发展历程

尽管学校改进的思想最早可追溯至勒温（K. Lewin），但直到 20 世纪 70 年代末、80 年代初，其作为一个专业领域才获得普遍的关注和发展。不同于其他国家，英国的学校变革在开始阶段就使用了"学校改进"这个名称，并且与"学校效能"研究有着不同的取向和关注点。（梁歆 等，2010）[30] 总体而言，英国的学校改进运动兴起于 20 世纪 70 年代末，在过去的 40 多年经历了初现、渐趋成熟到鼎盛发展的三个阶段。

一、实践者导向的学校改进

20 世纪 70 年代末至 80 年代末为英国学校改进的第一阶段。1979 年撒切尔上台之后，保守党内部出现了一股占据统治地位的"新右派"势力的意识形态，《1988 年教育改革法》（Education Reform Act 1988）及随后出台的一系列改革措施对英国教育产生了深远的影响。撒切尔政府积极推行教育的市场化改革：一方面致力于削弱地方教育当局和教师工会的权力，将办学责任转移至学校；另一方面又顺应家长的呼声，扩大其择校权。随后，国家课程和国家评估也在全国范围内实施。面对变化的政策环境，如何达成国家所设定的目标，提高办学质量，成为学校生存和发展所必须解决的问题。因此，自 20 世纪 70 年代末开始，学校改进就成了英国教育变革的主题。

在学校改进的第一阶段，英国先后掀起了"教师即研究者"（Hoyle et al.，2005）运动、学校自我评价和检视运动、对学校整体的结构化诊断，还实施了经济合作与发展组织领导的"国际学校改进计划"（Hopkins et al.，2014）。此阶段的学校改进强调学校的组织变革和自我评价以及教师的角色与责任，参与学校改进运动的主要为校内人员，因而被学者归纳为"实践者导向"（Hopkins et al.，2014）。其主要呈现出以下三个特征。

（一）学校改进的范式为"自下而上"

尽管校外咨询者和专家学者提供了大量的专业信息，但这一时期的学校改进实践仍然主要由学校内部人员所主导。换言之，即更倾向于运用实践者而非研究者的知识基础（梁歆 等，2010）[30]。相较于直接接受指令，人们更乐意对改进实践的目标展开广泛讨论从而达成一致意见。对于改进实践的结果，质性而非量化的评估手段更受青睐。

（二）学校改进的模式尚不完善

英国学校改进在初期是飘忽不定的（Potter et al.，2002），清晰且系统的改进方法还未形成，学校自我评价计划就是为数不多可供选择的改进策略之一。具体而言，学校自我评价计划是由地方教育机构发展出来的，学校或被强制或自愿参加，基于既定的政策或程序进行自我评估，其内容主要包括：学校的组织和管理、具体的学校工作、教师的角色和专业发展。尽管该策略帮助学校有效确立了未来发展的优先事项，但由于对评价目标认识不清晰，学校尚未明确符合自身发展状况的改进需求，且未投入相应的时间、精力和资源以培训教师的反馈能力，教师对于学校自我评价的过程和方式一知半解，最终造成学校自我评价计划"雷声大雨点小"，并没有促使教师在日常工作实践中进行切实的改革，也没能使教师将已有资源发挥出最大的效能。

（三）学校改进未密切联系学生的学业成就

"国际学校改进计划"被学者公认为此阶段学校改进的典型，其发起目的在于总结国际上有效的革新策略，以应对教育政策实施过程中的诸多问题。该项目认为，学校才是变革的主导力量，它倡导一种系统的变革方式，强调学校内部环境是变革的核心，致力于保证教育目标的有效，重视多层级人员的视角和参与，关注整体性变革策略，主张只有变革真正成为教师日常生活的一部分，学校改进才能获得实效。（Hopkins et al.，1994）然而，如前所述，此阶段的英国学校改进主要采用的是自下而上的范式，尚未形成一套系统清晰的模式和策略，无论是概念还是应用都是碎片化的，也未给课堂内的活动带来革新的思维和实践，因而改进目的与学生的学业成就的联系也是极为松散的。（Hopkins，2001）[53]

在英国学校改进的第一阶段，理念还不清晰，实践也尚未成熟。如何对学校改进进行系统化的设计，开发出有效的改进模式和改进策略从而指导实践，成为下一阶段学校改进的核心课题。

二、与学校效能研究相融合的学校改进

英国学校改进的第二阶段为 20 世纪 90 年代初至中期，以学校效能与学校改进研究和实践的相互融合为特征。在这一时期，英国学校改进的理念渐趋成熟，学校改进实践有了清晰、明确的策略与指导，课堂层面的变革正在发生，学生的学业成就也逐渐得到了关注。

在此之前，学校效能研究和学校改进研究一直作为相互独立的领域发展着。学校效能研究重视学校的质量与公平，旨在探究学校是否在各领域都能持久地表现优异并且呈现有效学校的共性特征。（Gray et al.，1996）[3-29] 学校改进研究则主要关注学校提升的过程以及如何维持改进效果。（Fullan，1991）具体而言，二者的区别如表 3-1 所示。

表 3-1　英国学校效能研究和学校改进研究的特征

类别	学校效能研究	学校改进研究
	关注学校	关注教师个体或群体
	关注学校组织	关注学校发展改进的过程
	数据导向，强调结果	鲜有关于变革结果的经验性数据
特征	以量化方法为导向	以质性方法为导向
	缺乏实施变革策略的知识基础	仅关注学校变革
	更关注学生的学业成就	更关注学校整体的改进及其目标
	更关注学校在某个时间点的状态	更关注学校的变革过程
	基于研究知识	基于实践知识

资料来源：Reynolds D，Hopkins D，Stoll L. Linking school effectiveness knowledge and school improvement practice：towards a synergy［J］. School effectiveness and school improvement，1993，4（1）：37-58.

作为相互独立的专业领域，学校效能研究和学校改进研究各自做出了突出贡献。然而，关注点的分化使二者都遭遇了困惑：理解了有效学习应当具备哪些因素，却不知如何付诸实践；对于学校改进实践有清晰的认识，却缺乏相关的理论知识和框架以确定核心关注点。对于这些问题，许多学者都有所察觉，并进而呼吁平衡二者的关注点和研究方法，以形成崭新的学校改进模式。在这一过程中，学校效能研究做出的贡献包括：发展出判断学校效能的增值性评价方法以及有效地提高学生学业成就的知识基础。学校改进研究做出的贡献包括：形成实现学校组织性变革的中长期框架以及具体的改进策略。（Hopkins et al.，2001）通过对二者的融合，英国学校改进研究的形态得到了重塑，并进一步影响了实践，其中以"刘易舍姆学校改进计划"（Lewisham School Improvement Project）和"学校是重要的"（Schools Make a Difference）项目为代表。（Reynolds et al.，1996b）更多的项目采用了混合研究方法，逐渐关注教师的教学行为，课堂活动本身成为改进的焦点，学校改进的过程和结果得到了同等的重视。具体而言，第二阶段的英国学校改进主要呈现出以下三个特征。

（一）学校改进的政策、研究和实践相互影响

在英国学校改进的初期，地方教育当局是主导者。然而进入20世纪90年代初期，通过削减地方教育当局的权力，中央政府和政策制定者在学校改进过程中扮演了日益重要的角色。例如，教育标准局（Office for Standards in Education）宣称将致力于通过督导来进行学校改进，并对改进效果明显的学校的特征进行了总结。此外，通过对学校改进研究和学校效能研究的融合，研究者也逐渐对政策制定和实践施加了影响。例如，基于对以往研究的回顾和归纳，研究者们总结了高效能学校的特征，并且明确了"落后或处于危险中学校"（falling or at risk school）的标准。（梁歆 等，2010）[34] 总而言之，在这一阶段，学校改进的政策制定、学术研究以及实践已经形成了相关影响与互相借鉴的关系。

（二）政府、大学和中小学校为学校改进而联合

在这一时期，关注学校改进的机构大量兴起。例如，伦敦大学教育学院于1994年成立了国际学校效能和改进中心（International School Effectiveness and Improvement Centre），旨在联合地方教育当局和教育咨询者，促进学校改进研究和实践项目的开发。中心的咨询委员会由教育实践者、政策制定者以及其他高等教育机构中从事学校效能研究和学校改进研究的人员组成。（Townsend，2007）[207-222] 此后，诺丁汉大学、巴斯大学、纽卡斯尔大学以及剑桥大学也相继成立了相关机构，以促进学校改进的学术研究（Gray et al.，1999）[32]。在实践层面，政府、大学和中小学校互相合作，形成了不同的项目形式：有的是由地方教育当局发起并与中小学校共同进行的，例如"学校是重要的"项目；有的是由大学和中小学校合作建立的，例如"全面提升教育质量"项目；还有的是由学校、政府和大学共同参与的，例如"刘易舍姆学校改进计划"。三者在项目的制定和实施过程中各司

其职，促进了这一阶段学校改进研究和实践的蓬勃发展。

（三）课堂教学和学生学业成就开始受到重视

相较于第一阶段改进模式和改进策略的模糊和零散，此时期英国实施的诸多大型学校改进项目选择了不同的模式，并且采取了不同的策略和方法，各具特色。这些项目无一例外地重视教师的发展以及课堂内的变革。此外，提高学生的学业成就也逐渐成为诸多学校改进项目的共同目的。

在英国学校改进的第二阶段，理念和研究开始对政策制定和项目实施施加影响。多方利益相关者的共同参与促使学校改进的模式和策略日益明确，教师的教学和学生的学业成就逐渐成为学校改进的焦点。

三、多焦点的学校改进

尽管在第二阶段学校改进的理念渐趋成熟，但实施的诸多项目均未达成预期目标，对学生学业成就的提高也不明显。在学校效能研究和学校改进研究进一步融合的基础上，英国的学校改进于 20 世纪 90 年代末期进入第三阶段。在研究领域，这一时期研究者主要关注教与学层面和在外部支援下的能力建设，并且从不同的视角进行学校改进研究（梁歆 等，2010）[37]。在实践领域，除了"全面提升教育质量"项目和"高可靠性学校计划"（High Reliability Schools Project）被公认为是典型外，英国还引入了其他国家的项目，例如美国的"为了所有学生的成功"项目，其改进模式和改进策略日益成熟。总体而言，此阶段学校改进的焦点多元，具体呈现出以下四个特征。

（一）关注学校的具体情境

尽管国家教育政策和学校改进项目倾向于对所有学校"一视同仁"，但不可否认的是，不同学校所处的文化和情境有所不同，所以应当被"差别对待"。大量的研究结果也显示，不同地域、类型和效能的学校应当设定不同的改进目标并采取不同的改进策略和模式（Teddlie et al.，2001）。除此之外，学者们认为在分析学校具体情况时还应当考虑以下几个因素。（1）多层级人员：家长、学生、教师和校长。（2）行为变量：学生和教师的行为表现。（3）认知变量：学校人员的教育理念。（4）态度变量：学校人员对于学校的情感和态度。（5）其他相关变量：与其他学校和专业机构建立的伙伴关系。只有充分考虑上述学校情境，学校改进项目的设计和实施的效果才能实现最大化。（Hopkins et al.，2001）

（二）关注学生学习

在英国学校改进的前两个阶段，尽管已经有一些项目认识到课堂教学和学生学习的重要性，但其改进仍然主要发生在学校层面，即通过整体规划来推动改进效果的达成。相较于学校层面，课堂层面的改进与学生休戚相关，能达成3—4倍的学业成就提高效果。因此，在第三阶段英国学校改进项目将大量的注意力放在课堂层面，更加关注学生的学习。例如，"全面提升教育质量"项目就对影响学生学习的课堂条件进行了总结，具体包括："真实开放的课堂关系，明确的学生行为标准和边界，教师教学计划、资源和准备的充分性，教师的教学风格，教师的教学伙伴关系，以及教师的教学反思能力。"（Hopkins，2001）[105] "高可靠性学校计划"也在实施前后对学生的学业成就进行了评估，总结了学校改进的经验。

（三）关注学校能力建设

学者们认为，传统的教育改革未能显著提高学生的学业成就，原因之一就在于没有帮助学校发展能力，以确保改进效果的可持续。（Hopkins et al.，2001）因此，自20世纪90年代末期以来，发展能力就成为学校改进研究者和实践者日益关注的主题。例如，"全面提升教育质量"项目就基于能力发展的六要素模型展开：（1）学校成员广泛参与改进计划的制订过程，共同制定改进目标；（2）学校成员共同调查、反思学校发展的多方面数据；
（3）教师、学生、家长和社区人员等同时参与学校改进，为学校改进创建
支持性的环境和氛围；（4）建立沟通合作体系以确保学校全体人员都了解
学校改进的进程；（5）促进教师发展；（6）实行变革型领导。（马健生 等，
2015）纽曼（F. M. Newmann）等人则认为，能力建设包含四个核心要素：
（1）学校人员的知识、技能和立场；　（2）专业化的教学和学习社群；
（3）项目目标和进程的一致性；（4）技术资源，具体包括高质量的课程、
教学材料、评价手段、技术和工作环境等。（Newmann et al.，2000）此外，
学校之间的伙伴协作也被认为是重要的能力。研究者和实践者提出了大量
的能力建设模型，尽管内容和具体要素存在差异，但目的都在于探讨学校
持续改进的力量源泉，即不仅关注学校在参与项目期间的改变，更着眼于
改进效果的可持续性。

（四）持续推动多层次的改进实践

在这一时期，研究者和实践者不断开发多层次的改进策略。（1）教师
专业发展。为了给教师提供丰富的策略指导，英国政府投入了大量的资源，
并成立了教师培训机构以确保教师专业发展的规范性。（Hopkins et al.，
2001）（2）促进学科部门领导的参与。研究显示，学科部门领导在教学和
部门管理方面投入大量的时间和精力，可以推动学校改进的发展。（Hop-
kins et al.，2001）（3）校长的领导。学校领导，尤其是校长在推动变革、
促使学校聚焦教与学方面具有重要作用。（梁歆 等，2010）[40]

在第三阶段，英国学校改进理念日益成熟，实践层面则自主开发了诸
多大型学校改进项目，且引进了他国的经验。在研究者和实践者的不懈努
力下，英国学校改进的模式和策略呈现出多元化、多焦点的特征。

第二节　全面提升教育质量：关注内部
能力建设的学校改进

"全面提升教育质量"项目最早由剑桥大学教育研究院于20世纪80年代末发起，其认为薄弱学校只有采取与期待和改进议程相一致的行动计划，方可强化自身能力，从而改进学生和教师的表现。换言之，相较于依靠外部力量的改进项目，"全面提升教育质量"项目采取的是一种内部驱动的模式，即关注学校的内部能力建设。（Hopkins et al.，1994）[7] 由于具有较高的改进效能，"全面提升教育质量"项目由起初在英格兰东部的9所学校实施，逐步推广到英国的200多所学校以及其他国家和地区，被公认为英国最为成功的学校改进项目之一，也是世界上使用最广的学校改进模式之一。（Chapman et al.，2011）[xiv] 本节主要对该项目的模式特征和策略实施进行系统分析。

一、模式特征

"全面提升教育质量"项目的发起者认为，学校改进并非一蹴而就，而是一个整体性的过程。因此，为帮助薄弱学校高效设计改进计划并开展相关活动，项目在开始阶段就厘清了五项指导原则：学校改进是一个过程，旨在提高学生的学业成就；学校应建立能够为所有人员共享的发展愿景；学校应将外部人员视为推动学校内部改进的重要因素；学校应当创建一种鼓励合作和赋权的组织结构；学校应当倡导一种观点，即咨询、监测和评估质量是所有成员的职责。（Hopkins，2002）[5-6] 以上原则不仅为改进实践的有效开展奠定了理论基础，同时也概括了"全面提升教育质量"项目的两个突出特征。

（一）外部推动：大学及地方教育当局的共同作用

"全面提升教育质量"项目由剑桥大学教育研究院发起，同时集结了其他高校学校改进领域的专家。随着实践经验的积累，"全面提升教育质量"项目渐趋成熟，形成了一种高校研究团队、地方教育当局及中小学校协作互助的改进模式。尽管随着主要研究者任职机构的变换，高校研究团队先后转移至诺丁汉大学和伦敦大学学院，地方教育当局的权力也由于《1988年教育改革法》的颁布在一定程度上被削弱，但二者在"全面提升教育质量"项目实施的过程中扮演了重要的外部推动者的角色。（Ainscow et al.，2016）事实上，在改进活动开始前，中小学校、高校研究团队及地方教育当局需签订一份合同，以明确各自的职责范围。综合而言，高校研究团队和地方教育当局的作用主要体现在以下五个方面（Harris，2001）。

1. 提供培训活动与教师专业发展机会

多位项目发起人明确表示，教师专业发展是"全面提升教育质量"项目的核心关注点（Gunter et al.，2017）[33-45]。在推动学校改进的过程中，高校研究团队及地方教育当局最主要的职责，就是为项目学校提供具体的培训及教师发展活动，高校研究团队基于自身研究经验开发的行动计划更是对项目学校产生了直接作用。例如，诸多项目学校表示，它们遵循了高校研究团队倡导的教学模式，由此实现了课堂内部的革新。

2. 构建网络

在学校改进过程中，应当在校内和校外同时构建教师的专业发展群体。因此，在"全面提升教育质量"项目中，高校研究者和地方教育当局扮演了促进教师间信息互通的桥梁角色，二者为教师提供了大量的与同侪交流经验的机会，以更好地解决教学难题，从而进一步确保了学校改进的可持续性。

3. 协助学校分析并阐释改进数据

在学校改进的过程中会产生大量有关学校效能的数据。受资源及能力的限制，项目学校难以独立分析。因此，高校研究团队及地方教育当局会协助学校对其进行阐释，以帮助确定改进的优先事项，从而实现最终的目标。

4. 提供评价性反馈

在学校改进的过程中，对改进效果的调查与反思是重要的一环，而评估正是一种有效的反馈方式。在"全面提升教育质量"项目实施的过程中，高校研究团队定期为学校提供评估报告，协助其明确改进现状，并适当调整未来的改进计划。

5. 形成诤友关系

"全面提升教育质量"项目虽然是由高校研究团队、地方教育当局及学校相互沟通协作开展的，但对学校而言，相较于"合作者"，前两者更具有"诤友"的意涵。在整个项目的实施过程中，无论是改进计划的制订、实施还是评估，项目学校都从外部人员处获得了诸多指导，包括实践性的、技术性的以及情感上的支持与互动，这也使得三者之间发展出了一种友情。

（二）内部驱动：关注学校系统的自主多层次改进

外部的推动与辅助固然重要，但"全面提升教育质量"项目的发起者霍普金斯认为，学校持续改进的动力源自学校内部的能力建设，它是实现高效能学校改进的重要因素。因此，相较于其他主要依靠外部力量的学校改进项目，"全面提升教育质量"项目强调的是学校内部的驱动因素，具体体现在以下三个方面。

1. 学校在改进过程中拥有自主性

"全面提升教育质量"项目的发展，受益于高校研究团队、地方教育当局和学校的商讨以及三方对于成功学校标准的共识。该模式之所以强调从学校内部获取改进动力，主要是由六项假设决定的：（1）学校改进旨在实现教师和学生能力的提升，因此学校需要为二者提供发展机会；（2）学校应当营造支持变革的氛围，例如赋权给教师和学生，为其勾画发展愿景；

（3）学校的组织环境和背景是学校改进的核心要素，应当为所有内部人员所共同理解；（4）学校改进应具有明确的焦点；（5）学校依托外部力量的辅导，但应自主确定改进的优先领域；（6）学校应基于自身状态和优先改进领域来制订改进计划。（Hopkins et al.，1994）[103-104] 相较于其他学校改进项目，"全面提升教育质量"项目并未给项目学校强加千篇一律的改进计划，而是仅规定一些操作策略，鼓励项目学校结合自身情境来确定不同的优先改进事项。项目学校要控制优先改进事项的数量，确保其与学校的使命和未来发展愿景相一致，并且与教师教学和学生学习相关联，关注特定的结果。由于"全面提升教育质量"项目未接受外部的资金支持，因此项目学校需要为自身的改进投入经费和资源，并且自主开发相关的教师培训和领导力提升活动等。总体而言，学校在改进的过程中享有极大的空间和自主性。（Gunter et al.，2017）[33-45]

2. 学校内部利益相关者的群策群力

既然项目学校被认为应当为自身的改进负责，那么这份责任就理应由校内所有的利益相关者来承担。如前所述，在项目开始前，高校研究团队、地方教育当局以及学校需签署合同，该合同不仅明确了前两者的外部咨询和监督角色，同时为项目学校设定了改进的行动指南：（1）参与"全面提升教育质量"项目的决定应当由校内所有人员共同商讨且通过；（2）每所学校应当设立由至少4名教职员工（其中1名为校长）组成的项目协调小组，小组成员应定期参加培训和支持会议；（3）学校应当规划大量的时间和资源，以开展与项目相关的教师发展活动；（4）至少40%的校内教师应当参与项目的教师发展活动；（5）学校应当对自身改进效果进行评估，并且将报告与校内人员共享。（Wikeley et al.，2002）由此可见，"全面提升教育质量"项目在行动过程中，强调项目学校内部的利益相关者共同设计改进计划，为了改进活动通力协作，并且共享最终的改进结果。这种鼓励校内全体人员为学校改进献计献策的特征，使得"全面提升教育质量"项目真正实现了内部能力建设的目标。

3. 学校内部能力建设的层次与内容

"全面提升教育质量"项目的发起者认为，学校改进体现在三个层面：学校整体层面主要体现为学校的管理和政策制定，尤其是对资源的分配以及对教师培训活动的支持等；工作小组层面主要关注改进活动的实施及细节；个体教师层面主要关注课堂教学实践的开展。（Hopkins et al.，1994）[110] 因此，项目伊始三者签署的合同不仅规定了各自的角色和职责范围，同时也起到了确保变革活动对学校各层面实践均施加影响的作用。在具体的改进内容上，"全面提升教育质量"项目也体现了丰富、多元的特征。在学校整体发展方面，关注教师发展，推动各利益相关者的共同参与，调查改进状况并反思；实行变革型领导，加强学校人员之间的沟通与协调，强调全体成员参与改进计划的制订。在课堂发展方面，构建真实开放的课堂关系，为课堂内的教师和学生行为设定标准和边界；鼓励教师充分利用并准备相关资源，为达成预期效果改善自身的教学风格，在课堂内外建立教学伙伴关系并对自身教学进行反思。（Hopkins，2002）[46]

二、策略实施

如前所述，"全面提升教育质量"项目通过学校内部的能力建设以实现改进的有效性和可持续性。在多年研究与实践的基础上，项目组成员总结出了六项核心策略，主要致力于学校整体层面的改进与提升。

（一）关注教师发展

"全面提升教育质量"项目尤为强调教师发展与学校改进之间的关系。（Harris et al.，2000）在其看来，"学校不仅是学生学习的地方，也是教师学习的地方。教师学习的改善能够对学生的学习产生积极影响"（Hopkins，2002）[37]。关注教师的专业学习，并将课堂打造成教师发展的主要阵地，是学校改进的中心环节。（Hopkins，2001）[96] 具体而言，在实施该策略时应遵守以下两条原则。

1. 以学校发展需求为中心

事实上，教师发展一直是学校改进领域的关键词，此前的研究和实践都强调让教师参与在职培训、校外培训课程或研讨会。尽管这在一定程度上为教师创造了更多的专业发展机会，但也暴露出一些不足：教师得到的建议并不充分；教师培训事关教师个体选择，效果因人而异；培训内容与教师所在学校的具体需求欠缺关联性；多数培训在校外开展，使得教师难以将其应用至日常的工作环境；教师专业发展的成果未能与学校共享。（Hopkins et al.，1994）[114] 因此，"全面提升教育质量"项目呼吁制订学校层面的计划，使教师专业发展由课余活动变为学校和教师日常生活的重要组成部分，并将教师的发展和学校的需求相结合，挖掘教师潜力，从而推动学校改进。

2. 关注教师的课堂教学实践

传统教师培训的另一个硬伤是对教学情境的偏离，培训者对于教师的日常教学任务并不熟悉，就好比"篮球教练从未观摩过他所指导的队伍的训练过程"（Guba，1990）[102]。只有充分关注教师的课堂教学，学生的学业成就才能得到有效提升。因此，"全面提升教育质量"项目呼吁教师培训活动以培养教师的教学能力为核心，并鼓励教师间建立伙伴关系，从而改进教学实践，具体形式可包括伙伴观摩、临床监督以及辅导等。（Hopkins et al.，1994）[119-120] 此外，学校也可利用课程的开发与实施、教学方法的讨论等专业发展活动来提高教师的教学技能。

（二）推动各利益相关者的共同参与

大量关于有效学校的研究显示，只有充分吸纳包括教师在内的人员，学校改进才能更有实效。因此，"全面提升教育质量"项目强调各教育利益相关者的共同参与和支持，具体包含以下三个方面。

1. 关注学校和课堂层面的人员参与

在学校组织层面，"全面提升教育质量"项目将多方利益相关者纳入决策过程，使其共同为学校日常实践负责。在课堂层面，通过竞争性学习、个性化学习和合作学习的形式使教师和学生为自己的教学和学习负责，从而提升自身的组织、计划、讨论、决策和领导能力。

2. 鼓励家长和社区人员的参与

"全面提升教育质量"项目认为，对利益相关者的吸纳不应被校门所阻碍，家长与社区人员的参与对学校改进目标的达成也有重要作用。然而，教职员工通常对家长秉持不同的态度，可能会视其为阻碍或资源、合作伙伴或者消费者。与此相应，家长也会由于自身的教育经历对学校和教师怀有正面或负面的情绪。因此，家校互动必须精心规划以及高技巧实施。

3. 明确高校研究团队和地方教育当局的职责

尽管"全面提升教育质量"项目采取内部驱动模式，但同时关注对学校外部利益相关者的吸纳。"全面提升教育质量"项目规定，高校研究团队必须定期访问项目学校，监测项目学校改进计划的实施；为学校的项目骨干小组和地方教育当局代表提供培训；为项目学校的教师培训和专业发展提供素材，并形成一份支持项目学校教师发展工作的指南，对项目学校的改进数据做出分析与反馈。（孙河川 等，2006）[99-110] 地方教育当局则需要与项目学校和高校研究团队建立沟通机制，协助项目学校的教师培训与专业发展，分析、解释学校的改进数据，评估、反馈学校的改进状况，协助学校改进的网络交流与宣传。（Harris et al.，2001）

综合而言，"全面提升教育质量"项目强调在将各方利益相关者纳入改进过程时，学校有义务构建行动框架，具体包含：制定相关政策，开发将教师、学生和家长纳入决策过程的行动步骤，使教师、学生和家长达成一致理解从而对学校政策发表意见，营造开放民主的互动环境。（Hopkins et al.，1994）[126-141]

（三）调查改进状况并反思

调查与反思不仅是学校改进活动的重要反馈方式，更是改进计划实施效果的"监测器"。事实上，学校改进数据的收集与分析一直未被忽视，传统上人们一直信奉外部专家的知识权威，认为他们对学校所进行的外部评估更加客观。然而，近年来对学校改进数据进行内部收集与分析的呼声愈发高涨。实践证据也表明，能够认识到调查与反思重要性的学校更能保持学校改进的效果。(Hopkins，2001)[101]

"全面提升教育质量"项目认为，学校改进并非一蹴而就，而是一个漫长的旅程，可划分为三个阶段，而对改进数据的收集与分析应贯穿始终：在初步建立阶段，调查与反思的目的在于明确学校发展的优势与劣势，进而确定优先改进事项；在深入开展阶段，调查与反思的目的在于掌握改进的状况，并进一步修订下一阶段的改进计划；在持续推动阶段，调查与反思的目的是实现改进效果的可持续。(Hopkins，2002)[57-67]具体而言，包含以下三项活动。

1. 积极收集各类数据

基于"全面提升教育质量"项目的分析，学校可收集的改进数据包括：由地方教育当局或其他外部专家提供的评估报告、学校内部的评估报告、教师调查结果、头脑风暴的记录以及其他非正式的记录等（Hopkins et al.，1994）[126]。在选取数据调查的方法时，"全面提升教育质量"项目建议学校充分考虑以下几方面因素：调查的主题、学校的具体情境、学校此前的知识和经验背景、学校的管理风格等（Hopkins et al.，1994）[151]。

2. 反思数据的意义

收集的数据无论多么系统科学，都无法直接促成改进效果的达成。因此，"全面提升教育质量"项目建议项目学校对数据展开分析和进行意义阐释，并基于结果实施行动计划。(Hopkins，2001)[101]

3. 阶段性自我评估

除了调查与反思，"全面提升教育质量"项目还建议学校在改进的各个阶段撰写自我评估报告，一方面用于修订与执行下阶段的改进计划，另一方面用于协助高校研究团队和地方教育当局了解学校的改进进展。总体而言，评估报告内容包括：优先改进事项取得了哪些进展，学校发生了哪些变化，教师和学生取得了哪些成就，等等。（Hopkins et al.，1994）[111]

此外，"全面提升教育质量"项目还提出以下几点注意事项：对数据的收集、阐释和利用要系统，不可碎片化；对学校政策及改进进程的审视要讲策略；要广泛吸纳学校成员参与收集与分析数据；数据收集、分析和使用要遵循清晰的规则。（Hopkins，2001）[102]

（四）实行变革型领导

大量有关学校效能的研究表明，学校领导也是影响学校成功的重要因素。近年来，学者们的研究重心逐渐从学校领导尤其是校长领导，转移至学校各个层面成员的领导，即由强调等级与控制的金字塔式事务型领导转移至强调分布式和赋权的变革型领导。为此，"全面提升教育质量"项目不仅在学理上探讨领导的功能作用，而且更加关注在实践中增强不同层级人员的领导力。这具体体现在以下两个方面。

1. 围绕变革型领导的特征展开讨论

高校研究团队有意识地促使项目学校讨论及理解变革型领导的内涵：（1）学校领导有责任为学校梳理明确的发展愿景和改进目标，并获取学校全体人员的支持；（2）影响学校领导效能的因素包括领导者个人的知识、技能和经验，以及学校是否能够超越对领导角色的传统认知等；（3）在团队和集体合作中实施领导行为能达成更好的效果；（4）学校领导是全体成员的职责，而非某个群体的专有权利或义务。（Hopkins，2001）[99]

2. 为教师参与学校领导创造机会

教师领导的概念最早出自1988年的一篇题为《教师领导：理念与实践》（Teacher Leadership：Ideology and Practice）的文章。此后，围绕培养教师领导者的研究如雨后春笋般涌现。（陈纯槿 等，2010）英国著名学者雷诺兹在评估"全面提升教育质量"项目时就明确指出，学校改进成功的关键在于持续地关注教师领导力，并将其视为推动教育变革的重要力量。

（Reynolds et al.，1996b）在实践中，"全面提升教育质量"项目确实致力于借助教师领导力的开发来促进薄弱学校的改进，其采取的措施包括：鼓励教师参与学校愿景和学校政策的制定，参与调查与反思，将自身专业发展与学校需求相结合，等等。

（五）加强学校人员之间的沟通与协调

"学校不仅意味着教学楼、课程、程序（例如课程表），更重要的是包含许多人群之间的互动与交流。"（Hopkins et al.，1994）[166] 因此，为了达成学校改进目标，有效的人员沟通与协作必须得到保证，其中最重要的就是使其做到对学校的政策"心中有数"，理解学校发展的目标和首要任务。具体而言，可参考以下三点措施。

1. 成立工作小组和任务小组

毋庸置疑，一所学校的成功与其教师对课堂的掌控密不可分，而教师只有从同伴处习得更多经验方能实现教学技能的提升。因此，"全面提升教育质量"项目建议学校成立教师工作小组，促进教师相互合作，为同伴提供帮助、支持和鼓励，让经验丰富的教师协助他人制定发展规划，营造分享成功的学校氛围，从而改善教学实践。（Hopkins et al.，1994）[167-168] 工作小组的设立主要为实现正式的政策目标，但学校日常实践中的一些非正式沟通也不容忽视。因此，"全面提升教育质量"项目建议学校设立任务小组以便讨论更为广泛的话题，并吸引更多的人员参与。

2. 构建交流网络

为促进成员交流，"全面提升教育质量"项目建议学校营造一种有利于沟通的文化氛围，定期组织会议，将工作小组和任务小组达成的共识以报告形式展现出来并分发至教职人员，使其清楚了解学校已取得的进展以及他们积极参与的重要性，从而推动学校改进的有效实施。（Hopkins et al.，1994）[171]

3. 设立协调骨干

如前所述，"全面提升教育质量"项目认为，学校改进主要体现在三个层面，学校整体层面主要负责学校改进的全面工作及政策的制定，工作小组层面主要负责改进活动的实施，个体教师层面主要负责开展课堂教学实践。（Hopkins et al.，1994）[110] 为了实现三个层面的协调发展，"全面提升教育质量"项目建议项目学校至少设立两名协调骨干，其中至少有一人来自学校的高级管理层，为每日的改进实践活动负责。

（六）全体成员参与改进计划的制订

20世纪90年代，改进计划的开发与制订被认为是学校改进的关键。英国对此尤为重视，并将其视为实现学校系统变革的核心策略。然而，对改进计划的误读很有可能引发实践措施的偏离。因此，加强计划制订阶段的人员参与合作被"全面提升教育质量"项目视为关键因素："计划是行动中的产物。只有人员互相沟通并不断讨论修订，分歧才能弥合，共同目标才能显现。"（Hopkins，2001）[103] 不同于其他项目，"全面提升教育质量"项目并未给学校制订统一的改进计划，而是给予学校充分的自主权，让其结合自身情境来确定不同的优先改进事项。为帮助学校制订具体计划，"全面提升教育质量"项目为学校提供了以下两点指导性意见。

1. 制定改进计划的步骤

作为"全面提升教育质量"项目研究团队的成员，霍普金斯等人建议学校参考以下问题，更为系统地制订学校改进计划：（1）学校当前的发展状况如何？（2）学校需要做出哪些改变？（3）为实现变革，学校需要采取哪些措施？（4）学校可通过什么方式来确定变革是成功的？（Hopkins et al.，1994）[162]

2. 明确改进计划的注意事项

"全面提升教育质量"项目还建议，学校在制订改进计划时可注意以下事项：（1）改进计划应基于学校未来的发展愿景；（2）改进计划的制订过程与计划本身同等重要；（3）改进计划的制订需要学校全体成员的广泛参与；（4）学校改进计划需要及时修订和更新；（5）学校内部关于改进计划

的交流与讨论十分重要，需要每天进行。（Ainscow et al.，2000）[27]

上述模式特征和具体改进策略是项目在多年研究与实践中产生和积累的智慧，主要致力于学校整体层面的改进与提升。随着项目的持续实施，研究团队逐渐意识到，如若希望实现学生学业成就提升这一改进的最终目标，课堂内的改进不可或缺，而教师在此过程中扮演着重要角色。为此，项目提出了以下几项策略：构建真实开放的课堂关系，为课堂内的学生行为设定标准和边界，为教学做好充分计划并准备相关资源，为达成预期效果改善教学风格，在课堂内外建立教学伙伴关系并对教学进行反思。（Hopkins，2001）[105] 综合而言，学校层面的改进策略与课堂层面的改进措施相结合，共同促进了"全面提升教育质量"项目学校改进目标的达成。

第三节　教育行动区：公私协作的学校改进

20 世纪 80 年代以来，提高教育质量是西方发达国家教育改革的主要目标。尽管撒切尔政府和梅杰政府在教育领域展开了大刀阔斧的改革，但仍未能从根本上解决英国学校教育质量普遍低下的问题。因此，布莱尔政府自 1997 年上台后就试图以"第三条道路"统领教育改革，构建学校与家长、地方当局及工商业组织等之间的伙伴协作关系，从而达成提高教育质量的目的。而自 1998 年起实施的"教育行动区"项目就是工党政府执政后教育领域的第一个重要举措，其秉持着消弭公私界限、加强各领域合作的思路，旨在实现全方位的学校改进。（Reid et al.，2003）"教育行动区"项目不仅提高了区域内薄弱学校的教育质量，而且为学校改进提供了新的思路。本节主要对该项目的模式特征和改进策略进行系统分析。

一、模式特征

"教育行动区"项目旨在通过管理权的招标,吸引社会力量参与教育薄弱地区学校的管理和运作,从而为薄弱学校带来新的管理思路、经验和资金,以达到全面提高教育质量的目的,实现教育的均衡发展。具体而言,该项目具有以下两个特征。

(一) 政府职能转换、公私协作参与

保守党政府执政期间,市场理论在英国教育界盛行,一方面地方教育当局和教师工会的权力被削弱,办学责任被转移至学校层面;另一方面又顺应家长的呼声,扩大了他们的择校权。与之相伴随的一系列改革虽然促进了学校的优胜劣汰,但也导致了学校发展不均衡的问题。因此,自1997年工党政府上台之后,就致力于教育领域的改革。

工党政府遵循的"第三条道路"是一条中间性的治国方略,它并没有将保守党政府的政策取向全盘推翻,而是取其精华为己所用。同保守党政府一样,工党政府对地方教育当局提高学校教育质量的能力表示怀疑,因此,作为工党政府时期最具代表性的学校改进项目,"教育行动区"项目改变了传统的地方教育当局在公立学校经营和管理方面的垄断地位,允许和鼓励私营企业接管学校及地方教育当局的管理和教育服务供给。"教育行动区"项目不仅打破了公立机构和私营企业之间的屏障,并进一步强调构建伙伴关系,使其共同促进教育事业的进步。(Franklin, 2005)

1. 政府职能转换

在"教育行动区"项目中,各行动区拥有独立的法人地位,日常的运作和管理都不受地方教育当局的控制。因此,地方教育当局与行动区内的加盟学校不再是上下级、管理与被管理的关系,而是合作伙伴关系。这种职能转换使得地方教育当局改变了以往单纯发号施令的作风,转而扮演学

习者、宣传者和支持者的角色,在组织教师培训、加强学校间交流与协作方面发挥了积极的作用,并且进一步将各行动区内加盟学校的有效经验在其他学校广泛推行,促成行动区学校和非行动区学校建立伙伴协作关系。行动区内的学校也拥有了发声渠道,不仅能够为自身的改进负责,同时也可协助推动其他学校的变革,在更广泛的范围内发挥作用。

2. 多方利益相关者共同参与

正如英国教育部前部长布朗奇(D. Blunkett)所言,"教育行动区"项目代表了一种新的教育服务方式,即建立一种融合公立机构、私营企业及志愿团队的伙伴协作关系。相较于传统的由地方教育当局、国家政府和教师领导机构所主导的学校改进模式,"教育行动区"项目更加开放、全纳。事实证明,"合作伙伴关系"思想贯穿"教育行动区"项目的始终,将公私领域的多方利益相关者,包括企业组织、学校、地方教育当局、家长、宗教团体和社区等联合在一起,并共同纳入学校改进过程中。该项目构建了一个由多方力量参与的组织及运行机制,调动了各方积极性,有效整合了社区和社会资源。例如,工商企业可通过投资,也可通过提供培训和咨询服务,以及某个专门领域的技术支持来参与行动区的运作。许多行动区也吸纳家长参与学校教育和监督管理工作,包括为家长提供教育咨询、推出有家长参与的教育娱乐活动等,不仅尊重了家长的知情权,缓解了家长对学校日益增长的高期望对教师造成的压力,同时也拓展了学校的教育服务功能。(陈学敏,2010)[31]

(二) 以消除不平等、实现社会融合为改进目标

如前所述,自20世纪80年代以来,提高教育质量成为世界尤其是西方发达国家教育改革的主要目标。保守党执政期间,英国教育界大力推行"市场理论"。尽管撒切尔政府和梅杰政府掀起的教育改革运动取得了一定的成就,但是未能从根本上消除英国学校教育存在的教育质量低下现象,教学工作松散无序、学校教育质量参差不齐现象十分严重,并进一步引发

了阶层分化和严重的社会问题。

布莱尔政府上台之后，立即着手制定教育发展的目标和策略，试图改变基础教育质量低下的状况。1997 年 7 月英国发表的《追求卓越的学校教育》（Excellence in Schools）白皮书就指出，英国教育的问题在于两极分化现象比较严重，尽管一流的学校和学生表现优异，但仍然存在大量表现不佳的学校和学生。因此，布莱尔政府宣布，教育改革的目标是把所有人而非少数人培养成才，对学生学业水平低下的状况采取零容忍政策。而学生学业表现普遍不佳的教育薄弱地区和薄弱学校就成了新政府教育改革的突破口。正如布莱尔首相所言："我们并不是说'自由'就是放任自流，也不是个别学校'一枝独秀'其他学校表现平庸。相反，我们是要使每一所学校都能够选择各自的在改革中成功之路。"（马德益，2005）事实证明，政府明显增强了对薄弱学校发展的扶持力度。这不仅体现在财政拨款上，更体现在对薄弱学校的干预上。

作为布莱尔政府上台以后首个重要的教育措施，"教育行动区"项目自计划到实施，始终体现着消除不平等、实现社会融合的责任感。（Reid et al.，2003）相较于其他关注零散分布的薄弱学校的改进项目，"教育行动区"项目聚焦学生学业成就普遍低下的城镇和乡村地区，着眼于区域内所有薄弱学校的整体提升。项目为区域内所有加盟学校制定了统一的改进目标和行动计划，并配备统一的管理团队——行动论坛（Action Forum）。此外，项目还鼓励区域内学校结盟，找出薄弱学校存在的共同问题，相互协作研究解决方案，不仅节约了资源，促进了学校的共同进步，而且逐渐消除了区域内部学校发展的不平衡现象。在此基础上，各教育行动区整体教育质量提升，其与区域外部的教育发达地区的差距缩小，因而在更加广泛的意义上实现了教育的均衡发展，促进了社会融合。

二、策略实施

如前所述，教育行动区一般设置在学生学业表现不佳、社会经济条件落后的城镇和乡村。在这些地区，原有以地方教育行政部门为主导的体制已无法扭转学校的不良状况。因此，为提升区域内薄弱学校的教育成就，实现更加广泛的社会融合，政府开始了这项由学校、地方教育当局、家长、私营工商业企业以及当地其他机构共同参与的学校改进尝试。（Dickson et al.，2001b）本部分主要对"教育行动区"项目的改进策略，具体包含行动区的确立、管理和运行进行系统分析。

（一）行动区的确定与招标

"教育行动区"项目的实施遵循严格的章程。英国政府专门制定出台了一系列法律法规，包括《追求卓越的学校教育》白皮书等，以指导"教育行动区"项目的开展。

1. 设定标准以鉴定教育薄弱地区

为鉴定薄弱学校，政府将以下八个方面纳入评估范围：（1）考试成绩；（2）辍学率；（3）义务教育结束时的升学率；（4）符合申请学校免费餐点要求的学生比例；（5）犯罪率；（6）吸毒学生比例；（7）学校设备；（8）母语为非英语的学生比例。上述八个方面的评估结果落后于全国平均标准的，即为薄弱学校，而薄弱学校相对集中的地区就是教育薄弱地区。（王艳玲，2005）

2. 遵循国家规定程序确立教育行动区

在划定教育薄弱地区的基础上，政府将区域内学校的管理权向社会公开招标。通常由当地私营工商业企业、学校、家长、地方教育当局和当地其他机构组成伙伴关系，共同向中央教育部门申请成立教育行动区，以接管学生学业表现不良的一批薄弱学校。一般而言，每个教育行动区由大约20所学校组成，包括3所中学以及为其输送生源的对口小学。（Reid et al.，2003）如前所述，"教育行动区"项目遵循的是公私合作的模式，因此，地方教育当局和公立学校不能单独申请建立教育行动区。

3. 审核各教育行动区的行动计划

每个教育行动区在递交申请时，必须同时递交一份为期3年或5年的行动计划，提供令人满意的学校革新方案，具体阐述其在改进加盟学校教育质量方面将采取的革新措施和策略。在此基础上，教育主管部门将基于以下三个标准进行审核：（1）区域的要求，包括该地区社会经济处境不利的学生的学业水平等；（2）计划书的质量，包括对当地环境以及受到挑战的描述，计划书的创新之处，等等；（3）实施的合理性，包括学校合作伙伴的力量、地区内的交流以及管理安排等。在完成对申请学校的评估后，国会提出参加"教育行动区"项目的学校名单。

一般情况下，教育行动区的法定运行期限为3—5年。1998—1999年，英国政府批准建立了第一批25个教育行动区。项目实施期间，虽然每个行动区每年可获得75万英镑的政府资助，但仍被希望从私营企业或其他渠道筹得25万英镑的资金支持。如若在3年内有效提升了教育质量，政府将给予其额外2年的项目资助。1999—2000年，政府进一步扩大了项目实施范围，48个新的教育行动区先后建立，每个区每年不仅可以从政府处获得50万英镑的拨款，而且可从私营企业获得25万英镑的经费支持。（Franklin，2005）

（二）行动区的管理：建立行动论坛

为提高每所加盟学校的教育质量，每个教育行动区在确立之后，都由行动论坛统领并组织日常活动。行动论坛直接对英国教育部部长负责。设立行动论坛的目的在于加强公私协作，使多方利益相关者为共同的目标采取一致行动，改善学校的教育质量。行动论坛不仅为学校改进提供了实践性策略，更使得以往学校凭一己之力难以应对的教育难题迎刃而解。

1. 行动论坛的成员

行动论坛的成员主要由合作伙伴聘任或选举产生，一般每所加盟学校可以自愿选派一名代表。此外，成员还包括来自地方教育当局、家长、工商业企业、社区和其他机构的代表。为确保成员的代表性，行动论坛成员的性别以及所属族群也被纳入考量范围。在此基础上，教育行动区的日常运作由一名项目主管负责。项目主管由行动论坛直接聘请，也可以由地方教育当局人士担任或从某一学校抽调，甚至可由工商界的资深人士担任。（汪利兵，2001）他与教育行动区内的学校校长密切合作，实施行动论坛所制定的行动计划。具体而言，项目主管的职责包括：（1）领导并管理教育行动区计划的实施，提高学校教育成就；（2）为教育行动区规划资金，建立财政安全系统，维持行政系统的有效性；（3）为行动论坛提供有效的实施策略，帮助其达成工作目标；（4）与校长及政府管理者商讨，并达成教育行动区的具体实施计划；（5）确保所有项目成员的协作；（6）向行动论坛汇报已实现的改进目标；（7）代表行动论坛和大众建立有效沟通；（8）代表行动论坛为家长及其他成员撰写年度报告。此外，行动区的各学校董事会可以选择行动论坛作为它们的代理人，或者干脆将自己的大部分权力移交给行动论坛，这意味着行动论坛有时可能成为行动区加盟学校的共同董事会。（汪利兵，2001）

2. 行动论坛的职责

一经成立，行动论坛便在"教育行动区"项目的实施中扮演起重要角色。为确保行动区内每所学校教育质量的提高，行动论坛须履行三方面的职责。（1）策略指导。行动论坛作为领导者，需要为行动计划的确定和实施提供策略指导，为计划注入活力。（2）日常管理。在行动区日常的改进活动中管理经费及资源，确保项目在地方社区的平稳运行以及成员间的友好协作。（3）监控。对项目进行督导和评估，定期提交年度计划和报告，并向国家审计署上交年度开支表。（Dickson et al.，2001a）

总体而言，行动论坛是"教育行动区"项目的核心，其不仅实现了项目政策的"落地"，更在学校改进中为薄弱地区家庭提供了发声渠道。为确保这项改进策略的有效性，"教育行动区"项目规定行动论坛成员在每个改进周期至少会面一次，并提前将会议议程和主要内容告知成员。只有确保论坛成员的互通有无和意见一致，其统领作用才能实现。（Dickson et al.，2001a）

（三）行动区的运行：享有高度办学自主权

如前所述，"教育行动区"项目是一项公私合作的学校改进尝试。不同于以往地方教育当局控制学校的管理体制，政府给予教育行动区以充分的办学空间和高度的自主权，使其可以主导区域内薄弱学校的多方位改进。

1. 在课程方面，不受国家统一课程的约束

教育行动区内的薄弱学校不受政府于1988年开始实施的国家统一课程的约束。（1）在课程内容上，可以对国家统一课程进行修改，甚至可以重新设计其中的部分课程，以提高学生的读写算水平，降低逃学率，全方位满足学生的发展需求。（2）在课程设置上，学校可以开发各科目的补充课程，激发学生的兴趣；开发跨学科课程，实现学科内容的融合；开发跨年级课程，促进不同年龄学生间的沟通和交流；开发与就业和社区工作有关的课程，为学生的就业做准备。（3）在课程实施上，学校可以充分利用非学校空间，包括在工商业部门、社区以及高等教育机构实施教学；可以自行设计学时、课时以及学期安排，并在课后组织兴趣小组或俱乐部；可以充分利用互联网教学方式，实现远程教学；可以将多方教育利益相关者纳入教学过程，使家长、工人和社区工作者等承担教学任务。

2. 在人事方面，不受全国性教师聘任条例的约束

教育行动区内的薄弱学校不受全国性教师聘任条例的约束，可通过提供优厚的待遇，聘任优秀的管理人员担任校长。这些优秀的领导者往往富有新的教学理念和多年的管理经验，他们的加盟给学校管理带来了新思路。薄弱学校还可以招聘更多的优秀教师充实教学第一线，加强加盟学校的师资力量。具体而言，教师可由政府部门、地方教育当局、行动论坛或项目学校自行聘任，区域内外多渠道的聘任方式使得教师队伍不断壮大。在教师管理方面，教育行动区还设立了十分灵活的机制：（1）签订更具弹性的聘约，使教师拥有弹性工作时间。（2）聘用社会人士，协助教师进行教学工作。（3）设立奖励基金，奖励那些教学成绩突出的教师。（陈学敏，

2010)[20]

　　3. 在资源和资金方面，接受各方捐赠

　　虽然在项目开展期间教育行动区每年都可从政府那里获得定额拨款，但为了获得更多的教育资源和经费，教育行动区鼓励和接受工商业界提供新技能、经验等资源或债券基金等，以提高教育行动区的教育质量。每个教育行动区设立一所专家学校，为加盟学校的教师和课堂助理教师提供新的技能培训。政府还鼓励各教育行动区采取措施，实现结盟学校在校舍、图书和教师等方面的资源共享。此外，教育行动区还极力与相关组织，包括就业组织、健康行动组织以及社会服务组织等开展广泛合作，在更广范围内推动了社会融合，实现了资源共享。家长也是学校教育教学的重要资源。教育行动区建立了家长作为教育学者的方案，使家庭成员进入学校参与课堂活动，与学生一同学习、游戏。（李华利，2011）[26] 这种共享策略不仅有效节约了教学资源，同时能够帮助学校寻找到发展的新力量、新增长点和突破口，从而在根本上实现改进目标。

　　"教育行动区"项目的设计者雄心勃勃，试图解决方方面面的问题。在实践中，虽然教育行动区存在改进策略相对缺乏针对性、教育资源分散等不足，但不可否认其有效提升了薄弱学校的教育质量，打破了以往政府对学校教育的主导地位，将私有制引入教育领域，使多方利益相关者共同参与学校事务，为学校改进带来了新的模式和策略。

第四节　国家挑战：关注核心科目的学校改进

　　2007 年 2 月，联合国儿童基金会对 21 个发达国家儿童福利状况进行调查发现，英国"3R"（阅读、写作和算术）教育质量提升乏力，学生核心科目成绩的国际排名下滑明显。与此同时，教育工作者对全国统考的反对声此起彼伏，英国政府在教育领域面临巨大压力。在此情况下，布朗在

2007 年正式出任英国首相后，发布了新的教育纲领，声称将持续推进教育改革，并进一步明确了英国的目标是建立"世界级"的教育体系，成为全球教育联盟的领头羊。世界级教育体系不能容忍失败，任何导致儿童失败的学校都是不能被接受的。为摆脱基础教育的重重困境，布朗政府于 2007 年 12 月启动了"国家挑战"项目，计划在 3 年内投入 4 亿英镑，通过提高学生核心科目成绩，实现薄弱学校改进。

一、模式特征

"国家挑战"项目旨在高效整合社会、社区、学校等多方资源，通过提高处境不利学生的核心科目成绩来改善薄弱学校的教育质量，从而实现教育公平与机会均等。具体而言，该项目具有以下两个特征。

（一）政府主导，整合多方资源助力学校改进

纵观 20 世纪 90 年代以来世界主要国家教育改革的历程，不难发现市场在教育发展中占据了重要地位，许多国家都在教育领域引入了市场竞争，以此激活国家教育体系的创造力。英国也不例外。在工党奉行"第三条道路"的背景下，英国在学校改进的过程中一直试图为其他利益相关者进入公立学校提供便利。作为工党执政期间重要的学校改进尝试，"国家挑战"项目也体现了政府在教育改革过程中的自我角色调试，布朗政府的"公正、伙伴和社区"三大执政理念深深渗透其中。尽管"国家挑战"项目是由政府主导的，但学校、社区、工商业部门与教育当局所达成的伙伴关系使得多方资源实现了有效整合，助力了学校改进。

1. 政府加强对薄弱学校的资金和技术支持

如前所述，布朗政府自上台以来，就将学校改进纳入了重要议程，并强调加强对薄弱学校的硬件及软件支持。在资金援助方面，政府计划在 2011 年前为"国家挑战"项目投入 4 亿英镑。在技术支持方面，政府以薄

弱学校的师资建设为重点，具体实施的措施包含：规定薄弱学校的教师聘用不受全国性教师聘任条例的约束；扩大"教学优先计划"（Teach First），吸引优秀毕业生到薄弱中学任教；设置新的教与学硕士学位（Master's in Teaching and Learning），鼓励教师提升教学水平；提高教师的薪资水平；为核心科目的教师提供教学指导；等等。

2. 充分吸纳校外资源

在"国家挑战"项目中，薄弱学校不仅受到政府的财政和师资支持，还充分享受了校外力量的协助。由于较少受到地方当局的控制，学校可以自行选择合作伙伴，具体包括商业团体、社区团体、教育慈善团体、高等教育机构及进修学院等。通过既有的以及新建立的与外部利益相关者的伙伴关系，校外的教育利益相关者得以充分参与学校改进，也进一步实现了社会资源的整合。

3. 有效加强校际交流

除了鼓励学校充分吸纳校外资源，"国家挑战"项目还鼓励学校间构建伙伴关系，引导优秀学校改造薄弱学校，使其相互学习，从而促使学校发挥最大的潜能。例如，"国家挑战"项目制定了针对中学的"先锋伙伴计划"，将中学联合起来共同应对激烈的教育挑战；制定了针对小学的"小学战略学习网络"计划，帮助小学联合起来进一步提高课程质量。通过优秀伙伴学校的帮助，薄弱学校的教师素质和管理水平得到提高，薄弱学校改造的目标也得以实现。（叶晓玲，2011）[37]

（二）聚焦学生的核心科目成绩提升

提升基础教育的质量，提高全体学生的学业水平，无疑是所有国家基础教育发展的首要任务。而英国面对的环境则更加复杂，不仅学生的学习成绩亟待提高，贫困与富裕家庭学生间的学业成就差距也不容忽视。正如布朗首相所言，改变文化是公共服务改革取得成功的关键。英国教育的改善取决于对传统的教育"三论调"的根除："上层空间有限论"认为，经济体系只需要少数人被培养成高层领袖，全力开发每个人的智力没有意义；"越来越糟论"认为，大众青年智力有限，教育越来越多的青年人是资源的浪费；"宿命论"认为，学业落后学生和薄弱生总是存在的，贫困儿童的不利地位不可能在学校克服，对不求上进的薄弱学校，只需采取容忍的态度。（刘熙，2008）作为布朗政府公共服务模式的重要体现，"国家挑战"项目充分显示了英国政府直面问题、改造薄弱学校的坚定信心。秉持着追求教育民主与公平的信念，为使每个学生在自己的能力范围内得到应有的发展，"国家挑战"项目将提升处境不利学生的核心科目成绩视为薄弱学校教育质量提升的关键。

1. 为学生提供学习支持

2007年12月英国发布的《儿童计划：构建更加美好的未来》规定，到2020年要实现九成的学生19岁前在普通中等教育证书考试中5科成绩达标。而作为实现该目标的重要一步，"国家挑战"项目的目标是到2011年，每所学校至少有30%的学生5科普通中等教育证书考试成绩达标。此外，该项目进一步指出，尽管许多学生能够在最终考试中获得优异成绩，但是在包括英语、数学等核心科目中的表现却不尽如人意。然而这些学科才是影响学生满足未来经济发展需求的关键，因此，薄弱学校学生的英语、数学和科学成绩的提升是"国家挑战"项目的核心关切。在"国家挑战"项目的框架内，一切改进策略围绕的都是学生的核心科目成绩提升，其主要体现在为薄弱学校的学生提供一对一的辅导和学习支持上。

2. 为教师提供教学支持

"国家挑战"项目还在学校层面为教师和学科带头人提供相关指导。（1）鼓励教师攻读教与学硕士学位，以提升自身教学水平。（2）为科学教师提供额外津贴。（3）开展两个专项计划——"核心加"（Core Plus）和"领导核心科目"（Leading Core Subjects），旨在通过以下八方面的指导，帮助学校的英语、数学和科学学科带头人更好地改进教学工作：领导变革和提高教学标准、为核心科目的改进设计计划、改进学科教学法和学习氛围、记录学生的学业进展、干预和个性化、确保学生核心科目表现的一致性、为学科领导管理和课程发展提供高级领导团队、为招募和留住核心科目教师和中层领导创造积极的氛围。此外，"国家挑战"项目还引入了青年运动信托基金（Youth Sport Trust），旨在通过体育以及其他相关教学法来提升学生的学习兴趣，丰富教学情境，最终提升学生的英语和数学成绩。

二、策略实施

时任英国儿童、学校与家庭大臣鲍尔斯（E. Balls）直接表达了"国家挑战"项目改进薄弱学校的决心："没有一个孩子和一所学校是注定成绩差的。许多高失业率社区学校的教学质量非常高。每有一所国家挑战学校，就有一所曾面临相似困境但却改造成功的学校。""国家挑战"项目旨在通过提高学生核心科目成绩，缩小成绩两极分化，从而实现薄弱学校改进。其具体采取了以下四项改进策略。

（一）设立国家挑战顾问

"国家挑战"项目的首要改进策略就是设立国家挑战顾问。该项目宣布，教育专家汤姆林森（Michael Tomlinson）将领导国家挑战专家顾问团，为薄弱学校提供支持。这一顾问团由成功改造薄弱学校的校长、城市挑战顾问和儿童事业负责人组成。而每所国家挑战学校都被分配一名国家挑战顾问，该顾问与学校领导层一起合作，共同制订改进计划。在项目实施的过程中，国家挑战顾问扮演多重角色。他不仅要确保合作学校的学业成绩持续上升，同时要为学校与其他组织，包括地方当局、政策制定机构等搭建沟通的桥梁，一方面帮助学校从各组织处获得支持，另一方面为各组织提供有关学校进步的反馈和信息，以及有关支持学校儿童和青年学习的建议。

1. 国家挑战顾问充分掌握学校情况

国家挑战顾问一经任命，就会为项目学校提供 20 天的支持性服务。具体而言，国家挑战顾问需要从事以下工作：了解所负责学校的教学业绩和自我评估情况，以及成绩不佳的原因和改进能力；帮助学校建立数据系统，识别成绩不佳的学生群体；对学校的改进计划提出建议和意见，评估学校的教学改进计划和清除学习障碍的计划，帮助学校聚焦改进重点；通过儿童信托基金协助学校与当地机构建立合作关系，如健康与社会关怀机构、第三部门以及家长团体，共同消除学生的学习障碍；帮助学校向地方教育当局及其他学校改进部门寻求支持；帮助学校在"国家挑战"项目中寻求支持；确保学校在改进过程中的一致性；帮助学校把握机会，确保更多的学生在 16 岁之后仍然在校就读；确保学校在新的中学课程框架下，在英语、数学等核心学科成功实施有效的教学方法；通过访问学校和追踪学生的数据，对改进计划的影响进行日常评估和监控；每学期对学校的进步情况实施正式评估，向地方教育当局和国家战略组汇报。

2. 国家挑战顾问与学校关键人物定期会晤

在项目实施过程中，国家挑战顾问相当于项目学校的合作伙伴，其必须通过与学校关键人物的定期会晤来深入了解学校的教学业绩和学生成绩不佳的原因，以帮助其更好地制订学业成绩提升计划。此外，项目还明确指出，地区间以及全国范围内的国家挑战顾问不应当各自为政，只有相互分享经验，才能实现项目成效的最大化。为此，国家挑战顾问每年需参加 4 次地区间会议以及 2 次国家级会议，共同商讨在项目实施过程中遇到的困惑与难题，并分享有效的学校改进实践策略，通过共享信息实现互惠共赢。

（二）加强师资队伍建设

鲍尔斯曾表示，国家挑战学校的教师在艰苦的条件下辛勤地工作，他们需要获得更多的支持，以使这些学校的学生发挥他们的潜能（张济洲，2008）。因此，在"国家挑战"项目的实施过程中，师资队伍的建设与支持一直备受重视，具体包含以下三方面措施。

1. 招募优秀新教师

事实上，在"国家挑战"项目开展之前，英国政府就有意识地确保薄弱学校招募到最好的新教师。受"为美国而教"（Teach for America）启发，英国最初的"教学优先计划"安排优秀毕业生到薄弱中学任教 2 年，取得教师资格，并在英国顶尖企业完成领袖培训。这一吸引高材生当教师的创新做法，成为英国教育改革的切入点。而"国家挑战"项目继承了这种理念，其具体做法是使受培训者在学校的第一年接受初任教师培训，并接受校内外各科任教师和专家教师的指导，确保在第一年拿到教师资格，2 年之后转为全职教师。这项措施的施行有效确保了薄弱学校能够招募到具有专业背景和职业精神的新教师。

2. 鼓励教师攻读教与学硕士学位

"国家挑战"项目不仅在薄弱学校的教师招募上严格把关，同时关注在职教师的教学培训。为帮助教师掌握提高学生学业成绩所需的教学技能，缩小学生成绩的两极分化，自 2008 年 9 月起，"国家挑战"项目鼓励新教师接受相关技能培训并攻读学位。在此过程中，英国设置了一种新的学位——教与学硕士学位。该学位认证以实践为基础，具体课程由英国学校培训与发展局（Training and Development Agency for Schools）制定，内容包括学科知识、学科教学法、学习评估、教与学的个性化等，全部课程都旨在通过探究和寻求证据来提高教师的实践能力，满足其学习需求。这项举措也是为了提高教师地位，使教师成为更具吸引力的职业。

3. 提高教师薪资待遇

为吸纳更多的优秀教师到国家挑战学校任教，英国政府还提供专门经费，其中包括为服务国家挑战学校 3 年的教师提供 1 万英镑的津贴。1 万英镑相当于伦敦以外地区一名新任职教师年薪的一半，相当于一般教师年薪的三分之一，因而十分诱人，被教育界戏称为"金手铐"。该措施于 2009 年 9 月起在英格兰地区学校中实施，奖励的费用由政府和学校平摊。据了解，这项举措使得超过 500 所学校受益，每年新增的教师岗位高达 6000 个。（曹秀娟，2010）[32]

（三）为落后学生提供额外支持

如前所述，"国家挑战"项目认为没有一个孩子是注定成绩差的，所有人都拥有平等的实现学业成功的机会。因此，为缩小学生成绩的两极分化，该项目为学业落后学生提供了额外的支持与辅导，具体包含以下两方面措施。

1. 实施一对一辅导

"国家挑战"项目规定，自 2009 年 9 月起，开展一对一辅导项目，帮助学生在英语和数学两个科目上取得进步。项目资金主要用于三大方面：（1）对学业落后学生开展英语和数学两个科目 10 小时一对一辅导的花费；（2）对每个学生进行私人辅导的学校花费；（3）地方教育当局招募和培训高质量的教员等方面的花费。这种一对一辅导，使那些不被人注意的"隐形学生"、比较有天赋的学生以及需要高强度个性化学业支持的学生都得到了充分关照，因而在真正意义上实现了教育机会均等，进一步缩小了学生之间的学业成就差距。

2. 推行"加倍努力项目"（Extra Mile Project）

"国家挑战"项目还致力于改变薄弱学校学生对学校教育的低期望状况，消除其对教育持怀疑态度的文化障碍。2008—2009 年"加倍努力项目"在 10 个地方教育当局管辖的 23 所中学实行，到 2009 年 9 月已推广至 48 所小学和 80 所中学。其内容涵盖四个方面：（1）确保学生和家长对教育的关注及参与；（2）提高学生的志向和抱负；（3）使贫困学生具备未来生存能力；（4）为学生提供连续性支持，不让一个学生失败。其采取的 12 项具体措施包括：（1）增加互动式的、参与式的学习；（2）认真倾听学生和家长的意见并进行反馈；（3）养成尊重当地文化和价值观的态度；（4）开阔贫困学生的眼界；（5）在校内发展一种成功文化；（6）提供与学生经验相关的课程；（7）锻炼学生的口语和书面表达能力；（8）发展学生的社会情感和行为能力；（9）养成尊重、负责以及关爱的传统价值观；

（10）追踪学生的进步情况并及时干预；（11）开发有效的学生奖励机制；（12）在生活的关键时期或转折点支持学生。（曹秀娟，2010）[33-34]

（四）创建国家挑战信托学校

上述策略都旨在彻底改造学校的领导和管理，为教师和学生提供直接支持，从而赋予学校持续改进的能力。然而，如若薄弱学校在项目期内无力提高自身教学质量，"国家挑战"项目就鼓励当地政府关闭学校，以国家挑战信托学校取而代之，即转而建立一所新学校，并与成功学校、企业或大学建立合作关系，为学校带来新的管理制度和改进思维。无力凭借自身力量实现改进的学校可通过两种路径成为国家挑战信托学校：关闭学校并将其作为与优质教育合作者联合举办的信托学校重新开放，或由临时执行委员会代替学校原有的管理机构来带领学校朝着信托标准前进。

国家挑战信托学校类似于美国的特许学校，实行半市场化的运行机制。国家挑战信托学校拥有人事、财政与资产的管理自主权，但仍然隶属于公立教育体系，地方教育当局负责经费补助以及必要的监督与视察。在学生与课程的选择方面，国家挑战信托学校不能引入新的标准，而应与其他学校一样，遵守相应的学生入学规则，课程的实施也必须接受教育标准局的监督；在与地方教育当局的关系方面，国家挑战信托学校仍然受其管辖，在取得信托地位之前，学校也必须咨询地方教育当局的意见；在与商业机构的关系方面，英国政府澄清，尽管相关机构可以选派代表进入学校管理委员会，但并不能完全控制学校的运作；在与家长的关系方面，每个国家挑战信托学校的管理委员会中至少三分之一成员是家长代表，确保充分倾听来自家长的意见。简言之，国家挑战信托学校隶属于地方政府并从地方获取经费，依然需要按照国家规定课程施教，不会受制于企业，而家长的参与可确保学校的运作以学生的利益为基础。信托学校联盟的建立使国家挑战信托学校与处于独立管理主体之下的高效能学校相结合。这一联盟为学校提供了持续合作的机会，实现了资源和实践经验的共享，并能够为员工提供包括持续的专业发展在内的各种发展机会，巩固了学校的课程体系和专业水平。

总体而言，"国家挑战"项目为薄弱学校提供了进一步支持。随着项目的逐步实施，国家挑战学校的数量大幅减少，弱势学生的核心科目成绩稳步提升，其与同辈之间的学业差距也逐渐缩小，项目取得了显著的成效。

综上所述，自 20 世纪 70 年代末以来，英国的学校改进经历了由初现、渐趋成熟到鼎盛发展的三个阶段。历任政府都将学校改进视为推动基础教育均衡发展的关键环节，不仅注重相关的理论建设和学术研究，同时在实践中探索出了诸多有价值的经验。首先，政府针对薄弱学校不仅出台了一系列扶持政策，同时注重给予经费、资源、管理及师资建设等全方位的支持。其次，社会力量充分参与薄弱学校改进。地方教育当局、学校、高校研究机构、社区、家长、企业组织、宗教团体等联合在一起，不仅有效整合了资源，同时调动了各方积极性，为改进活动增添了活力。最后，薄弱学校注重挖掘自身的潜力，鼓励全员参与改进计划的制订与执行，寻求自强之路。

尽管英国学校改进为国际上学校改进领域的发展做出了突出贡献，但其在实践中也面临着诸多问题。例如，改进方案的制定者往往雄心勃勃，试图在短期内使学校教育质量全面改观，然而，面面俱到的改进策略往往缺乏重点和针对性，无形中浪费了诸多人力和物力资源。（叶晓玲，2011）[39] 此外，尽管社会各界积极参与学校改进过程，却没有建立起一套完善的督导和优化措施，缺乏对计划的评估，也在一定程度上影响了改进效果。

事实上，学校改进并非简单的线性演进过程，在实施过程中无可避免地会因为现实因素而变得复杂。因此，无论是优势经验还是困境难题，都理应辩证看待。在最近几年的发展中，英国学校改进领域愈发关注网络的建立，强调学校内、学校间、网络间的联合互动，希望将教师、教育领导者和研究者纳入多维的改进框架，以促进学校更长远的发展。（Harris et al.，2006）此外，为了加强对学校改进效果的督导，为外部督导评价提供可靠依据，学校自我评价体系也在逐渐建立过程中。

第四章
德国学校改进模式与策略

提升学校办学水平，提高教育教学质量，促进教育公平，满足国民对优质教育的需求，是世界各国政府、学校和教育工作者努力追求的目标，也是当今世界各国教育改革的主题，德国也不例外。特别是 20 世纪末、21 世纪初，德国学生在参与的两项大规模的国际学生学业成就比较项目 [国际数学与科学成就趋势研究（Trends in International Mathematics and Science Study，简称 TIMSS 测试）和 PISA 测试] 中均未取得理想结果，暴露了德国基础教育领域的一些问题。德国政府开始关注基础教育质量的提高，学校改进以"质量为本"成为基本共识。（徐昌和 等，2012）本章将在梳理德国学校改进历程的基础上，选取其中具有代表性的 3 个学校改进项目进行具体分析，重点探讨各学校改进项目的模式特征和策略实施。

第一节　德国学校改进的发展历程

20 世纪以来，德国学校改进运动发展迅速，对德国学校办学和教学质量的提高起到十分重要的作用。德国学校改进的历史源远流长，根据德国学者奥哈弗（F. Ohlhaver）的观点，德国的学校改进运动大概经历了三个主要阶段，即第二次世界大战后民主主义教育政策的产生、20 世纪 90 年代基础教育政策欧盟化以及 21 世纪以质量为本的学校改进。（Ohlhaver，2014）不同阶段的学校改进运动有着不同的政治、经济、文化背景，侧重点也有所不同。

一、民主主义教育政策的产生

第二次世界大战结束后，德国分裂成两个共和国：德意志联邦共和国（联邦德国）与德意志民主共和国（民主德国）。由于两个共和国实施不同的社会制度，所以它们的学校改进运动也具有不同特点。（Ohlhaver，2014）

1964 年，联邦德国各州州长在汉堡签订了《联邦德国各州关于教育领域中的统一问题的协定》（又称《汉堡协定》）。《汉堡协定》规定：联邦各州的所有儿童应接受九年制义务教育；义务教育阶段应实施全日制教育；基础学校教育为 4 年，是义务教育的第一阶段；废除以考试作为中学选拔的方式，将中学的前 2 年独立出来作为基础学校之后的"观察或选择阶段"，所有儿童通过"观察或选择阶段"再分流进入三类不同的中学；儿童分流进入三类中学后，可以在三类中学间转学。（Ohlhaver，2014）《汉堡协定》将四年制基础教育以"观察"和"选择"的方式向后延伸了 2 年，让更多的儿童可以接受更平等的教育，满足了他们个性发展的需要。（李爱萍 等，2004）

1970 年，针对教育机会不均等的问题，联邦德国教育审议会颁布了《教育结构计划》。1973 年联邦与州教育规划委员会颁布了《综合教育计划》，要求建立综合学校制度以取代三轨制学校制度。《教育结构计划》规定：（1）把联邦德国普通义务教育的年限统一规定为 10 年。（2）基础学校改称"初等教育领域"，包括"入门阶段"和"基础阶段"。（3）中等教育分为两个阶段。第一阶段包括5—10年级，主要学校类型有普通中学、实科中学与完全中学等。第二阶段包括11—13年级，学校类型有全日制职业学校、职业专科学校、高级专科学校、专科高中与完全中学几种。这些学校分为普通教育、职业教育或职业培训等不同轨道，但各轨道之间具有较强的渗透性，学生易于转学，以形成一个综合性的中等教育第二阶段。（Ohlhaver，2014）

与20世纪60年代相比，20世纪70年代联邦德国基础教育阶段学校改进的新进展是，在原有二年制"观察或选择阶段"的基础上，将基础教育的分流时间推迟到高中阶段，同时在高中通过不同学轨的渗透和课程改革来实现教育的民主化。（李爱萍 等，2004）

二、基础教育政策欧盟化

在1990年德国重新统一后，德国面临东西德国教育的统一以及欧盟成员国教育一体化的问题。1992年2月，《欧洲联盟条约》（又称《马斯特里赫特条约》）提出了一个旨在加强欧洲一体化进程的普通教育和职业教育发展新框架。该框架要求各成员国必须为实现欧盟内部市场的统一做出贡献，并从欧盟经济发展目标出发制定相应的教育政策。

这一阶段的学校改进主要以西德为主体，带动东德的发展，其主要目的是应对经济全球化和欧洲统一经济市场的形成给德国教育带来的挑战。（Ohlhaver，2014）1991年德国各州文化教育部长联席会议通过了关于统一德国文化、教育与科学的《霍恩海姆备忘录》。该备忘录试图使长期以来被分割的德国文化、教育与科学获得共同的发展，还特别强调要加强与欧洲的紧密联系。显然，重新统一的德国不仅要实现原东西德教育事业的"内部统一"，同时要实现作为整体的德国与欧洲其他国家的"外部统一"。（李爱萍 等，2004）

为了达到"内部统一"，1993年底德国各州文化教育部长联席会议通过《关于中等初级学校类型和课程设置的协议》，1994 年颁布《关于外语教学基础草案的思考》，在课程结构、教学大纲和毕业文凭方面对东西德各州基础教育事业的发展进行协调。为了达到"外部统一"，德国各州文化教育部长联席会议提出了"欧洲研究动议案"，强烈呼吁在学校中进一步重视欧洲问题学习，并建议采取措施以促进有关课程的研究。（李爱萍 等，2004）

之后，德国通过在原有教育制度框架内进行调整和开办新学校，实现了基础教育的国际化或欧盟化。

三、以质量为本的学校改进

21 世纪初，德国基础教育阶段学校改进的主要动因是德国学生在 PISA 测试、TIMSS 测试中的成绩不够理想。2001 年底，OECD 公布了德国学生的 PISA 测试结果，德国学生在阅读能力测试中获得 484 分，列 32 个参与国家和地区的第 21 位；在数学基本能力测试中获得 490 分，列第 20 位；在科学能力测试中获得 487 分，列第 20 位。（OECD，2004）[9] 如果把参与国家和地区学生的测试成绩分为上、中、下三个等级，德国学生的测试成绩介于中等和下等之间。这一测试结果在德国政界、教育界、企业界以及公众中引起了轩然大波。由此，德国各界人士意识到德国基础教育的质量存在问题。针对中小学内部和外部存在的各种问题，德国各州进行了学校改进，主要侧重点如下。

（一）学校改进"以质量为本"

2002 年，德国联邦教育与科研部部长布尔曼（E. Bulmahn）组织了一个由经济界、教育界、工会等各方代表参加的以教育改革为议题的教育论坛，并提出了"十二条教改建议"，其中与学校改进相关的建议如下。

（1）注重个别促进。发展注重个别指导和社会化学习的全日制学校；

提供专业的诊断和咨询；适当延长在校时间，既可解决无人看管儿童的问题，又可让儿童利用学校资源学习，有利于提高基础教育质量。

（2）让年青一代学会承担责任。提供并利用学生影响决策、参与决策和进行自我管理的机会；支持学校发展校园民主文化；进一步落实促进学生团队能力、社会活动能力发展计划，实施合作性小队工作教育方案；使不同类型学校之间的转学更为灵活；提高数学和自然科学在中小学的吸引力，加强数学和自然科学课程的问题指向和实践倾向；通过开发新的课程方案及新的评估系统，促进学生跨学科能力的发展；建构一种新的成绩评估制度和相应的考试制度，增加有关理解力和问题解决能力的考核内容。

（3）利用新媒体。在幼儿园和小学，让所有的学生都接触新媒体和互联网；通过教学研究与实践，发展和调整多媒体教育教学方案。

（4）加强移民教育。把移民学生的发展情况作为衡量学校质量的标准；利用学校中存在的多种语言和文化的有利条件，加强不同文化间的交流与学习；帮助移民学生获得足够的德语知识，达到合格的德语水平；吸收有移民背景的人进入教师队伍，加强对他们的指导。

（5）开放学习场所。通过增加投入、开展教师培训等措施，促使学校成为"学习之家"；鼓励和支持家长参与学校工作；支持学校向社会各界，特别是经济界开放；促进区域性的社会组织、文化机构、企业与学校的合作，吸收社会各方力量参与教育工作。

（6）下放权力。让学校拥有更多的自主权，特别是在其发展学校特色以及有关人员、房产和设备的配置方面；通过继续教育，提高校长的领导和管理能力；调整国家监督的方式方法；加强对教育质量的内部与外部评估工作。（周丽华，2003；DIPF，2017）

2003年，德国联邦教育与科研部推出了"未来的教育和照管"项目，计划在2003—2007年的五年内，共投入40亿欧元，将全国三分之一的学校新建或改建为全日制学校，改善学校基础设施和教学条件，提高教育质量，增强德国中小学生的国际竞争力。2004年德国全日制学校已接近7000

所，2005 年又有约 2000 所全日制中小学应运而生。同时，缩短德国基础教育学制，从 13 年减为 12 年。

德国各州文化教育部长联席会议于 2004 年出台了《中小学教育标准》，主要是针对一些学科，如数学、德语、第一外语（英语、法语）等建立了全国统一标准，用来检验学生在完成一定阶段的学习后是否拥有了相应的学科能力。在制定全国性的学科教育标准的同时，为了保证和提高教师教育的质量，德国还出台了《教师教育标准：教育科学》（2004 年）和《各州通用的对教师教育的学科专业和学科教学法的内容要求》（2008 年）。

为更好地对中小学教育效果进行评估，2004 年 12 月，德国各州文化教育部长联席会议要求组建国家教育质量发展研究所，负责研究和制定适用于德国的教育质量指标体系。2005 年，国家教育质量发展研究所组织大批专家制定出了德国合格学校的标准。（徐昌和 等，2012）

（1）教育过程：教学目标和内容严格遵守教学计划；学习安排有利于提高学生的主动性，指导学生对自己的学习过程负责；将新型教学媒体和互联网应用到教学中；向教师、学生和家长公开考试的标准；关注学习能力较差的学生；发现、激励天资聪颖的学生；在教学计划中考虑性别差异；学校的参与者在互相交流中遵循既定的行为规范；学校采取相应的措施，防止吸毒及暴力事件的发生。

（2）学生成绩：学生离校时必须达到毕业水平，学生毕业论文应达到州平均水平，各年级学生达到相应年级教学目标所要求的水平，德语、数学、第一外语至少达到州平均水平，学生能够自主解决问题并向全班展示结果，学生之间应有建设性的合作，非暴力解决矛盾，校园生活丰富多彩，学生、家长、教师、社会对学校的教育感到满意。

（3）学习和学校工作条件：教学场所按照学习要求进行布置，教师办公室按照教学任务进行布置，学校配备多媒体等教学设备，校舍和设施应处于安全、良好状态，校园环境应能让学生感到轻松。

（4）学校领导职责：校领导的职责要清晰、透明、公开；有效规划教学组织；校领导真正负起责任；已做出的决定应积极付诸实施；校领导与教职工之间信息沟通应顺畅；校领导负责各种会议的领导工作，督促各项决议的实施；人事管理应符合学校的长远发展计划。

（5）质量管理：管理活动应按照学校规章来进行；要对学校规划进行系统的再发展；定期评估学校的工作，发现问题积极解决；学校要按照既定的人才培养计划对教师进行培训。

（6）团结合作：在做出重大决定之前，学校要成立相应的工作小组；教学人员之间、教学人员与家长之间应深入合作；校与校之间、学校与其他机构之间应加强交流合作；人事代表与校长应进行合作；教师与学生在教学中应深入交流。

（二）学校教学注重因材施教

德国各州不断加大对基础教育的投入，要求所有学校均达到基本的国家教育标准，以保证适龄儿童、少年都能享受到合格教育。在此前提下，允许并提倡特色办学。例如：允许重点学校存在，设置特色学校，评选实验学校，补贴私立学校，等等。（徐昌和 等，2012）

实行灵活多样的招生和升级制度。公立学校的学生既可就近入学，也可以跨区申请。德国中学实行弹性升级制，学制安排灵活，允许有天分的学生跳级。

实行小班教学，每班 25 人左右。课堂教学普遍采用启发式教学和师生对话的方式，教师十分注重启发学生的思维。教师提出问题后，师生共同讨论；学生可站着或者坐着回答问题，课堂氛围轻松、融洽。教师注重培养学生学习科学文化知识的思维，教会学生如何搜集资料，引导学生自发研究问题、拓展思路。（徐昌和 等，2012）

（三）课程资源体现出多样性和选择性

2008 年 10 月，德国各州文化教育部长联席会议对《波恩协定》（最初于 1972 年颁布）进行了修改，尤其是在课程目标、组织结构以及课程评价方面进行了修改。

新修订的《波恩协定》规定，高中阶段课程教学的目标是加强普通教育，培养学生的一般能力，传授科学基础知识，尤其要加强德语、第一外语和数学三门基础课程。此外，为学生提供大学和就业信息。

除了德语、外语、历史、地理、数学、自然科学（生物、化学、物理）、美术、音乐、体育、政治等核心课程，以及作为选修课的宗教和哲学，学生还可以选择诸如健康教育、法律、自我防卫、医疗等多种课程。中小学还可以根据自身定位、学校特点和实际情况，开发、开设一些适合本校基本情况的学科课程、综合性课程和综合实践活动课程供学生选修，以丰富课程的多样性，为学生创造更多发展和选择的机会。（徐昌和 等，2012）

德国各州教育行政部门还赋予了地方和学校开发课程资源和开设课程的自由，同时也为研究机构和社会团体参与开发、编写学校使用的教材提供了机会。课程的多样性和教材的多样化体现了课程教学资源的不同特色，满足了教学的不同需求，增强了教学的适应性，从而提高了教学质量。

总体而言，德国的学校改进可以分为三个阶段：第二次世界大战后民主主义教育政策的产生、20 世纪 90 年代国际主义教育政策的萌芽以及 21 世纪以质量为本的学校改进。

第二节　未来的教育和照管：联邦政府和各州巨额投资建立全日制学校

长久以来，德国的大多数中小学实行半日制教学，即上午上课、下午放学。在 2000 年的 PISA 测试中，德国学生的阅读、数学、科学成绩在 OECD 国家中均处于中下游，且所有测试项目的成绩均低于 OECD 国家平均水平。当年的 PISA 测试报告显示，德国 15 岁的学生中，有四分之一的学生无法正确书写和阅读，在数学和科学领域的发展也远远落后于其他国家学生。此外，分数排名前 10% 的学生和后 10% 的学生之比约为 1：8，显示出德国基础教育发展的严重不均衡。这个结果震惊了全德国，使作为世界经济与政治强国的德国无地自容，同时对德国的基础教育系统产生了巨大冲击，促使德国政府重新审视和反思本国教育体系中存在的问题。

PISA 测试揭示出德国基础教育体系中存在的实质性问题，即学生社会经济背景与学业成绩的高相关性：PISA 测试中成绩较差的学生多来自社会中下层。（孙进，2010）要降低学生社会经济背景对其学业成就的影响，关键在于建立一个公平的教育制度，给予所有学生充分发展潜能的机会。全日制学校恰好可以延长在校学习时间，为每一个学生提供更好的学习机会，发挥学校教育在发展学生禀赋方面的潜力，改善他们的学习效果。

因此，德国将建立全日制学校、延长学生在校时间作为教育改革的中心任务之一。2003 年，德国联邦政府和各州共同通过了名为"未来的教育和照管"的资助项目，旨在建立和资助更多的全日制学校，为学生提供更多在校学习和参与校园活动的机会。

一、模式特征

在经历了 PISA 测试冲击后，德国教育界在反思中发现本国中小学的课时数低于各国平均水平，这主要是由半日制学校制度造成的。因此，德国将建立全日制中小学、延长学生在校时间作为教育改革的中心任务之一。然而，新建和改建全日制学校面临着一系列问题，如资金问题、师资问题、教学改革问题等，需要联邦政府与各州共同解决。这些解决方案不仅促进了这一项目的成功实施，更成为项目的突出特征。

（一）德国联邦政府和各州共同资助的学校改进项目

2003 年 5 月，德国联邦教育与科研部部长布尔曼表示，德国联邦政府与各州已经达成一致，共同签署了关于"未来的教育和照管"资助项目的协议，其中的首要内容就是全日制学校计划。协议的内容包括以下几个方面。

（1）"未来的教育和照管"项目实质上是一项投资方案，由联邦政府作为投资方，全日制学校的日常开支和人头费不属于投资范围；

（2）受资助的学校必须具备完善的、能被所在州认可的教学方案；

（3）设有日托所的学校以及学校与青少年活动中心的合作项目也可以获得资助；

（4）对被资助者的选择、资金的分配和资助项目的监督由各州负责；

（5）各州应该投入不少于联邦政府投资总额 10% 的对应资金。

按照协议的规定，德国联邦政府和各州计划在 2003—2007 年共拨款 40 亿欧元，帮助各州新建共约 10000 所全日制中小学和幼儿园，支持在全日制学校范围内的基础设施建设，增添新的设备和相关服务，同时调整德国中小学校的教学系统，推动各地区以需求为导向的课程设置，改善原有的全日制学校的教育质量。此后，德国联邦政府和各州继续通过该项目每年投入 430 万欧元用于支持全日制学校建设。这是德国有史以来资金量最大的一项教育投资。德国政府企图通过这项计划把德国的教育在 10 年内推入全球五强。（俞可，2003）

"未来的教育和照管"项目涉及全德国普通教育系统三分之一的学校。项目实施的第一年就新增了 1000 多所全日制学校。2003—2008 年，全国约有 7000 所学校得到了该项目的资助。2002—2006 年，提供全日制教育和照管服务的学校由 4951 所增加到 9688 所，也就是说，在 4 年之内翻了近一番。截止到 2013 年，德国已有近 16000 所全日制学校，占德国中小学校总数的 60%。这个数据表明，德国超过一半的中小学校都实行了全日制教育。

（陈志伟，2016）

（二）采取正规教育、非正规教育和非正式教育相结合的教育模式

德国政府 2005 年发布的《第十二次儿童和青年报告》阐明，教育就是要培养儿童和青少年"学习知识、学习习作、学会生存、学会相处"的能力。其中，"学习知识"是指向学生传授科学文化知识，使其不断积累知识，从而促进社会进步；"学习习作"是指教会学生在自己所处的岗位上完成相应的工作任务，生产出社会产品；"学会生存"是指提升学生的个人技能，使其能科学理性地对待自己的想法和情感；"学会相处"是指通过教育让学生懂得如何与他人和谐相处，提高个体参与社会的能力，增强他们的社会责任感。（BMFSFJ，2017）

德国传统的半日制学校仅仅关注正规教育，注重培养学生"学习知识"的能力，让学生在有限的时间和空间中能够获得基本的科学和文化知识。因此，半日制学校的教学内容主要局限于课堂所要求讲授的书本知识，所制定的教学方案也仅仅围绕着知识的传授和对世界的认知，对教学成效的评估也更看中学生的成绩。而对另外三个方面能力的培养始终无法成为半日制学校教育的主流，只是作为辅助和补充。

然而，在现实社会中，后三项能力——"学习习作""学会生存""学会相处"构成了日常教育的基础，其所包含的内容通常是不加修饰或无意识、自发获得的人类知识、技能、经验、态度和价值观等。这种教育通常被称为非正规教育或非正式教育。（陈志伟，2016）

与传统的半日制学校教育相比，全日制学校教育中除了包含正规教育，还兼顾了非正规教育和非正式教育，是这三种教育的集中融合和综合体现。全日制学校的出现，一方面弥补了日常教育的随意性的不足，另一方面又填补了半日制教育无法兼顾日常生活和个人兴趣爱好的遗憾，是两者之间的桥梁和纽带。

总之，德国的全日制教育从教育场所、教学目标导向、教学形式和最

终成果等方面都突破了原有的单一结构，综合架构了多元化的教学结构和形式，对学生实施了全方位、多角度的综合培养，不仅更加灵活且特点突出，对学生的兴趣和爱好的培养有了更大的包容性。因此，该模式实现了德国中小学教育"大学校教育"的功能和导向，使得学校教育超出了文化知识传授的范围，更偏向于对社会价值取向和观念的养成，以及工作技能和兴趣爱好的培养。

因此，德国的全日制教育并非半日制教育的简单延伸，而是从形式到内容都有重大突破，是将传统的正规教育与日常的非正规和非正式教育相结合的教育体系，更为灵活自由且尊重学生的发展天性。

二、策略实施

如上所述，德国的"未来的教育和照管"项目在联邦政府和各州的共同资助下有了充足的资金保障，并采取了正规、非正规和非正式教育相结合的教育模式，以培养学生"学习知识、学习习作、学会生存、学会相处"的综合能力。经过多年的实践，全日制学校在促进教育公平、提升教育质量和减轻家庭负担方面取得了显著效果。本部分将介绍德国全日制学校改进的具体内容，包括制度和形式、课程设置等。

（一）全日制学校的制度和形式

按照德国各州文化教育部长联席会议的规定，全日制学校需要达到以下目标。

（1）学校每周至少有3天向学生全天开放，全天开放的时间不得少于7课时（不包括午餐和午休时间）。为了补充和提供下午的教学和照管服务，学校往往聘请额外的教学服务人员或者选择与其他机构（如青少年救助机构）进行合作。

（2）在所有全日制学习日为学生提供一顿午餐，没有食堂的学校可以向外部餐饮服务机构订餐或者组织学生去附近其他机构的食堂就餐。

（3）学校下午提供的教学和照管活动应该与上午的教学在内容上相互联系，并且应该在学校领导的监督下组织实施。

提供全日制教学和照管服务的学校可以分为以下三种形式。

（1）在开放式的全日制学校中，学生本着自愿参加的原则。不过，学生本人或监护人每学期必须事先向校方提交申请。

（2）在义务式全日制学校中，每个在校生必须参加学校的全天课程，并承担考勤的义务（完全约束式）。

（3）在半义务式全日制学校中，仅有部分在校生有义务参加学校的全天课程（部分约束式）。

第一种形式在大部分州内被称为"全日供给"，采用的是所谓的"加法模式"，即上午必修课程保持不变，学校下午给学生提供各类活动，如提高班、兴趣组、作业辅导班、项目研究组等。这些活动可以与校外的教育机构或青少年组织合作开展。德国全日制学校联合会认为，只有后两种形式才是真正意义上的全日制学校，因为它们采用的并非"加法模式"而是"融合模式"。

具体到现实的学校教育过程，全日制学校的日常教学和生活主要包括必修课程和正规课程教育、午餐和午休、课后作业辅导、兴趣课堂等。该教育模式更多地体现了规范化的文化必修课和灵活的兴趣选修课相结合的综合化教育范式，学生能够在掌握所需的文化知识的前提下，充分发挥自身能动性和特长爱好，从众多可选择的科目里确定自身的兴趣点甚至今后的就业发展方向。

（二）全日制学校课堂教学结构和课程种类

全日制学校制度从其建立之初就秉持两种教育途径共同发展的理念和思路，即首先要保证在校学生基本的知识学习，以及由此实现的技能、情感和认知等方面的进步和发展。其次要满足学生享有充足的时间和平等的机会拓展自身的兴趣和能力，这就要求学校在具备基础教学能力和工具的基础上，额外提供适应学生身心发展和兴趣爱好的教学设施和课程结构，给予其多样、灵活和全面的提升通道。因此，其课程原则是充分尊重学生的兴趣差异和能力特点，发挥学生自治和自主能力，强调自我决断，并参与组织管理和日常协调。其主要形式除了学校组织的课堂讨论和学生互助合作之外，还有学校与社会中的大量课外和校外活动。此类集体活动主要包括体育、艺术、文化、科技等大类，基本囊括了学生在中小学阶段所需要或乐意接触和了解的兴趣和爱好，因此更容易被学生接受。

德国全日制学校甚至将工厂和企业的日常场景和工作原理介绍给学生，例如带领学生到工厂参观、引入企业实践、与工人开展座谈等，从而搭设企业和学校之间的桥梁，并最终实现学生在进入大学之前获得对工作和就业的前期知识，有助于学生选择适合自己的工作种类和模式。同时这种实地教学和实践教学模式也是学生的中小学学习思维向高效学习思维转变的催化剂。

（三）全日制学校的调查与研究项目

2005 年联邦政府主导、四大研究机构（国际教育研究所、青少年研究所、学校发展研究所、吉森大学）联合开展的全国性大型纵向调查项目"全日制学校发展研究"宣布启动。"全日制学校发展研究"的总体目标是提供有关全日制学校影响的科学证据。涉及以下具体问题：全日制学校发展的条件是什么？需要怎样的政策支持？需要设计怎样的教学与组织模式？课堂教学文化将受到怎样的影响？家长和学生的接受程度如何？家长和学生对学校所提供的全日制项目满意程度如何？全日制学校如何影响学生个性与学业方面的发展？等等。（黄华，2012）

为了获取尽可能全面而准确的数据，这一调查评估了各州提供全日制教育的学校，设计了针对校长、教师、其他教学人员、家长和学生的问卷，展开了多角度调查。调查分别于 2005 年、2007 年和 2009 年展开，希望借助纵向数据的对比更为全面地评估全日制学校的教育效果。作为一项官方研究，"全日制学校发展研究"所有的原始数据公开，以供其他评估机构参考、质询以及学者们进一步的探讨和研究。（黄华，2012）

总而言之，上述具体策略是"未来的教育和照管"项目在多年的研究与实践中总结出来的宝贵经验，主要目的在于建立更完善的全日制学校制度。根据"全日制学校发展研究"调查结果，全日制学校在促进教育机会均等方面发挥了很大的作用，尤其是让弱势群体学生得到了充分的教育与照管，并得到教师的个别辅导，这有利于缩小他们与其他学生之间的差距，消除家长的后顾之忧。但是，从整体的教学效果来看，"未来的教育和照管"项目并未对课堂教学质量产生实质性的积极影响。就各州具体的实践情况来看，大部分州的全日制学校采取的是简单的"加法模式"，即上午课程保持不变，下午向学生提供各类活动。这种模式并不是"未来的教育和照管"项目的初衷。此外，影响全日制学校教学质量的因素还有很多，如有效学习时间、结构化指导、课堂环境等。

第三节　中小学尖子生培养资助计划：联邦政府和各州共同资助尖子生

OECD 2016 年公布的 PISA 测试结果显示：德国中小学生无论是科学和数学成绩，还是阅读成绩都取得了明显的进步。但与 OECD 其他成员国相比，仍然不具备较强的竞争力，尤其是拔尖的学生数量较少。这就意味着德国必须通过一系列改进项目，加强对成绩优异和富有潜力的尖子生的培养。

因此，德国各州文化教育部长联席会议于 2015 年 6 月出台了联邦范围内统一的改进措施——"中小学尖子生培养资助计划"，为成绩优异和富有潜力的中小学生创造更好的学习条件，使其潜能得到充分发挥，让更多学生进入尖子生行列。

一、模式特征

"中小学尖子生培养资助计划"由联邦政府和各州共同资助，主要关注的对象是成绩优异和富有潜力的中小学生，并且实行内部改造和外部合作同时进行的模式。

（一）联邦政府和各州共同资助的学校改进项目

德国各州文化教育部长联席会议在 2015 年 6 月出台了"中小学尖子生培养资助计划"。该计划的运行期为 10 年，第五年进行一次中期总结，联邦政府和各州各资助一半费用，总共投入 1.25 亿欧元。

联邦教育与科研部和各州为项目提供资金支持。联邦和各州分担国际教育比较研究中心进行科学评测的费用。各州承担参与学校、学校监管和咨询机构的费用，第一阶段每年资助 500 万欧元，第二阶段每年资助 750 万欧元。联邦教育与科研部承担科研项目和项目承办方的费用，第一阶段每年资助 500 万欧元，第二阶段每年资助 750 万欧元。

在联邦层面，联邦教育与科研部负责提供教育科研项目框架内的科学支持、引导、评估和具体主题的科研活动。在州层面，各州招标并选拔学校，在学校中推行模块制，并对学校加以监管。"国际比较教育成绩评估"小组和项目承办方合作，德国各州文化教育部长联席会议秘书处从中起到协调作用。此外，来自经济领域的伙伴和基金会、协会对项目提供支持。

该计划遵循以下 13 条方针。

（1）该计划的实施对象为所有类型学校的 1—10 年级（初等教育阶段和中等教育初级阶段）学生和中等教育高级阶段的学生。

（2）注重数学、自然科学、德语和外语（英语）方面的能力，同时关注社会情感、艺术创造和心理动机方面的潜力。

（3）积极应对现阶段面临的挑战。建立模块制，即设立两个核心必修模块和其他选修模块，不同的学校可以根据自身的实际情况做出选择。想要申请的学校必须将核心必修模块和一个选修模块作为重点。模块制保证了对核心目标的落实，同时学校也可根据地方、区域和各州的条件做灵活调整。

（4）核心必修模块是跨学科的，有专家小组支持，学校代表也会参与相关工作。

（5）保障对成绩优异学生的教学及其学习的质量。有目的地在学校层面实行，联邦政府和州给予支持，扩大其影响，大力宣传成功典范。各州的进修以及其他支持措施要发挥作用。

（6）关注教师之间、学校内部和个别学校之间的合作。学校与高校或者其他校外机构的合作是计划的一部分，也是为参与学校创造的有利条件。

（7）丰富的经验和经验交流对政策实施来说至关重要，建立区域内部以及跨区域和跨州的学校网络，必要时建立跨学校类型的教育网络。

（8）各州负责选拔和管理学校。全德参与该项目的学校数量不得超过300所，其中初等教育和中等教育阶段的学校数量尽可能各占一半。由联邦和州的专家小组讨论参与学校的构成。每个州的参与学校数量是以各州的税收和人口为基础加以分配的。同时，各州要保证参与学校的多样性，保证这些学校能够达成目标。各州的参与学校都能获得支持。

（9）在学校申请的前提下，校外机构和咨询机构可以参与不同模块的工作。

（10）参与学校有义务接受该项目的发展方针、理念和措施。

（11）该政策实施时只能利用现阶段已经存在的教育机制，不能建立新的教育机制，该政策实施的组织结构会尽快建立。

（12）项目运行期为10年，第五年进行一次中期评估。

（13）参与学校在完成第一阶段工作后可以进行认证，为此要制定相应的认证流程和认证标准。

（二）关注成绩优异和富有潜力的学生

近年来，PISA 测试和 TIMSS 测试受到广泛关注。回顾这些国际测试的结果可以发现，与其他国家相比，德国拔尖的学生数量较少。对此，联邦教育与科研部部长万卡（J. Wanka）表示："虽然德国是科技大国，但我们聪明的头脑还未被开发。我们将促进成绩优异和富有潜力的学生挖掘自己的潜能，联邦教育与科研部将会投入资金支持。"（BMBF，2017）

因此，德国联邦政府和各州一致决定通过"中小学尖子生培养资助计划"支持成绩优异和富有潜力的学生的发展。"中小学尖子生培养资助计划"的目标群体主要为学习成绩优异和富有潜力的中小学生，特别关注来自低学历家庭或有移民背景的儿童和青少年。该计划通过一系列措施满足这些学生的特定需求，尽可能为他们创造最完美的学习条件，设计出最适合他们的教学方案，使其学习能力得到进一步提高。考虑到"成绩"这一概念的多维性，该计划除了优先支持他们的智力培养①，还将为他们的艺术、体育和社会情感能力发展提供支持。此外，还将通过有针对性的激发和支持措施，使他们的潜能得到进一步发挥。

"中小学尖子生培养资助计划"实施分为两个阶段。第一阶段以开发资助成绩优异和富有潜力的学生发展的方针、理念和措施为核心内容。联邦教育与科研部在项目框架内提供科研支持和理论基础。第二阶段的核心内容是将科研结果转化为具体实践。已经参与了项目第一阶段的学校可以起到榜样作用，各州根据自己的实际情况和既有的教育框架将方针、理念、举措等应用到实践中，并提供资金支持。

---

① 智力培养贯穿一个人全部的学习生涯。该项目主要针对中小学阶段并重点关注过渡期儿童的培养。

（三）学校内部改造和外部合作同时进行（KMK，2017）

1. 开设个性化且具有挑战性的课程

各州制定的学校法越来越重视为中小学生提供个性化教育。法案中多次提到，每所学校都有义务为所有学生，特别是尖子生，提供适合的教育，促进他们的学习和发展。学校需要考虑学生在能力、兴趣、学习方式、社会交往方式上的差别，帮助他们挖掘个人发展的潜力。实施方案最重要的前提之一是保证他们以最适合自己的方式学习，因此很多州要求学校制定出符合尖子生发展需求的教学和学习方案。为此，教师需设计出对学生能力来说具有一定挑战性的课程计划。

（1）个性化的咨询、支持和陪伴。

一些州安排专业的指导教师，为尖子生以及他们的父母提供个性化的咨询、支持和陪伴。这些指导教师不仅为家长解答关于孩子的教育问题，还向教师提供有关培训课程的信息。因此，教师能及时了解到校内外对尖子生采取的促进措施，支持校内措施的实行，并在家长为孩子的发展做决定的时候提供建议。

（2）加强教师培训。

"中小学尖子生培养资助计划"对教师提出了更高的要求。教师必须提高发现尖子生的能力，对于具有特殊学习潜能的学生，无论是在校内还是在校外，都应予以持续关注和支持。在项目实施过程中，各州开展了多样的教师培训和继续教育，使教师识别儿童和青少年潜力的敏觉性得到了很大程度的提高。通过培训，教师获得个性化的指导，掌握了学习诊断（涉及学习基础、学习成绩等方面）的方式以及处理学生水平差异的方式。

2. 建立合作关系

在项目实施过程中，项目学校建立了固定合作关系，以实现共同开发、商讨和评价资助措施。各项目学校还与校外的合作伙伴进行合作，包括托儿所、图书馆、社团、基金会以及高校。除此之外，与咨询中心、艺校、图书馆的合作也进一步加强。

3. 注重评估反馈

在多个州，针对尖子生的促进措施得到了综合性大学、师范大学或者其他教育机构中的研究者的跟踪调查、评估和总结。这些州计划进一步发展和扩大针对尖子生的促进措施。

二、策略实施

根据中小学尖子生培养资助方案，对成绩优异和富有潜力的中小学生的培养要从七个环节入手（KMK，2017）。

（一）学习诊断

儿童和青少年的成功培养很大程度上取决于及早发觉他们的潜能。为了尽早发现中小学尖子生的潜能，并通过适当的途径提供帮助，学校需要有计划地对他们进行学习诊断。通过诊断，教师可以了解学生的特点、优势、偏差和缺陷，为因材施教培养尖子生提供依据。这就要求教师提高敏感度，仔细观察学生的学习状态。

在大多数情况下，教师在学生的学习过程中进行学习诊断。必要时，也可以借助校外的学习诊断结果进行补充。对学生学习能力的诊断主要是观察和测量他们在以下几个方面的表现。

（1）完成学习任务的数量和质量（主要表现为考试分数）；

（2）完成学习任务的速度；

（3）完成学习任务的计划性与组织性；

（4）完成学习任务的流畅性；

（5）完成学习任务的独立性；

（6）完成学习任务的策略水平。

教师按照以上指标来衡量学生完成任务的过程和结果，就能够在一定程度上认识学生的学习能力。同时，他们需根据学生在认知能力、学习情况、性格、学习积极性等方面不同的表现，将诊断结果进行调整、汇总。这个过程将通过教师的反复观察、统计、总结得以完成，以方便学校有针对性地为尖子生制定出适合他们的提升方案。此外，通过这种途径，可以预防学习障碍、性格封闭、行为表现异常、成绩不良等问题。

（二）"充实课程"

学校根据尖子生不同的学习情况，为他们提供常规课程之外的学习内容，从而使他们的潜能得到充分发展。"充实课程"的具体做法是：以尖子生所学的常规课程作为基础，在学生完全掌握常规课程之后，对一些常规课程进行适度的拓展和深化，如为尖子生提供难度更大的学习资料、设置课题项目或者布置不同形式的作业。这样，教学内容的广度和深度就被加大，学生的学习水平和个人能力也被提升到一个新的阶段。

"充实课程"也为尖子生创造了更自由的学习空间。学生可以根据自己的爱好与需求自主选择学习内容，控制学习节奏。在学习过程中，他们可以充分利用学校为其提供的丰富的课程和学习资料。除此之外，学校更强调在学习过程中对尖子生创造性思维能力的培养，尤其是在自然科学学科。学校会邀请校外的专家为尖子生讲授该领域最新的科研成果，并教给他们发现问题、解决问题的方法。

学校还通过建立临时的跨班级或者跨年级的学习小组，帮助尖子生发挥他们的潜力和优势。这些成绩优异的尖子生将被安排担任"小老师"，在帮助其他同学的过程中，塑造他们的性格和提高他们的社会交往能力。

中小学与校外的合作伙伴，如高校和企业，共同举办的中小学生竞赛，旨在尽早激发尖子生对某个专业方向的兴趣，成为该领域的学术后备力量（如 MINT 专业[1]和工程科学专业）。

---

[1] MINT 专业指数学（Mathematik）、信息学（Informatik）、自然科学（Naturwissenschaft）、技术（Technik）专业。

"充实课程"还有一个重要组成部分——学生交换项目，即通过与国外中小学生的相处，提高德国尖子生的外语能力和跨文化能力。

校内外联合资助的"周末计划"以及"假期学院"是"充实课程"的一种特殊形式。成绩优异的儿童和青少年通过参加这些课外项目可以学到科学的学习/工作方法。除此之外，还有一些为下一教育阶段提前做准备的项目，如"儿童大学"、大学体验课程、"中小学生实验室"等，可以满足不同年龄段和具有不同兴趣的尖子生的需求。

（三）"加速计划"

"加速计划"指为学生制定较为紧凑的学习计划，用较短时间完成规定内容的学习，使他们可以提前入学、毕业。这项措施被认为是最适合那些学习能力强且有积极性的尖子生的科学的帮助措施。

如果儿童的某种潜能在幼儿时期被发掘，他们便可以申请提前进入小学学习。但这项措施要求家长在任何情况下都和学校保持紧密的联系，且提前在学校做好心理咨询。通常情况下，学校领导还需要同校医协商后决定是否提前录取。

学校还将设立灵活的入学班和混龄班。这样，成绩优秀的小学尖子生既可以和同龄人，也可以和年龄更大的孩子一起学习。他们可以通过在入学班短期的停留快速地适应更高的学习要求。除此之外，尖子生还可以上不同学科的部分高年级的课程，这有利于在小学阶段培养出尖子生的优势学科，比如数学或自然科学学科。

"加速计划"在小学及初中阶段的另一种形式是跳级。一般情况下，跳级生的智力水平要高于一般儿童。此外，跳级生的心理成熟度、积极的学习态度以及他们的父母和教师对此项措施的乐观态度，也是必不可少的前提条件。跳级生的学习进度将比他们原先所在的班级快一年。在这种模式下，他们需要在更短的时间内完成和原先一样的学习内容，这就需要制定出与之相适应的学习计划，比如适当减少用于练习和复习的时间。

（四）分组学习模式

"充实课程"和"加速计划"是中小学尖子生培养资助方案的基础。除此之外，还有一种特殊的形式，能将以上两种措施结合起来，这就是分组学习模式。

特殊班或者特殊学校的设立旨在将学习成绩优秀的中小学尖子生集中在一个学习小组或课堂上，为他们提供统一的资助，以促进他们认知和情感的发展，增强他们的创造力，提高他们的学习成绩，以及培养他们的社会责任感。

给特殊班和特殊学校的尖子生讲课的往往是经验丰富，且经过专门培训的教师。多项调查表明，特殊班学生的成绩总体呈积极的发展状态。在统考中，特殊班学生的成绩往往要高于普通班学生。除此之外，特殊班尖子生的社会交际能力和对新鲜事物的认知能力比普通班的学生要强。这一点可以通过访问他们的父母得以证实。

（五）学校补充措施

学校还将采取各项补充措施，让中小学尖子生不同的潜能得到充分发挥。这些措施包括：举办中小学生竞赛，成立中小学生研究院、中小学生实验室、中小学生科研中心，以及设立奖学金项目，等等。此外，国外交流项目也能发挥尖子生的才能和潜力。

成绩优异的尖子生尤其适合参加各项竞赛，因为这能鼓励他们对所有生活领域的专业问题进行深度研究。完成竞赛任务，不仅要有自主学习能力和创造力，还需要专心、坚持。通过竞赛，尖子生的个人潜力将得到发挥，小组合作的学习形式也将得到支持。由德国各州文化教育部长联席会议和联邦教育与科研部支持和资助的中小学生竞赛涉及范围十分广泛，不局限于认知领域，还有艺术、体育等领域的比赛。除了全国性竞赛，很多州也会举办竞赛，并根据竞赛成绩为努力且负责的学生和教师颁发奖金。

中小学生研究院或假期研讨课通过开设课程和举办学术报告会，鼓励尖子生对他们感兴趣的领域进行深度学习和研究，并促进他们对相关课题的了解。以小组合作的形式完成作业有助于促进他们个性的发展。国家级的德国中学生研究院也采用了相似的措施。

中小学生实验室旨在以一种特殊的方式对学校措施进行补充。一方面，它为个别班级或者学习小组进行专业的课题项目研究提供了场所。通过主动参与实验，尖子生在该领域的知识储备得到加强，兴趣爱好也得到进一步拓展。另一方面，实验室为尖子生提供机会，让他们在专业教师的指导下对某一课题进行更深入的研究。除此之外，中小学生实验室的课程还对教师提出了更高的要求，他们需要让学生了解特定专业领域的最新发现和研究成果，并做出最适合他们的课程设计方案。

作为学校常规教育的补充措施之一，学生交换项目有利于促进尖子生的个性发展。在国外交流期间，他们不仅可以提升外语水平，还能体验另一种生活方式和文化，提高跨文化交流的能力。在合作对象国的课堂上，尖子生特殊的天赋和才能将得到充分展示。

相比之下，校外的补充措施需要耗费学生们大量额外的时间和精力。但他们的校外成绩将通过相关的证书得到认可，并且可以作为校内评价的参考。

（六）提高教师教育质量

实行中小学尖子生培养资助方案的一个重要前提是从各方面提高任课教师的能力。因此，教师教育必须以各个教育阶段不同学生群体的特殊需求为导向。

专门安排给尖子生的教师除了必须具备较强的专业能力，特别是学习诊断能力和教学能力之外，还需要对不同方式的资助方案有深入的了解。《教师教育标准：教育科学》[1] 以及《各州通用的对教师教育的学科专业和

---

[1] 该标准 2004 年通过，2014 年修订。

学科教学法的内容要求》① 对如何达到这些要求有所指示。

这些标准既适用于大学阶段的教师教育专业的学习，也适用于预备期间的实践训练。德国联邦教育与科研部通过和大学的密切交流，确保教师教育标准在大学各专业的学业规章中有所体现，并通过大学课程加以落实。

考虑到中小学生学业水平之间的差距越来越大，一些大学还为教师补充了专门的课程。在实习期间，为教师提供大量的学习机会，他们可以观摩课堂，并分析专门针对尖子生的课程设计。师范生积极参与中小学生的假期研讨课、竞赛或者实验室工作，这是对大学课程最有价值的补充。在入职准备阶段，教师将通过讲课将理论知识付诸实践。如何了解学生的学习基础、进步情况、学习潜力或者学习障碍，如何设计教学顺序、布置作业等，需要新手教师通过与有经验的教师进行交流，找出合适的方法。除了具有牢固的专业知识基础，掌握丰富多样的课程设计、作业布置形式，教师还需要对已有的教育和咨询服务有深入的了解。研究表明，不同类型学校的教师都可以通过培训增强学习诊断能力，通过不同形式的课程设计和作业布置，将学习诊断和课堂实践联系起来，取得更好的教学效果。

（七）加强教育合作

中小学尖子生培养资助方案要取得更好的成效，需要加强各方面的教育合作，尤其是加强家长、经验丰富的教师、心理学家、指导教师、经济和科学领域专家等之间的互相配合。

家庭教育在儿童的个性发展中起最核心的作用。儿童需要在父母的鼓励下，获得展示自己的机会，这样才能让特长得到充分发挥。然而，不少家长往往忽视了这一点，从而埋没了儿童的特长。当家长不能发掘儿童潜能的时候，教师需要担起此项责任。教师和家长之间互相信任、有针对性的合作是中小学尖子生培养资助方案的核心元素。这就需要双方分享关于孩子成长、

---

① 该文件 2008 年通过，2015 年修订。

培养重点、资助方案等方面的信息，以便为孩子创造最佳的学习条件。

仅通过一所学校不能实现资助方案的最优化，这就需要加强学校间的合作。在同一区域内建立学校网络能实现资源最大化，对于郊区的学校尤其如此。此外，当地的教育管理部门也会为学校间合作举办的中小学生活动提供资助。

中小学还会获得与校外教育和科研机构、高校以及企业合作的机会。各校外教育组织将根据区域为学校提供资助，因此，位于繁华市区和郊区的中小学获得的资助具有明显差别。除了科研机构和企业，协会、社团、志愿者、基金会也是重要的合作伙伴。合作将基于学校与不同组织签订的协议，这些协议将明确规定资助重点、资助范围和资助目标，旨在最大限度地利用合作伙伴的优势。校外的资助措施与校内的措施是有机结合的，因此，儿童和青少年在校外取得的成绩也将被认可并记入档案。在校内外合作框架内，针对尖子生的资助方案还需将有计划的就业和大学入学作为目标之一，对此，学校应引进个人指导和赞助项目。

德国各州文化教育部长联席会议表示，联邦政府和各州通过这一计划加强了对富有潜力的中小学生的培养，让更多的学生进入了尖子生的行列。此外，各州还通过很多不同的措施促进学生成绩的提高，包括为成绩较差的学生提供支持，借助科学标准提高各州教育的可比性，等等。德国联邦政府未来将向中小学领域投入更多的资金，尤其是要发挥联邦政府在促进中小学教育公平方面的主导作用，如实行全纳教育与融合教育，促进残疾学生与非残疾学生、移民/难民学生与本国籍学生共校学习，等等。（修春民，2014）

第四节　国家融合行动计划：加强移民背景学生的教育融合

近年来，德国的外来移民不断增加。然而，移民家庭儿童的学业失败率居高不下，成为德国社会的最大问题之一。2003 年 PISA 测试结果显示，德国第一代、第二代移民学生的数学成绩分别为 454 分、432 分，与非移民背景学生的成绩相比，分别低 71 分、93 分。（秦琳，2015）因此，促进移民背景学生的教育参与，扩大他们的受教育机会，提高他们的学业水平，成为 21 世纪以来德国基础教育改革的一项核心议题。

2007 年，德国联邦政府和各州共同启动了"国家融合计划"，以促进移民的教育、社会、经济和文化融合，并于 2011 年将该计划扩展为"国家融合行动计划"。新的计划包括早期教育、教育-培训-继续教育、语言融合、劳动力市场和就业等在内的 11 个领域的多项措施，很多措施都涉及基础教育领域，并将移民背景的儿童和青少年作为重点支持对象。

作为落实"国家融合行动计划"的核心论坛之一，德国联邦教育与科研部负责的"教育、培训和继续教育"论坛提出了四项战略目标：（1）优化教育机会公平的框架条件；（2）构建教育系统、培训系统和继续教育系统之间的有效过渡渠道并增加教育系统的透明度；（3）强化个体促进，正确认识并发展移民儿童、青年和成人的潜能；（4）保障和提升质量，在教育领域开展细分研究，继续发布德国教育报告。"国家融合行动计划"是德国关于移民融入的纲领性计划，其制定和实施显示了德国政府和社会对移民问题的态度从消极回避到积极应对的转变，在为移民教育的实施奠定政治基础的同时，也确定了移民教育的战略目标。

一、模式特征

PISA 测试结果显示，除了教育体制问题，德国学生在 PISA 测试中表现不突出还因为家庭社会经济地位较低的儿童成绩低下，尤其是移民家庭的儿童。因此，加强移民儿童教育成为德国政府的迫切任务。

（一）"国家融合行动计划"的实施离不开政府的支持

"国家融合行动计划"针对德国移民家庭子女教育的相关措施，从入学语言测试到双语教育、宗教教育，都离不开德国联邦政府的法律保障。德国基本法规定："任何人不得因为性别、出身、种族、语言、出生地、信仰、宗教或政治观点而受到歧视或优先对待。"各州学校法也保障学生的受教育权不会因为性别、出身、经济条件等外在因素受到限制。为了保障教育的公平，让每一个孩子都不会因为经济状况或社会地位而失去接受教育的机会，早在1971年，德国就颁布了《联邦教育促进法》，向家境贫困的学生发放无息贷款，移民家庭儿童也包括在内。1990年，政府又将可申请无息贷款的学生范围扩大，且将无息贷款改为半补助半贷款的形式，为学生减轻经济负担。

在移民家庭儿童入学的问题上，德国政府采取一体化原则，不允许任何学校因为孩子的语言能力而拒绝其入学或要求其退学。为此，各州分别采取了不同的措施帮助儿童做好语言准备，例如下萨克森州就在学生入学的前一年进行德语测试，为那些德语水平较低的儿童安排德语课程，这种课程会按照学生不同的情况持续三到四个学年。另外，在师资培育上，德国已经在大学里专门设置跨文化方面的培训课程，所有教师在职培训都会涉及"德语作为第二语言"的研究课题，确保教师能获得相应的知识和应对异质性语言、文化的能力。

（二）教育公平理念的体现：尊重学生异质性和差异性

教育公平的主要内容是教育机会均等，重视弱势群体接受教育的机会，追求全社会的教育权利平等。德国总理默克尔在《国家融合计划》的前言中表示："通过我们社会内部的包容和开放性思维，我们的社会将变得更富有、更人性化。""国家融合行动计划"要求在全社会营造尊重差异、理解差异、包容差异的氛围，为和谐的多元化社会创造条件。

具体到"国家融合行动计划"的教育实践，就是让学生从小学习和掌握移民社会所需的跨文化能力。首先，做到照顾移民学生原先的文化背景、生活状况，为个体提供有选择的、不同的教育内容，使得移民学生能自信、有尊严地参与德国社会的学习与竞争。德国政府为不同年龄阶段的青少年移民制定了不同的语言政策，为处在基础教育阶段的适龄青少年设立了"语言班"及后续的辅导班课程，为已成年的移民及政治避难青少年提供了"职业预备年"培训，使其能获得相应年龄阶段的教育。其次，树立宽容、接纳弱势群体的社会价值观，培养学生消除偏见的行动能力，发挥其主体性和自主性，身体力行地帮助消除教育差异、维护社会公平公正；使学生在学习和生活中，用不同文化带来的视角去观察世界，走出狭隘的文化封闭观。

二、策略实施

对于移民来说，在异国生活首先遇到的问题是语言障碍，其次是不同民族之间的文化冲突和融合。因此，要提高具有移民背景的学生的成绩，首先要提高他们的德语水平，其次要设立相关课程，帮助他们快速融入德国教育体系。

（一）提高移民学生的德语水平

德国总理默克尔在《国家融合计划》的前言中明确指出："共同融合是不可避免的，这必须包括承认由宪法所保卫的德国立法制度和各种价值观。那些想在我国成为永久居民的人必须掌握足够的德语。"由此可见，移入国语言知识对移民融入不可或缺，语言习得构成了移民融入的核心内容，甚至是最重要的方面。德语知识的习得和语言表达能力的提升是移民融入德国主流社会的标尺和先决条件。提升德语水平不仅对促进移民融入德国社会具有重要意义，也是移民青少年获得学业成功的前提。为此，德国实施了一系列针对移民的德语培训计划。

在"国家融合行动计划"的框架下，"融入课程"在德国范围内得到广泛开展。"融入课程"为每个参加者提供 645 课时（每课时 45 分钟）的培训课程，其中语言培训课程有 600 课时，分为基础语言课程和高级语言课程两部分，每部分各占 300 课时。根据"国家融合行动计划"，德国学校在语言教育上普遍实施三种策略。

（1）实行移民国母语教学。此策略的优势在于能帮助移民学生更快地融入环境，也为需要返乡归国的学生做准备。不足之处在于只照顾到了一部分学生的需求，未能给想要定居的移民学生提供相应的语言训练。

（2）加强德语教学。不论移民学生背景如何，有没有接受过第二语言的训练，都以德语进行教学。采用这一策略，是考虑到移民学生在学习初期，掌握第二语言的能力较强，但学习高峰期一旦过去，由于语言环境的单一性和缺乏教师的后续指导，移民学生语言理解能力逐渐停滞不前，难以支持高年级的课程内容学习，在后续各项竞争中常处于劣势地位。

（3）实行过渡性双语教学策略。相较于单语教学策略，过渡性双语教学是教学效果最好、最长效的策略。这种策略要求在一开始先以移民母语为主，再慢慢向第二语言过渡。这种过渡式的教学方式显然比突兀转型更胜一筹，学生第二语言和专业课程的学习会更加顺利。长期坚持双语教学，可以使移民学生语言和专业课的学习能力不断进步，其各方面的水平可以很快赶上本国学生。

德国联邦教育与科研部和各州推出了包括语言诊断与促进研究行动等在内的一系列旨在提升学生语言水平的计划。语言诊断与促进研究行动旨在开展移民和非移民青少年德语习得、诊断和促进方面的研究，其研究成果用于指导教育者在教育过程中实施语言能力诊断和促进。联邦政府和各州还计划实施一些语言教育方面的新的研究计划，致力于研究如何有效地实施语言水平评估以及以此为基础的语言促进，并给出优化现有手段的建议。

联邦政府还和各州紧密合作，积极推进针对成年移民的语言促进计划，通过提升其读写能力，改善其受教育和融入劳动力市场的状况。除此之外，联邦教育与科研部还实施了"工作岗位导向的扫盲和基本教育"计划，并通过国民高校协会筹建了一个德语学习网站，为移民青少年和成人提供根据自身的语言水平进行语言学习和提高的平台，帮助其更好地就业和融入职场。

（二）学校设立专门针对移民学生的融入课程

德国 2005 年生效的《移民法》提出实施专门针对移民的"融入课程"，要求参加者熟悉德国的语言、历史、人文和法律制度，使移民在经济、文化、社会等各方面全面融入德国。依据该法律，2007 年联邦政府通过的《国家融合计划》对移民融入课程进行评估与完善，要求德语课应该以德国法律、历史和文化为核心。2010 年，联邦政府又出台《联邦境内融入方案》，对《国家融合计划》中的移民融入教育目标进行了细化、深化、拓展。方案将移民融入教育的目标定位于"让所有具有移民背景的人平等地参与经济、社会、文化和政治生活"，并强调只有"所有社会成员有共同的意愿、准备承认基本法的价值观并承担起社会责任"，才能实现融入。

"国家融合行动计划"在课程和教学方面也采取了一些有利于促进移民学生学习的措施。例如，为了让移民学生保持对母文化的认同，保持并发展他们的双语能力，有些州的学校还会向移民学生提供母语类补充课程，让学生用自己的母语学习出生国的国情概况，时间有时多达每周 5 个小时。

此外，为了更好地应对日益增加的异质化学生群体对教学过程提出的要求和挑战，学校向学生提供个性化教育。德国学校在教学方法上做出了调整，例如对学生进行分班教学，鼓励自我调控式学习，实施以学生为导向的课程，等等。

与此同时，德国政府要求教师提高其教育诊断和评价能力，掌握跨文化交流能力。这些能力均被列入德国 21 世纪初出台的《教师教育标准：教育科学》和《各州通用的对教师教育的学科专业和学科教学法的内容要求》，成为未来教师必须掌握的基本能力，也是高校师范类课程必须培养的基本能力。（杨琴 等，2017）

（三）注重学校教育与校外合作相结合

根据"国家融合行动计划"确定的实现学校教育系统和培训系统有效连接的战略，德国初步实现了学校教育系统、培训系统和继续教育系统的无缝连接，移民教育贯穿了教育和培训的全过程。

在基础教育阶段，联邦教育与科研部及一些社会组织积极实施基础教育专业人员继续教育行动，并通过"教育与指导项目"为基础教育专业人员提供教育、培训和辅导，有针对性地实施"小发明家之家""阅读起航计划"和"文化加强计划"，培养儿童和青少年对科学技术和阅读的兴趣和能力。特别是在"阅读起航计划"中，以移民家庭为主体的低教育程度家庭成为该计划的主要对象。"文化加强计划"旨在通过丰富30万名儿童和青少年的课余生活，提高其自我认知能力，拓宽其文化视野，并培养其自主决定人生道路的能力。3—18岁需要接受教育的儿童和青少年都受惠于这项计划。自2013年初开始，该计划在联邦范围内共提供了11500个相关项目，惠及36万名儿童和青少年。（BMBF，2015）各地教育机构为移民儿童和青少年传授语言和跨文化技能，以帮助他们尽快融入德国社会。除此之外，联邦教育与科研部也通过这项计划，为26岁以下的成年移民每年投入500万欧元。（BMBF，2015）

从普通学校教育向职业培训的过渡对许多移民青年来说是一个难以逾越的鸿沟，其中不少人既不能取得普通学校毕业证书，也无法获得正规培训的机会。为改变这一状况，联邦政府和各州在"德国技能促进行动"的框架下积极采取行动，努力降低移民学生的肄业率和过高的辍学率。为此，联邦教育与科研部、劳动和社会事务部等同各州一起开展了"教育链"计划，其核心是三项相互协调的促进措施，即潜能分析、职业倾向评估和职业入门陪伴。这三项措施可以帮助学生正确认识和评估自己的潜能，确定未来职业教育的方向，培育自信心和希望。"教育链"计划较好地实现了各教育阶段之间的衔接，大大减少了移民学生辍学现象，较好地避免了学生

在过渡系统中的等待拖延，为专业技术人力资源的再生提供了保障。（杨琴等，2017）

总而言之，德国是世界上在教育领域改革动作较多的发达国家之一，许多改革政策直指教育均衡。为了确立在国际教育体系中的竞争力，德国政府逐渐形成了以缩小差距、补偿弱势群体及关注全体学生为主，注重过程与结果的深度均衡发展模式。

综上所述，德国的学校改进运动经历了三个主要阶段，即第二次世界大战后的民主主义教育政策的产生、20世纪90年代的基础教育政策欧盟化以及21世纪以质量为本的学校改进。尤其是进入21世纪以来，德国各州都将学校改进视为推动基础教育均衡发展的关键环节，不仅注重学校改进理论的发展，同时开展了以"未来的教育和照管"（建立全日制学校）、"中小学尖子生培养资助计划"（资助成绩优异和富有潜力的中小学生）、"国家融合行动计划"（促进移民教育融合）为代表的多种学校改进实践。这一系列项目确保了德国学校改进的持续进行，也探索出了诸多有价值的经验。第一，德国学校改进项目的实施离不开联邦政府和各州的资助与协调。本章列举的三个项目的实施都离不开联邦政府和各州的大力资助。此外，在保持各州教育行政独立的同时，加强各州之间、各州与联邦政府之间的联系与协调一直是德国教育行政管理政策的一个取向。（李爱萍 等，2004）第二，德国学校改进的根本目的是解决教育公平问题。尽管德国不同的学校改进项目有不同的主旨与特点，但共同的目的是促进教育公平。"未来的教育和照管"通过建立全日制学校，重点关注学习成绩落后且家长由于工作繁忙而不能亲自照管的学生；"中小学尖子生培养资助计划"旨在为成绩优异和富有潜力的中小学生提供资助；"国家融合行动计划"关注的是有移民背景的中小学生，保证他们在教育起点得到公平的对待。这些项目都有针对性地保证了基础教育阶段，尤其是教育过程中的公平。

　　然而，德国的学校改进也面临不少的问题和挑战。第一，各州教育发展不均衡。德国是联邦制国家，各州独立管理教育事务，从教育政策的制定到具体实施，都由州政府及其下属的教育部门管辖。由于各州在经济发展水平上存在较大差异，对于教育事业的投入力度不等，部分州基础教育财政捉襟见肘，教育质量和师资力量得不到保障。即使是同一个州的不同地区，也存在着教育资源分配不公平的现象。第二，与世界上很多国家相比，德国教育的信息化程度不高。根据德国联邦教育与科研部 2016 年发布的"关于未来教育观察"的调查结果，德国学生的信息技术知识匮乏，近一半的教师不会使用电子设备进行教学。大部分受访者认为德国必须加强信息技术的应用，以应对 21 世纪的教育挑战。第三，德国是欧洲移民人数最多的国家，再加上近年来大量难民涌入，以及残障学生全纳教育模式的引入，德国学生群体的异质化现象严重。在这种情况下，如何让学生不受语言、文化、性别、健康状况的影响，能够接受适合自身发展的教育，让有移民、难民背景的学生以及残疾学生更好地融入基础教育体制，是德国教育面临的较大的挑战。

　　根据以上问题，未来德国学校改进具有以下趋势：首先，在现行教育体制的框架下，德国联邦政府加大统筹力度，形成新型的教育财政投资制度，使各州有更多的经费投入教育事业，以减轻德国各州以及城镇的财政负担。其次，在教育信息化方面，加强联邦政府和各州的合作，加大资金投入，为中小学优化信息技术设施，包括宽带连接、电脑设备的采购等。最后，德国学校改进的最终目的是提高基础教育质量。自 21 世纪初以来，德国参与的一系列大型国际学生评估结果都表明，德国学生的学业成就与 OECD 其他国家的学生相比仍存在一定的差距，尤其是家庭背景一般的学生、移民与难民学生等的学业成绩亟待提升。未来德国的学校改进将重点关注学困生和优等生，在全国范围内普及全纳教育，使每个学生都能接受适合自身发展的教育。

第五章
荷兰学校改进模式与策略

与我们熟悉的一些西方国家相比，荷兰被国人关注的程度要低不少。这个有大片国土位于海平面以下的国家虽不至于蒙着一层神秘面纱，但较少被我们聚焦，教育方面更是如此。本章便将视线投向荷兰，结合其社会状况和教育体系，尝试呈现它在学校改进领域具有特色的理念与实践。

回顾历史，在 19 世纪初，荷兰教育还完全由国家控制，带有世俗化的特征。而到 20 世纪初，荷兰教育显示出强烈的私有化特征。当时，人们对学校经费的资助形式争议较大，很多组织都尝试对教育政策施加影响，直到 1917 年宪法修订。它标志着 40 年争论的结束，使得私立教育机构获得与公立教育机构同等的财政资助，促进了荷兰私立教育的发展，塑造了之后的荷兰教育体系，影响深远。（Karsten，1999）

今日的荷兰教育立法明确，既推崇教育自由，又注重教育监管，强调教育质量。一方面，从宪法层面保障教育自由，包括学校创办自由、教学组织自由和信仰自由。社会团体可以建立自己的学校，各学校长期自由选择其所遵从的宗教准则、意识形态准则与教学原则，基于这些准则来组织教学，不受政府干预。这样就产生了种类繁多的公立及私立学校，它们受到同等力度的财政支持。另一方面，各级各类教育机构教授的内容、应该达到的目标和水平，也有明确的立法规定，政府负责监督教育的整体状况。（魏春洋 等，2007；姜美玲，2002）荷兰实行中央集权与学校分权相结合的教育行政体制，地方的教育管理职能相对薄弱（王黎，2013）。

荷兰的学校教育系统如表5-1所示。儿童4岁进入小学一年级，三年级开始正式的学习活动（Houtveen et al.，2004）。12岁时，学生经过分流，进入中等教育的四条轨道：大学预科教育、普通高级教育、中等职业教育和实践培训，分别持续6年、5年、4年、6年。初等教育和中等教育属于义务教育（潘晶 等，2016）。接受实践培训的学生毕业后通常直接就业，其他几类学生在完成中等教育并取得相应证书后，决定是否继续接受三类高等教育：职业性继续教育、高等专业教育和学术性大学教育。

表5-1 荷兰的学校教育系统

教育阶段	学龄范围	学校类型	学习年限
初等教育	4—12岁	小学	8年
中等教育	12—18岁	大学预科教育	6年
		普通高级教育	5年
		中等职业教育	4年
		实践培训	6年
高等教育	16岁起	职业性继续教育	—
	17岁起	高等专业教育	
	18岁起	学术性大学教育	

荷兰中小学在学校规模与组织结构上存在差异。小学一般规模较小，只有一位校长统率学校事务；中学可能存在不同部门，各有管理团队，提供不同轨道的中等教育。中小学面临的督导监测手段也有差异，尤其表现在早期预警分析使用的学生测试类型、学校产出评估等方面。（Ehren et al.，2015a）

基于荷兰的教育结构体系，我们梳理了荷兰学校改进的发展历程并描述分析了三个具体项目，呈现其在学校改进方面的理念与实践。

第一节　荷兰学校改进的发展历程

在 20 世纪 60 年代末至 70 年代，国际研究揭示了广泛存在的机会不均等现象，这引起荷兰民众对荷兰学生机会均等问题的关注。当时荷兰的主流观念是要建构一个权力、知识、收入平等分配的社会，由此产生了一系列向弱势群体倾斜的大型政府项目，教育是项目涉及的一个主要领域。但从 20 世纪 80 年代开始，"二战"后对福利社会的共识逐渐被保守主义和新自由主义瓦解，时兴的观念认为政府是问题之源而非解决问题的主体，主张通过私有化和其他市场机制将国家干预降至最低。这在教育领域也留下痕迹：分权制产生影响，强调瓦解中央集权的教育体制、权责下放、赋予机构高度的自主权、实行多样化的校本管理。荷兰政府希望减少规制（Karsten，1999），在给予学校更多自主权的同时，也赋予学校更多的责任，希望校长和教师在激励下更具效能，努力建构促进学校自我管理的制度体系，确保教育质量的公平。家长要求更多的自由和控制权，人们关注的重点转移到学生学业表现方面，并从聚焦学生的学业成就提升转向期望学校整体能有更好的表现（Karsten，1999），关切学校办学状况。在这一时期，荷兰的学校改进研究与实践出现，之后经历了初步兴起、稳健发展和成熟稳定三个阶段。

一、初步兴起阶段

在 20 世纪 70—80 年代，英国和美国已经涌现出数量众多的学校效能研究与学校改进计划，而直到 20 世纪 80 年代早期，荷兰学校效能与改进研究才开始出现，之后紧随英美，很快达到这一领域的国际水平。

　　在初步兴起阶段，荷兰学校改进呈现以下特征。

　　第一，研究驱动，重视效能研究及研究方法，始终关注课堂层面因素。与一些国家不同，荷兰学校改进的起点是对教育效能的研究，注重将研究成果用于教育改革。荷兰的学校效能研究根植于对教师效能、教师行为等课堂层面的研究（Townsend，2007）[223-229]。在某些时期，其他国家可能更加关注学校层面因素对学生学习的影响以及学校层面的改进，但荷兰始终保持对课堂层面的关注（Townsend，2007）[479]。1985—1990 年，教育效能是荷兰教育研究的重要议题。教育效能研究还结合了早期的一些研究分支，比如教与学的理论、学校组织等。

　　第二，研究群体庞大，但研究与政策、实践相互分离，尚未建立起成熟稳定的学校改进路径。荷兰被认为存在最为广泛的实证与量化研究基础，拥有庞大的学校效能与改进研究群体。不过，学校效能研究很少深植于学校改进项目，研究结论也没有充分渗透到学校改进计划当中（Reynolds et al.，1996a）[97]，两者是割裂、分离的。学校效能与改进研究同政策、实践也是联系寥寥。学校效能与改进研究成果，仅仅体现在中央政府开展督导所使用的评估框架当中，并未产生更多影响（Townsend，2007）[427-474]。与其他国家类似，在起步阶段，荷兰还未建立起成体系、有规划、相连贯的学校改进机制，一般依赖于"自下而上"的路径，将学校或教师个体视为学校变革的主体，强调学校要开展自我评估、自主推动的组织改进，但这些行动无论在理念上还是在实践上都很少与学生的学习结果产生密切联系，更多地是以质性方法关注过程性因素（Potter et al.，2002）（Hopkins，2005）[243]。即使学校改进项目涉及学校效能，也难以从学校效能角度解读结果，因为缺乏系统的计划、实施和评估（Houtveen et al.，2004）。

　　第三，积极参与国际交流，产生了一定的影响。荷兰的学校效能研究受到美国范式的影响，之后它又被复制、扩展到其他国家（Townsend，2007）[223-242]。1988 年，14 个国家的政策制定者、实践者、专家学者在伦敦集聚，建立了"国际学校效能学会"。荷兰学者向大会提交了报告，分析了本国学校改进活动的开展情况。这一成果影响了之后国际学校效能与改进研究，表现为强调班级层面因素与学校层面因素对优化教育产出的意义。（Yiasemis，2008）1989 年，在国际学校效能学会第二届会议上，近 20 位荷兰专家学者汇报了荷兰学校效能与改进研究的进展，体现了对这一领域的浓厚兴趣。（Townsend，2007）[225-226]

二、稳健发展阶段

虽然起步不及英、美早，但是荷兰学校改进在初步兴起后发展迅速，在 20 世纪 90 年代持续推进、稳健发展。

20 世纪 90 年代初期，荷兰民众仍旧聚焦"柱状化"① 这一社会结构问题，而对当时国际上两个重要的教育议题兴趣寥寥：一个是加强教育中的市场化机制，因为荷兰家长历来享有充分的择校自由；另一个是教育是否应该更加关注传统标准及传统价值。直到 20 世纪 90 年代中期，新自由主义都对荷兰具有较大影响，"小政府、大市场"的哲学形塑了当时的荷兰社会。但是教育领域的分权政策在执行过程中也引发了许多讨论，在中央政府和学校之间存在着很多行政机构和教育机构。面对复杂的行政环境，学校有时不能也不敢完全自主地进行决策，虽然中央政府的领导权有所弱化，但人们质疑学校的自主权是否真正得到增强。这一时期还非常强调激发利益相关者的更多参与，由他们对学校产出提出要求，促使学校致力于质量改进，从而提供更好的教育产品与服务。这引起了人们对学校质量改进的关注。（Karsten，1999）

此外，1990 年"国际学校效能学会"更名为"国际学校效能与改进学会"。将"学校改进"加入学会的名称，体现出这一时期认识的发展，学

---

① 当时荷兰的社会结构具有"柱状化"的特点。不同宗教和意识形态纵向分割出不同的社会生活部分，每个宗教或准宗教团体都构建了自己的小社会，各有一套政党、媒体、商贸组织、学校等机构，甚至可以覆盖个体的整个生命周期。这种体系在 1870 年到 1960 年主导了整个荷兰社会。

者们意识到学校效能与学校改进之间的密切关系（Townsend，2007）[xiii]，提倡要使学校效能与学校改进方面的研究实体和实践群体走向融合，共同致力于形成一个综合领域。

这一时期的荷兰学校改进体现出以下特点。

第一，继续重视研究尤其是量化研究，使理论得到发展，方法有所改进。不同的理论发展起来，并通过研究进行检验。在理论导向的影响之下，关于学生背景、教学、学校组织等内容的研究，或是对模型整体的检验研究发展起来。方法层面也有进展，例如运用多层模型和结构方程模型，使得学校效能和改进研究更为科学。理论、模型、框架的发展促进了教育效能的提高与办学质量的改善。（Townsend，2007）[223-242]

第二，出现更多运用具体策略来实现学校改进的项目，强化了对学生学习产出的关注。在20世纪90年代早期，教育政策与实践对学校改进极为关切，并与本国教育改革的大潮相融，产生了相应的学校改进项目。这些项目采用具体策略，比如开展学校绩效的评估和反馈，来推动学校改进。研究者也从改进策略是否对学生学习具有积极影响的角度来衡量改进效果（Potter et al.，2002）。

第三，进一步认识到学校效能研究与学校改进研究相结合的必要性，开始有意识地将研究结果用于实践改进。已有改进项目显示，学校效能研究与学校改进研究的结合会产生更好的结果，也会加强对教育实践及政策制定的影响。在这一时期，除了从之前的成功项目中汲取经验，很多小型的学校改进项目还利用教育效能研究的发现，改进实践。例如，豪特芬（A. A. M. Houtveen）将学校效能知识与适应性教学结合，实施"数学改进项目"（Houtveen et al.，2004），它被认为是一个成功有效的学校改进项目。在当时，学校效能研究对政策和实践的影响整体上仍然较小，甚至学校效能研究还遭到批判。学校效能与学校改进领域的密切结合，仍然是一个重要问题。

三、成熟稳定阶段

从 20 世纪 90 年代中期开始，在前两个发展阶段的基础上，荷兰学校改进步入新的发展阶段。除一如既往地保持对研究的浓厚兴趣、重视量化研究、更新统计技术之外（Townsend，2007）[225]，荷兰的学校改进还表现出以下特征。

第一，基于更加丰富、坚实的知识基础。在这一时期，荷兰学者在教师效能与教学效能的研究领域做出了巨大贡献，对美国建立的研究传统进行了有力补充，同时对学校改进领域的研究有所推进，发现和积累了更多关于改进单个学校和改进整个教育体系的过程性知识。因此，荷兰学校改进具有更加牢固的知识基础，改进项目往往结合教学法、具体学科教学等知识，设计更为科学。受美国的影响，荷兰的教育研究者、培训者也会和学校开展合作，基于坚实的研究基础，将"有效学校"或"有效教学"的研究发现转化为培训项目，然后提供给学校，支持其实践与发展（Hopkins，2005）[242]。

第二，循证（evidence-based），即遵循实证的特征愈发突出。荷兰的学者对研究尤其是量化研究有着持久的浓厚兴趣，学校改进项目多基于实证数据开展。学校领导与教师运用数据来改进教学，关注学校现有的效果欠佳的项目，通过提升学生学业表现来改善学校的运行状况。荷兰的督导标准与基于风险的督导方法塑造了关于学校改进的讨论，引起社会对学生数学、阅读、写作等方面学业成就的关注，督导框架常常被用于评价成功案例和宣传优秀实践成果。（Ehren et al.，2015b）此外，为确保学校教学质量，荷兰国家教育测量研究院（Central Institute for Test Development）针对初等教育阶段开发出一套监测与评估系统，它包括一系列全国范围内的标准化考试。这些考试采用项目反应理论或计算机自适应测验，对学生成绩进行纵向评估（莫兰德斯，2011）。荷兰中小学广泛使用了学生监测体系，以诊断学生的发展情况，并获得有利于教学改进的可靠信息，将近一半的荷兰小学会运用这些信息改进学校政策和教学。荷兰政府通过学生监测体系和初等教育阶段义务性的学生测评，强化学校问责，强调激励不同水平的学校，使它们都能有所改进。（OECD，2014）

第三，倾向于采用混合的方法，通过量化数据和质性研究成果，更加全面有效地评估教育质量，描述教育影响，解释其中存在的差异或不足。此前，学校效能研究的范式通常更偏量化，而学校改进采用的路径更具质性色彩。新时期则更强调围绕问题本身，采用适合解决问题的方法，而不纠结于究竟采用质性还是量化方法（Hopkins，2005）[244]，重视审视学校与班级的运行过程及产出情况，尤其关注不同学生群体的教育体验。

第四，项目设计更为系统。在新的时期，荷兰的学校改进项目往往系统地开展计划、实施和评估，各环节紧密相连，要素间协调一致。从学生产出角度清楚地定义项目目标，基于强化产出的策略明确严谨地实施干预。项目可能是纵向追踪式的，即通过实验或准实验方法评估项目效果，使用控制组或者将项目结果与全国常模相比较。（Houtveen et al.，2004）荷兰的"数学改进项目"就是一个例子。在实施过程中，它强调从组织角度确保学校中的所有成员严谨认真地实施项目内容，例如会加强对外部指导者、学校领导和教师的培训与评估。

第五，重视学校内部的"能力建设"，使外部推动与内部力量相互结合。学校改进项目存在的问题之一，在于项目结束之后其良好效果难以保持。如欧盟的"高效能学校改进"项目便是如此，项目开展时被认为具有积极作用，但当外部机构不再参与学校事务后，这种积极影响并没有持续。因此，在新的时期，荷兰更加强调学校内部的能力建设。（Stoll et al.，2002）这不仅表现为重视教师发展，还包括制定中期战略规划、运用压力与支持并存的改进策略、灵活机智地借助外部变革机构的力量等等（Potter et al.，2002）。在项目开展的过程中，提倡研究者与改进者保持充分的互动交流。

第六，基于学校具体情境，重视学校文化的转变（Reynolds et al.，1996b）。在前两个阶段，荷兰开展了很多大型跨国研究项目。比如由荷兰主导的数个欧盟国家参与的"高效能学校改进"项目，希望通过国家间的比较，获得更具推广意义的有效学校或学校改进综合模式。这一时期出现了另一种声音，即提倡知识运用的地方化，强调要基于学校的具体情境进行学校改进。这是一种范式上的改变（Hopkins，2005）[48]，即认为学校改进应该与情境、效能水平、文化、改进能力、领导与教师的特征相适应。另外，学校改进项目相当关注学校改进中嵌入的学校文化及其发挥的支持作用，在构建组织愿景和调整组织结构之间寻求恰当的平衡。（Potter et al.，2002；Reynolds et al.，1996a）

此外，尤其值得关注的是荷兰历史悠久、特色鲜明的教育督导，作为质量保障的有效途径，它从制度层面推动着荷兰中小学的改进，它的理念、模式尤其是督导框架对学校改进产生了重要影响。

2003 年，荷兰的《教育督导法案》（Educational Supervision Act）细化了督导框架，即学校评估标准。根据法案，一方面，督导应该确保学校符合法律要求，以保证学校获得财政资助的合法性；另一方面，督导需要激发学校达到令人满意的质量水平，并实现学生学业成就增值（Ehren et al.，2011）。

出于对督导效能的倡导，荷兰政府于 2007 年同意使用风险分析法，教育督导部门不再需要为所有学校提供常规督导（Ehren et al.，2011），而是将未达标的学校作为重点，每年通过早期预警分析，识别潜在的教育质量不佳的学校。在早期预警分析中，以学生在全国标准化测试中的学业表现作为主要指标，将学校分为三类：第一类为绿色，学校没有表现不佳的风险；第二类为橙色，学校存在表现不佳的潜在风险；第三类为红色，学校存在表现不佳的高度风险。督导将视察存在高度风险的学校，采取较为严格的督导与评价方式，对其他学校则降低督导频率与深度（王黎，2013），每四年至少视察一次（Ehren et al.，2015b）。另外，也会实施主题性的学校督导，如实施具体学科教学、信息通信技术在学校中的运用的督导（Ehren et al.，2013；Ehren et al.，2015b；俞可 等，2017）。2009 年荷兰教育督导部门制定并颁布了标准化、可操作的督导框架，分别面向不同学段和类型的学校，为督导评估和学校改进提供依据（王黎，2013）。以最新的中学教育督导为例，其框架结构如表 5-2 所示。

表 5-2 荷兰中学教育督导框架结构①

维度	指标
维度 1：教育过程	1.1 学校提供的教育 学校基于核心目标提供广泛的教育内容及活动机会，使得学生能够继续接受教育、适应社会要求 1.2 对发展和指导的看法 当学生没有从教育中受益时，学校分析是什么阻碍着学生发展，并为学生提供所需要的指导，确保学生持续发展 1.3 教学行为 教师教学帮助学生学习与发展 1.4 额外支持 有需要的学生能够获得额外的支持与指导 1.5 教学时长 给予学生充足的时间来熟悉课程 1.6 合作 学校与各类伙伴，如其他学校、市政当局、家长，密切合作 1.7 实践性培训/实习 实践性培训/实习的准备、实施与监督 1.8 考试及结业 细致地组织考试及结业工作，学校要明确如何组织考试，以及学生违背学校条例时应当采取的措施

① 根据荷兰教育督导局网站公布的 2017 年中学教育督导框架整理而成 。

续表

维度	指标
维度2：学校氛围	2.1　安全 学校领导与教师确保为学生营造安全的环境 2.2　教学氛围 学校要有支持性的教学氛围
维度3：教育产出	3.1　产出 学生的学习产出应该至少达到标准水平 3.2　社交能力 学生的社交能力应该至少达到目标水平 3.3　后续成功 学生离开学校后的去向应该至少达到学校的期待
维度4：质量保证与愿景	4.1　质量保障 学校与校董事会有质量保障体系并据此提升教育质量 4.2　质量文化 学校与校董事会有专业的质量文化，透明、廉正地运营 4.3　问责与对话 学校与校董事会确定的关于目标和结果的内外部问责机制是易使用的、可靠的，并据此积极开展对话讨论
维度5：财务管理	5.1　连续性 学校董事会财力充足，可以履行短期与长期的财务责任 5.2　效率性 学校董事会有效运用教育经费 5.3　合法性 学校董事会根据法律法规获得和使用教育经费

　　由于工作方法发生转变，荷兰在2011年修正了2003年督导法案，主要在功能及预期影响、督导活动、机制三个方面有所调整（见表5-3）。

表 5-3 荷兰 2011 年督导法案修正案与 2003 年督导法案的比较（Ehren et al.， 2011）

维度	2003 年督导法案	2011 年督导法案修正案
功能及预期影响	通过与法律要求保持一致来确保质量 推动学校运行和增值情况（学生学业成就角度）的改善	通过规定最低限度的学生学业产出来确保质量，通过规定基本标准来推动教育改进
督导活动	基于法律要求和质量维度的测评 按比例督导：借助质量保障和自我评估的结果，判断学校质量情况，确定自我评估的可靠程度。如果自我评估可靠，可以降低督导视察的频率与深度 将督导结果和报告在网上发布，公布个体学校的运行状况（基于督导框架）	质量测评包括评估法律要求和质量维度、师资质量、学校治理质量、财务合法情况。将最低限度的学生学业产出作为法律要求的一部分列出 基于风险的学校督导：以学生在标准化测验中的学业表现、学校自我评估报告、财务报告、家长投诉等作为基础，决定学校是否需要督导视察 实地检查：实行四年一次的学校视察，以确认基于风险的学校督导方法与相应的督导活动是否有效 公布督导安排，以及表现不佳、发展不充分的学校名单
机制	承诺降低督导视察的频率与深度，激励学校参与质量保障和自我评估，因为这些有助于促进学校增值 关于学校强弱项的直接反馈会导向改进 按比例督导会使督导工作向薄弱学校有效倾斜 通过公布督导结果，帮助家长在充分了解信息的前提下选择学校、表达意见	与表现不佳学校的董事会交流督导活动、督导结果和干预措施会激励学校改进 通过对潜在的表现不佳学校的早期识别，防止这些学校真正陷入表现不佳的境地 希望基于风险的督导通过识别潜在的表现不佳的学校并相应增加督导活动，提高学校督导的效能 公布薄弱学校名单应该能够激发学校改进

从 2014 年起，荷兰的教育督导开始关注教育质量合格但发展停滞不前的学校，在"很差""差"和"基本合格"之外，增加了"合格""良好"和"优秀"等督导评级等级。督导机构还为每所中小学提供"质量简报"，其中包含关于学校办学水平和改进建议的信息（孟可可，2014）。荷兰的教育督导采用的不是直接而强制的方法，一般会通过鼓励特定的发展间接引起改变，认为对"好的教育"定义清楚的督导更有可能引起改进行动。（Ehren et al.，2015a）

2016 年，荷兰针对有待更新的督导方案发布了临时性的指导文本，这一版本与之前方案的主要差异在于：所有的四年一次的督导视察及其他视察都从学校董事会开始（以前只对职业性继续教育如此）；督导人员选择一些学校进行视察，制订视察计划。在学校层面，存在三种督导类型，即核查型督导、面向存在风险的学校的质量型督导和面向优质学校的志愿型督导；督导过程包含一次反馈会议；明确区分法律要求与机构自己界定的质量因素。基于几年来的发展调试，2017 年 8 月，荷兰教育督导局又一次更新了督导方案。

综上所述，荷兰的学校改进研究与实践在起步之后发展迅速。荷兰研究者积极参与国际交流，紧跟国际前沿水平，在学校改进研究方面做出了自己的贡献。在三个发展阶段，荷兰学校改进重视研究尤其是量化研究、立足学校效能、强调理论和方法、关注课堂层面因素等特征非常突出并且一以贯之。起初，学校效能和学校改进研究与政策、实践之间相互脱离，后来相关研究发现被用于改进实践，促进了荷兰学校改进运动的发展。同时，特色鲜明的荷兰教育督导结合内外部质量保障体系，从制度层面系统地确保荷兰中小学质量达标及改进，督导框架为学校改进提供了重要依据。

第二节　全国学校改进计划：聚焦阅读、
基于效能的学校改进

荷兰的"全国学校改进计划"于 1991—1994 年开展（Houtveen et al.，2004）。项目的背景是，不同学校的效能有着明显差异，学生语言、阅读等基本技能更是如此。项目的主要目标是减少甚至防范教育中的不利情况，尤其是在阅读方面。项目关注两个主要问题：其一，关注教学过程中教师行为的改变。例如，项目是否引起更多的有效教学和直接教学？教师是否运用更多的有效方法教授阅读？是否使得教师工作更具条理？其二，关注教学产出的提升。例如，教师的教学行为是否使学生阅读表现得到改善？

一、模式特征

整体而言，"全国学校改进计划"的典型特征在于，聚焦阅读科目，基于学校效能研究，在重视课堂层面因素的同时兼顾学校层面因素，并且采用科学严谨的评估方式衡量项目效果。其特征具体表现在以下四个方面。

（一）以学校效能研究发现和成功学校改进项目经验作为基础

"全国学校改进计划"立足于学校效能研究，尤其重视研究中所发现的与学生表现相关的因素，关注课堂教学和管理，以及学校管理和组织。（Reynolds et al.，1996a）[132-134] 项目设计结合了关于学校效能的知识与关于阅读科目的知识（Creemers et al.，2005）。同时，项目也运用了其他荷兰学校改进项目包括一些基于学校效能研究的项目所形成的知识基础。这点非常重要，因为过去荷兰的这类项目效果欠佳，可能是因为项目目标太过宏大，而且没有关注班级层面课堂教学与管理的质量。"全国学校改进计划"旨在向已有项目学习，尤其注重确保外部机构给予的支持要指向那些能够促进学生产出的因素，既包括班级层面因素，也包括学校层面因素。

（二）重视班级层面因素，强调直接教学法，改善教师教学行为

相较于学校管理与学校组织，教师与课堂具有更多天然的联系，他们更为关切教学和课程。有学者指出，课堂学习对学生学业成就的影响可能是学校层面因素的2—3倍（Townsend，1997）[19]。"全国学校改进计划"密切关注班级层面的教学改进，以提升有效教学的水平。显而易见的是，项目反映了这样一种观念，即改善教师的教学行为，可以避免学生在阅读科目中的不佳表现。因此，为实现目标，项目非常注重对教师教学行为的优化。

项目以直接教学法作为基本的教学原则，它包含以下几个重要方面：每日评估，清晰呈现新内容与新技能，学生个体在监督之下开展练习、运用知识。此外，增加教学时间及有效学习时间。（Reynolds et al.，1996a）[132-134]

（三）兼顾学校层面因素，基于具体的学校情境和现有的学校体系，协调不同层面的学校政策

"全国学校改进计划"基于具体的学校情境，立足于现有的学校体系，发挥学校咨询机构的力量，将支持性策略和方法融于教育实践当中，并且不断改进，使其更加聚焦、更加结构化（Creemers et al.，2005）。

班级层面的有效教学不仅取决于班级管理，还受到学校及学校以上层面各类因素的影响。因此，项目的首要关切点在于，确保不同层面的学校政策围绕学生学业成就来制定和实施——在班级、学校和董事会层面如此，在家长层面也是如此，从而促使不同群体和不同层面形成合力，共同推动项目实施和目标达成。

(四) 采用准实验设计, 通过评估研究判断项目效果, 关注学生的学习产出

"全国学校改进计划"通过评估研究判断项目的两个主要诉求是否得到实现。基于准实验设计, 项目的评估研究涉及 29 所学校, 其中 16 所学校属于实验组, 13 所学校属于控制组。实验组学校在 2 年半的时间内取得了显著成效。在学生学业成就研究中, 实验组有 319 名学生, 控制组有 137 名学生。在对前测所纳入的变量 (学生个体特征, 如起始能力、社会经济背景、对阅读的态度) 进行校正后, 研究发现实验组学生的阅读成绩显著高于控制组学生。 (Reynolds et al. , 1996a)[133-134]

由此证实, 项目内容和改进策略有效, 实现了相应目标, 在教学过程中引起了教师行为改变, 实验组学生也比控制组学生表现出更高的学习效能 (Houtveen et al. , 2004)。项目针对教学与学习时间、直接教学、条理清楚地工作、运用有效方法教授阅读等方面采取的策略是成功的。

二、策略实施

从项目设计到项目评估, "全国学校改进计划"采用了一系列改进策略, 可以概括为以下两点。

(一) 将项目目标分解至学校和班级层面, 分别予以落实

首先, 在班级层面, 确定了以下目标: (1) 提高教师在直接教学法方面的技能; (2) 提高教师在群组管理方面的技能, 促使学生有效利用时间; (3) 提升教师的专业技能, 使其严密地、条理清楚地开展工作; (4) 教授有关阅读方法的结构化的课程, 运用有效的教学原则, 如在阅读中使用自然拼读法等 (Houtveen et al. , 2004; Reynolds et al. , 1996a)。

在"全国学校改进计划"中, 学校的角色是发起者、协调者和监督者。

在学校层面制定的目标有：（1）实行"结果导向"的学校管理，提前确定关于基本技能的目标，并具体分解到学校层面和群组层面；（2）为学生营造积极的学习氛围，使他们拥有更多的成功体验，使教师具有更好的效能感，对学生学习及其发展潜力持有积极期待，相信自己能够有效影响学生的学习成效；（3）提高学校的评估能力，借助学生追踪体系，对学生的学业成绩进行定期的、可靠的测量，即所有学生都要接受常规测试，这样可以建立起一个包含班级中学生群体、学生个体信息的数据库，帮助严密监测学生的进步情况，进而做出关于整个群体或者学生个体的决策；借助学校诊断工具，对教学活动、学校组织的特征进行有效分析。

（二）项目规划清晰，时间安排与活动内容指向明确，改进机构持续而灵活地参与其中

"全国学校改进计划"目标清晰，有着预先确定的时间安排以及一系列活动，确保项目系统而严谨地运行。内部支持和外部支持都力求指向明确，相互协调，共同增强实践导向下的教师专业发展，强化学校管理。项目不仅注重传递知识，还重视提供培训指导，致力于将改进融于实践。（Reynolds et al.，1996a）项目中的支持性策略包括一系列元素，例如告知学校董事会、与校长交流讨论、为教师群体提供整体指导、针对教师的课堂表现提供培训等（Houtveen et al.，2004）。

以外部支持为例，根据项目文件的规定，在项目开展期间，项目改进机构每2周抽1天半时间用于项目学校，同时，还为每所学校制定一个指导计划。项目文件明确了改进机构在学校中应该开展的活动，包括为教师群体组织指导会议、为教师个体提供课堂咨询。指导会议是基于项目领导者制定的日程来组织，但随着项目的运行，除了保证实施日程中含有的必要内容外，还会根据学校的发展水平及其需要灵活调整。指导会议可能采取不同的形式，以更加符合学校具体情境及其特点。（Houtveen，1993）

综上所述，"全国学校改进计划"尝试在学校改进和学校效能研究之间

建立联系，基于有关学生学业成就的理论，聚焦课堂质量、学校质量、改进质量等要点以引导改进实践。项目聚焦阅读学科，非常注重班级层面因素，兼顾学校层面因素，将目标分解至这两个层面，基于学校的具体情境加以协调落实，时间安排与活动内容清晰明确，改进机构持续灵活地参与。对项目结果的准实验评估显示，教师的教学行为发生了改变，学生阅读效能得到提高，项目内容和改进策略是有效的。（Yiasemis，2008）遗憾的是，项目结束一年后，后续研究发现项目效果并未持续。 （Houtveen et al.，2004）

第三节　数学改进项目：基于数学、立足研究的学校改进

从 20 世纪 80 年代开始，荷兰的小学数学教材基于"现实主义教学法"（realistic didactics），强调要激发学生自己提出数学解题方案。教材为学生提供了现实的情境，并伴随挑战性的问题和可视化的模型，支持学生的策略化使用。同时，教材鼓励教师根据学生表现调整教学。自从引入现实主义教学法以后，荷兰学生的数学学业成就逐渐下降，原因不明。（Houtveen et al.，2004）荷兰的"数学改进项目"正是基于这样的背景产生的，它还受到荷兰"全国学校改进计划"的影响，在设计中采用了其框架。"数学改进项目"的目标是提升小学三年级[1]学生的数学成绩。分布在荷兰各地的 14 所学校在外部变革机构的深入指导下实施了该项目，提升了学生的数学学业成就。

---

① 在荷兰，儿童 4 岁进入小学一年级，正式的教学于三年级开始。

一、模式特征

"数学改进项目"是基于数学学科的综合性学校改进项目，其特征具体表现在以下四个方面。

（一）基于数学学科，目标简洁明确，标准清晰可测

项目基于荷兰小学数学教育发展的背景，回应现实困难，清楚定义需要解决的问题。它针对数学学科，要求学校使用根据现实主义数学教育思想编制的教材，并在小学三年级实施适应性教学，以提升学生的数学成绩。

同时，它从学生产出和强化学生产出的策略角度定义项目目标，并给出切实可行的内容标准。学生学业表现方面的标准为将在标准化测验中表现不佳的学生比例降至最低。而教师表现的标准为实施适应性教学且在研究者的评估中得分不低于 50 分。

（二）具有鲜明的研究元素

项目的一个基本观念是，当项目设计结合了学校改进与学校效能知识时，教育实践和理论发展会从中受益良多。项目以学校效能研究成果作为知识基础，结合学校改进的研究与理论，有意识地将两个方面加以融合，以此作为项目的出发点。

同时，项目在设计上力求识别支持有效教学的学校改进项目所应具备的关键因素，使它们有效运转并与其他因素相协调。项目从一开始就包含基于现实主义数学教育思想的学科内容，重视新近研究中关于有效教学、适应性教学、学习需求多样的儿童的教学等知识内容，在开展过程中尤其关注有效教学。

项目设计的背后是这样一个假设：如果给予学生充足的时间与恰当的教学，所有学生都能掌握学科内容。为实现这点，教育项目必须适应学生

的需要。学生学习被看作回应学习环境的结果，学校的任务是提供让所有学生都能有成功体验的学习环境，无论他们的初始能力如何。这一路径的重中之重，在于教师必须注意根据学生的知识水平调整教学、激发学生学习、管理学生行为、组织教学与考试活动以及评估学生。

此外，"数学改进项目"对项目的实施情况加以研究，以获得对改革成效的更多认识。它还详细设计了基于实证研究的评估环节，采用纵向追踪式的准实验设计，因此既可以检验关于效能的假设，也可以评估改进的效果。（Houtveen et al.，2004）在 2000 年开展的准实验式评估研究中，主要的研究问题是，适应性教学是否使得小学三年级学生数学成绩提升？分析发现，"数学改进项目"提升了三年级学生的学习成效（0.5 个标准差），降低了表现不佳的学生比例（降至 1% 以下）。15% 的学生学习成效方面的差异可在学校层面得到解释。在项目所具有的 10 个特征中，5 个特征显著引起了学生学习成效方面的差异。因此，项目被证实是卓有成效的。

（三）地方教育服务机构支持项目开展，与研究者一同为学校提供深入的外部指导与评估

参与项目的学校遍布荷兰。在荷兰，对学校的专业指导与支持是通过地方教育服务机构实现的。这些机构独立于教育行政部门，只在学校自己提出要求时才会参与学校事务。参与"数学改进项目"的地方教育服务机构也遍布全国，它们通过自己的组织来为学校提供支持。为确保参与变革的外部人员的工作较好地嵌入项目，由地方教育服务机构的主管组成领导小组，每年组织 4 次讨论，把握项目的整体进展。

在项目的发起、实施及制度化阶段，"数学改进项目"都为学校提供了深入的外部指导，既针对学校和团队层面，又基于教师个体，立足他们的工作情境。此外，还对项目效果开展外部评估，通过独立评估提升学校效能。（Houtveen et al.，2004）研究者与改进者的互动贯穿项目全程。

（四）重视项目设计的科学性与条理性，系统地进行规划、实施和评估

只有得到学校层面的支持，班级层面的适应性教学才有可能持续下去。因此，学校改进需要一个良好的基础，需要系统的计划、实施和评估。"数学改进项目"设计具有系统性，理念、目标、路径紧密相连。

项目进行了精心规划，设计立足学校情境，着眼学校整体。它注重系统安排，推动学校整体的改进，包括适应学生需求的高质量教学，密切监测学生产出、教师观念、组织因素，提供教育领导与深入指导，这些形成了学校改进设计的关键元素。（Houtveen et al.，2004）项目运用综合性的实施策略，采用多项学校层面、班级层面的改进措施。在学校层面，校长制定政策，推进评估、学校改进实践等。在班级层面，教师调控班级内部的学生分组、教学技巧、班级管理方式、隐性激励、考试频率与考试形式等。对于学生学业成绩而言，这些学校层面与班级层面的因素被认为与教师的授课质量同等重要。

二、策略实施

作为卓有成效的学校改进项目，"数学改进项目"的策略值得我们借鉴与思考。

（一）项目设计与实施立足研究，格外强调适应性教学

"数学改进项目"认为，学生之间存在诸多差异，如他们对教学的需求程度、学习过程中对指导的需求程度、加工学科材料所需要的时间，都是不同的，课堂是处理这些学生差异的主要场所。项目基于这样一个假设：如果给予学生充足的时间与恰当的教学，所有学生都能掌握学科内容。因此，项目注重适应性教学的关键元素，开展经常性的测评、优化教学，促

进学生主动学习。(Houtveen et al., 2004)

1. 开展常规监督与测评

通过参照标准和基于课程的诊断技术，确定开始一个教学单元时学生所处的水平，识别学生的学习需求。也借助常规化的诊断监测，通过正式与非正式测评，判断学生是否朝向课程目标有所进步，是否掌握了所授内容，从而向学生提供即时反馈，校正他们的表现。

2. 优化教学质量

"数学改进项目"基于已有研究，认为提升教学质量的关键在于课程要对学生有意义，这包括条理清楚地呈现信息、强调即将过渡到新的话题、使用简洁清晰的语言、大量运用生动的图像和例子、经常性地重申基本原则等。课程应该与学生的背景知识相关，将它们作为先行组织者加以运用，或当课上出现与旧知识相关的知识点时及时提醒学生。

向学生清楚说明课程目标，教授的内容与测试的内容保持连贯性，运用多媒体和其他可视化资源，都有助于提升教学质量。此外，教学节奏也是提升教学质量的一个要点，对学生的常规测评于教师而言意义重大，因为这有助于建立恰当的教学节奏——在所有学生都准备好且符合其学习速度的情况下，采取最快的教学节奏，能够避免学生的游离或者厌倦，确保其积极参与学习。简而言之，教师明确地建立模型、提供支架、解释策略、提供校正反馈、组织练习直至学生掌握内容，都会提升学生的学习成效。

虽然大多数荷兰学校在教学中采用现实主义数学教育方法，教学实践却并没有随之改变。因此，在"数学改进项目"中，基于数学学科的特点，构建了以下教学原则：在正式计算前做好充分准备，采用与情境关联的教学，注重语言表达和模型运用，聚焦基本理解与技能，关心学生尤其是表现不佳学生的自发操作。

3. 增加教学时间，优化时间运用

在有关学校学习的理论模型中，教学时间及对教学时间的有效运用是

决定性的因素，大量的实证研究都认为时间投入与学生产出存在关联。"教学改进项目"强调通过改善班级管理来优化时间运用，将更多时间用于直接教授知识技能及综合性技能。

4. 增强学生的成功体验

"数学改进项目"强调学习与情绪之间的关系，认为一定程度的自信是学习的先决条件，而自信建立在成功体验的基础上。这意味着，教师必须为所有学生创造更多的成功体验。针对缺少成功体验的学生，要在开展校正反馈后，给予他们机会体验成功。(Houtveen et al.，2004)

5. 支持自我调节学习

学习是一个主动习得与建构知识的过程。"数学改进项目"认为，教师应该采取措施引导学生树立主动学习的态度，并且逐步让学生承担责任，支持学生的自我调节学习，使他们自主完成学习过程。

6. 创建探索性的学习环境

异质小组并不足以帮助处于学业失败险境的学生，为这些学生延长教学与学习的时间是十分必要的，因此需要这样一种班级环境，使学生能够管理自己的学习过程。在"数学改进项目"中，班级环境是指一个探索性的学习环境，一个让学生自我管理学习活动的课堂。探索性的学习环境本身就具备价值，因为它会激发学生的内在动机。

（二）系统规划学校改进，密切监督改进实施

在每所学校，"数学改进项目"持续三年左右，具体取决于项目使学生产出达到预期程度所需要的时间。为实施这个持续数年的综合性学校改进项目，需要进行系统规划。改进的过程由发起、实施、制度化三个阶段组成，它们可能存在重叠。在发起阶段，决定实施改进并做出承诺，关键在于做出决策，接受项目要求，并且审视数学教学实践与学生数学成绩水平。在实施阶段，尝试运用新事物新方法，关键在于实施行动方案、开展监测、提供过程反馈、坚守对改进的承诺。当改进已经成为学校常规时，便进入

了制度化阶段，此时要将项目的具体活动嵌入学校组织，嵌入教师与校长的行动。

"数学改进项目"为项目学校提供了非常详细的方案，具体列出改进过程中应该开展的活动，使其与每一个改进阶段相对应。同时，鼓励学校基于这个方案，考虑自身的具体情况和决策需要，制定出自己的方案。为确保严谨充分地实施项目内容，要求覆盖方案中的所有目标，不能有任何遗漏。

（三）强化外部指导

"数学改进项目"在发起、实施、制度化阶段，都为学校提供了深入的外部指导，这些指导既针对学校和团队层面，又基于教师个体，立足他们的工作情境。项目为校长提供支持，使得他们能够经营变革、实施项目，支持方式是制定基于学校情境的实施方案，建立恰当的组织结构以协调项目工作。项目为教师提供培训，改进其课堂教学，帮助教师在课堂中运用适应性教学。项目使用了乔伊斯（B. Joyce）和肖沃斯（B. Showers）的教学指导模型，包含理论、呈现、实践、反馈和指导等要素（Creemers et al.，2013）[96]。

在准实验研究中，高度严谨地实施内容是至关重要的。因此，对改进过程的监测不仅发生在学校层面和班级层面，还发生在项目层面。参与变革的外部人员会学习一个历时2天的导入课程，课上对项目内容进行大致介绍。而在改进期间，每年会开展4次追踪研究，外部人员需要说明其所负责的学校怎样规划活动、推进情况如何。此外，外部人员也会获得反馈，知晓他们的指导活动与项目方案的一致程度，以及教师取得进展的情况。研究者会对项目实施开展监测，还会为外部人员提供技能培训。另外，项目还注重有效的协调沟通，保证不同项目学校的项目目标是一致的。

（四）重视校长领导，促进教学领导

实施"数学改进项目"这样的综合性改进项目，需要以与教育变革过程相关的知识作为基础，既包括观念性知识（如何在学校中经营变革），还包括维持项目推进所需要的专业能力、组织条件方面的知识。因此，改进在很大程度上取决于校长的领导力，因为校长所处职位决定了其能确保"数学改进项目"中的每一个设计元素都得到充分关注，并且相互协调一致。"数学改进项目"重视通过强有力的教学领导来聚焦学生学业成绩，实现成绩提升。

（五）推动教师理解并坚持项目理念

要满足学生多样化的需求，教师必须对教与学具有深入的专业的理解，并且持有这样一种观念——只要给予学生恰当的支持与充足的时间，具有不同能力水平的学生都能取得高标准的学业成就。"数学改进项目"要求教师和学校管理者全员参与深入的专业发展活动，同时指定专人担任协调员，把握项目进程，支持项目实施。

综上所述，"数学改进项目"是基于数学学科的综合性学校改进项目，它的主要目标是通过实施适应性教学来提升小学三年级学生的数学成绩，研究元素明确，项目设计系统，由当地教育服务机构提供支持，通过外部指导，推动改进发生。它不仅将学校效能与学校改进的相关研究作为知识基础，还立足于有效教学、适应性教学的相关发现，识别关键因素，系统地规划、实施和评估。在项目的开展过程中，研究者与改进者之间互动频繁。通过持续推进项目，改进者收获颇丰，不仅促进了教师发展，还提高了学生学业成就。（Houtveen et al.，2004）

第四节 小学自我评估：数据驱动、
内外结合的学校改进

荷兰中小学实施的自我评估是学校督导测评体系的重要组成部分，荷兰在学校改进方面给予学校优先权，注重通过自我评估促进学校发展（Ehren et al.，2013）。当时的《质量法案》（Quality Law）规定，学校有责任确保其所提供的教育的质量，也有责任寻求实现改进的方法，所有学校都应建立质量保障体系，鼓励学校实施自我评估。在一定程度上，质量评估的具体责任被赋予学校，同时荷兰还施行着更加集权化的质量控制。由于教育政策的转向，督导开展的外部评估由重视合法性的监督转向实体性的教育监测。与此相适应，荷兰小学教育中的监督主要有常规监督与内部监督两种。

此外，荷兰小学教育阶段没有升学考试，但80%的小学会在毕业年级使用评估测验，起初是为了帮助学生选择适合就读的中学类型。荷兰小学对标准化的学生成就测试习以为常，因为70%的学校运用学生监测体系来诊断学生的发展情况。最常用的毕业测验和监测体系都是由荷兰国家教育测量研究院开发，而它正是荷兰"小学自我评估"项目的发起者之一。"小学自我评估"项目始于1995年9月，1997年提供了中期汇报，2000年8月结束，进行了最终汇报。（Visscher et al.，2002）[115-119]

一、模式特征

"小学自我评估"项目与前两个项目具有一定的共性，如立足效能提升、重视研究等；此外，又显示出独有的特征，即结合内外部力量进行学校改进，具体表现在四个方面。

（一）以学校效能研究为知识基础

"小学自我评估"项目把当时学校效能研究形成的知识基础用于开发系统，监测学校质量，聚焦学校效能与教师效能提升。它的设计意图在于支持荷兰小学的自我评估，帮助荷兰小学保障办学质量。项目测量的学校绩效指标源于学校效能研究的结果，将研究中所发现的与学校效能密切相关的学校特征，提炼归纳形成体系，以此作为整个项目开展的基础。（Visscher et al.，2002）[xiii-xvii]

（二）多个教育研究机构共同发起，外部推动和内部力量相互结合

"小学自我评估"项目的诞生，源于当时的教育研究基金会、课程发展基金会、国家教育测量研究院、荷兰特文特大学教育学院下属研究机构之间的合作，它们共同发起了这一研究项目。项目融合了不同类型与方式的小学自我评估，综合了不同的理论和学科背景，并与教育质量监测相结合。

作为外部力量，发起项目的研究机构负责编制评估工具，提供给项目学校使用，管理团队、教师和学生填写相关数据。项目机构基于收集的数据提供反馈报告。项目学校自己解读结果，判断是否需要改进以及改进应该达到的程度，自主制订改进计划、决定改进活动并加以执行，在需要的时候向咨询机构寻求帮助（Schildkamp et al.，2008），这有助于将学校活动可能遭受的干扰降至最低（Scherman et al.，2017）[53-74]。因此，项目采用的是外部推动和内部力量相互结合的改进模式，研究者和学校成员共同参与学校改进。项目通过学校绩效反馈体系提供关于学校运行的各类信息，推动学校改进的发生（Soguel et al.，2008）[269-288]。

（三）重视评估工具的科学性

"小学自我评估"项目产生的背景是，荷兰存在一个高效有力的公共教育支持体系，学校中也存在多种自我评估的路径与方式。整体而言，荷兰

对学校自我评估持适度支持的态度。但是，关于学校自我评估方式的研究表明，当时普遍缺乏对学校自我评估工具的信度和效度的关注，很多工具存在着技术缺陷，因而影响了研究的质量，制约着实践的成效。

　　这推动了"小学自我评估"项目的出现。荷兰教育支持体系中的实证分析一派，尤其是国家教育测量研究院和教育研究基金会对学校自我评估很有兴趣，希望开发一个综合性的工具，共同促进更科学的小学自我评估工具的发展。因此，"小学自我评估"项目相当强调工具的科学性。尤其值得注意的是，项目非常关注学校绩效测量中心理测量的品质。（Visscher et al.，2002）。[116]

（四）数据驱动，通过绩效评估与反馈推动学校改进

　　"小学自我评估"项目致力于获得一套良好的自我评估工具，供荷兰小学使用。在项目开展和工具开发的过程中，立足于评估工具产生的实证数据，为项目学校提供反馈报告，它包含关于学校效能及运行情况的可靠信息，既涉及学校层面，也包括班级层面，且与教育效能密切相关，支持学校运用这些信息开展有针对性的改进（Schildkamp et al.，2009）。

二、策略实施

　　与项目呈现的模式特征相对应，"小学自我评估"项目采用了如下改进策略。

（一）为学校的自我评估提供系列工具，促进学校自主改进

　　自我评估帮助学校了解自身质量，有助于达到以下三个目标：提供关于学校运行的基本信息，帮助实现学校改进，保障办学质量；提供关于学校运行的具体信息，支持进一步分析和诊断；提供改进信息，以告知相关人员学校运行与改进的情况。

　　"小学自我评估"项目致力于为小学提供能够自行使用的方法，帮助它们评估教育产出、收集关于学生背景特征的数据、评估涵盖的课程内容以及其他相关的过程性特征。项目提供三个主要工具：其一是学生监测工具，立足于心理测量理论与适应性教学，通过学生学业成就测试构建学生监测系统（Blok et al., 2008）；其二是课程测量工具，以课程规划和课程评估为背景，测量课程涵盖的教育内容，构建课程评估系统；其三是学校过程测量工具，以学校效能和学校改进研究作为背景，测量教职工凝聚力、学校与班级氛围、教学模式、用于任务的时间、运用测验的情况等，供学校诊断使用。这些内容又或多或少可以建立密切联系，与学校管理信息系统相互支持。"小学自我评估"项目提供了多样的信息，学校可以根据需要建立不同的框架以选择并使用数据，既可以长期监测学生的学业成绩，制定合理目标，也可以形成自我改进的计划与策略（Scherman et al., 2017）[53-74]。

　　"小学自我评估"项目的学校过程测量工具具有以下特征：它帮助学校自己实施评估，从而在必要时用于改进学校运行；它是一个自我评估体系，这意味着，怎么使用工具是学校自己的决定；工具的使用者和学校关系密切，学校可以尽可能地解读项目提供的反馈信息，制订下一步行动计划；它测量的是与学生学业成绩直接或间接相关的学校过程性变量，测量方式是就同样的主题向不同群体提问；它针对学校整体的运行情况而不是填答者个人的情况提供反馈信息。（Visscher et al., 2002）[116-137]

（二）注重工具开发的科学性，确保工具可靠

　　以学校过程测量工具为例：它始于对学校效能、学校改进和绩效指标文献的研究，然后比较测量过程指标的可用工具以及学校诊断使用的方法，再与文献所得、校长和教师的观点以及小学教育评估委员会的结论结合。学校过程测量工具以9个国际学校效能研究和5个荷兰学校自我评估工具为基础，分析了学校效能研究中经常提及的13个一般性因素。但是，对于

什么才是决定学校效能的关键因素，并没有达成共识。

学校过程测量工具的发展，经历了五个阶段。1995 年 9 月至 1996 年底，通过分析可用工具、研发工具、将工具提供给小学校长与教师，筛选出相应变量，初步形成了工具；1997 年初，在荷兰特文特地区的 43 所学校进行测试；1998 年夏，对工具进行修订；1998 年秋，在荷兰特文特地区的 58 所学校再次测试；1999 年初，在全荷兰学校中选取有代表性的样本，进行了最后一次工具测试。

"小学自我评估"项目使用的工具都是计算机化的。学校过程测量工具基于自陈及用户测评，因此，对过程性变量进行了双重测量。在学校层面，学校管理团队通过自陈提供信息，同时，也由教师对它们开展评判，内容包括合作与咨询、工作环境、教育领导、教师专业发展、所持目标及期待的一致性等。而在班级层面，教师经由自陈形成信息，再由 3—8 年级学生对它们进行评判，内容包括四个方面，即结构化的教育、适应性教学、课堂氛围和学习时间（Schildkamp et al.，2009）（Visscher et al.，2002）[122-123]。

（三）基于数据，向学校提供反馈报告，支持学校制订改进计划

"小学自我评估"项目向项目学校提供两类反馈：其一，向管理团队提供学校整体报告，信息来源是学校管理团队和教师的问卷；其二，向教师个体提供班级报告，信息来源是教师和学生的问卷。

学校整体报告与班级报告有着类似结构，开篇是简介及对信息运用的建议，然后是图示和书面说明。但是，学校整体报告还包括单个项目的得分信息。报告中使用了箱形图，白箱显示学校或班级数据，灰箱显示全国数据。书面说明部分开展了两种比较：一是将学校或班级数据与全国数据相比较，并对箱形图进行分析解释；二是将自评与他评的数据进行比较。（Visscher et al.，2002）[127] 这种比较极具意义，如果某一内容的自评与他评存在较大差异，则有必要在校内对这些内容加以讨论（Schildkamp et al.，

2009）。

在 1998 年修订了学校过程测量工具之后，项目组增加了对工具使用以及对提供给学校的反馈报告加以评估的内容。在 123 所学校中，有 76% 的学校对所获得的反馈报告开展了评价。项目组基于这些信息，考虑学校在自我评估方面的已有经验以及在督导检查中的表现，选择了 10 所学校开展访谈。

在此基础上，将学校过程测量工具用于学校改进。10 所学校都拟定了改进计划，其中包含着多样的学校改进活动。有些学校从零开始撰写改进方案。有些学校在参与"小学自我评估"项目、使用学校过程测量工具之前已有学校改进方案，在这种情况下，项目提供的反馈能够帮助它们确认改进方案的合理性，或者引发对方案内容的修订。几乎所有学校都会将改进计划合并到学校规划、政策规划或质量管理规划中。为拟定这些规划，学校会运用所有可用的信息，比如项目基于学校过程测量工具提供的反馈、其他学校（自我）评估或督导检查的分析结果。

学校改进计划主要面向未来 4 年而制订，它由不同的改进主题组成。10 所学校在改进计划中都相当关注改善全纳教育和发展适应性教学，其他常被提及的改进领域还包括：采用学生监测体系；确定课程内容的边界；实施新的教学方法，使其与不同年级的教育活动相协调；加强对低年级儿童（4—7 岁儿童）的教育，并帮助其向高年级过渡；学校氛围与班级氛围；学生的社会情感状况；家长参与；学校自我评估、质量关注和制定政策的能力；（教学）领导；人事政策；教师评估访谈；班级参观；监督与培训；同伴互助指导、教师合作；信息通信技术。"小学自我评估"项目希望学校能够尽可能地实施学校改进计划，强调学校管理团队以及教师起着关键作用，校内提供咨询服务的部门也应有所作为。　（Visscher et al.，2002）[130-135]

但是，对评估结果的解读及其是否导向改进决策与行动，还是取决于项目学校本身，它们决定着从项目反馈报告中生成怎样的信息。后续研究着重关注了项目学校如何运用"小学自我评估"项目提供的反馈信息，并将运用方式归纳为两种：一种是直接的工具型运用，一种是间接的概念型运用。工具型运用表现为就"小学自我评估"项目的反馈开展研究讨论，反馈信息导向学校的政策措施，以及领导群体、教师群体或教师个体运用信息改进教学质量；概念型运用表现为"小学自我评估"项目的反馈提供了新观念，强调了特定问题。概念型运用不是对评估结论的直接使用，而是改变领导和教师对评估内容及其影响因素的看法，从长远来看，这可能会对他们的行为产生重要影响。（Schildkamp et al.，2010b）（Visscher et al.，2002）[134-135]

　　综上所述，"小学自我评估"项目将学校内外部力量相结合，通过科学的评估工具收集数据，开展绩效评估与反馈，以实现学校改进。"小学自我评估"项目中的自我评估工具作为学校绩效反馈体系和形成性评价的一部分，在荷兰小学中被广泛使用。项目通过评估和反馈，为荷兰小学的学校改进提供支持性信息。但是，项目学校对反馈信息的运用能力还有待提升（Schildkamp et al.，2010b），这制约了"小学自我评估"项目及其工具对学校改进的实际效力。研究发现，"小学自我评估"工具对学生学习产生的影响有限，更多的是对学校组织特征以及教师专业发展具有积极作用（Blok et al.，2008）。

　　学校的自我评估是荷兰早期预警分析的一部分，有助于识别潜在的表现不佳的学校，为这些学校安排督导视察，确保内部评估和自我检查的有效实施。督导对学校自我评估的质量进行评定，提供关于过程和产出的反馈，帮助学校提升自我评估体系。学校被要求提交关于自我评估活动的正式报告，并对督导涉及的内容展开陈述，以使自我评估与督导活动相联系。另外，学校还被要求对利益相关者开展问卷调查，获取家长和学生对学校运行情况的看法，以此作为自我评估活动的一部分。（Ehren et al.，2013）

　　自 20 世纪初开始，荷兰教育表现出显著的私有化特征，私立教育非常发达。20 世纪 60 年代末和 70 年代，荷兰倡导建立福利社会，强调公平和机会均等，政策向弱势群体倾斜。而到了 20 世纪 80 年代，时兴的观点认为政府是问题之源，提倡减少国家干预，分权思想也在教育领域兴起，希望通过权责下放，激励学校自主提升办学质量，关注学生的学习产出和学校的整体表现。在这一背景下，荷兰的学校改进研究与实践出现，之后紧跟国际前沿发展迅速，经历了从初步兴起到稳健发展再到成熟稳定的三个阶段，其重视研究尤其是量化研究、立足提升学校效能、强调理论和方法、关注课堂层面因素、基于实证数据、采用系统的项目设计等特征非常突出。同时，荷兰的教育督导体制有力地推动了荷兰中小学的学校改进，风险分析法、可操作的督导框架等特色鲜明。作为荷兰学校改进项目的典型代表，"全国学校改进计划"聚焦阅读教学，强调学校效能；"数学改进项目"着眼数学学科，立足研究发现；"小学自我评估"由数据驱动，注重内外部力量相结合。三个项目各有特色和侧重，共同见证了荷兰学校改进的历史演变。

　　虽然荷兰学校改进研究与实践具有特色及借鉴意义，但也存在进一步完善的空间，突出表现在两个方面。其一是关于荷兰的学校督导测评制度。教育督导采用了更多集中化措施，如重视基于学业成就标准的全国性测试的结果，将其作为指标衡量学校表现，这给被评学校及教师带来巨大的压力，可能引发他们的消极应对，如有失客观地向督导反馈学校情况。高压型督导还可能促使学校中的课程及教学围绕督导框架展开，不利于学校的多样性与创新性发展。（Jones et al.，2017）而学校自我评估可能受到评估工具质量及过程性因素的影响（Van der Bij et al.，2016），难以为后续改进提供可靠信息。同时，教育督导对学校产生的实际作用也受到质疑，被认为对学生学业成绩的影响可能十分有限（Luginbuhl et al.，2009）。其二是关于荷兰学校改进中的循证实践。由于数据质量、数据运用方面存在不足（Schildkamp et al.，2014），学校和教师基于数据的决策不够有效（Schildkamp et al.，2010a），影响了实证数据对学校改进的推动作用。

就未来实践而言，首先，有必要深入研究从学校督导到学校改进的路径和潜在问题、不同发展水平学校改进的不同机制，以及高压型督导可能存在的弊端。同时，研究机构和当地教育服务机构要为学校提供更多支持，帮助它们在自我评估工具和评估过程方面达到要求。要更加强调学校内部的能力建设，强化学校改进中的校长领导，重视教师发展，平衡常规监督与内部监督，减少督导测评带来的压力和消极应对。其次，从学校实际问题出发，更加重视学生监测体系和学校自我评估中生成的数据，充分挖掘数据潜力，有针对性地开展教师专业发展培训，提升教师的数据素养（Schildkamp et al.，2010a），发展由学校领导和教师组成的数据团队，促进数据运用中的有效合作（Schildkamp et al.，2014）。

第六章
日本学校改进模式与策略

日本的学校改进可追溯至"二战"后。在主导力量上，20世纪90年代以前学校改进由政府主导，采取自上而下的改进措施。90年代后日本学校改进呈现出多层级主导的态势，既有国家占主导地位的改进，又有市町村等地方或学校自主进行的改进；在指导理念上，由国家主义的价值取向转变为人本主义取向；在改进重点上，90年代以前主要关注学校内部系统的改进，而90年代后发生由内而外的变化；在改进范围上，则由学校自身系统改进拓展到学校与社会合作改进。纵观日本学校改进历程，日本完成了由集权化的单一改进模式到多层级、宽领域、整体综合推进的变革。

第一节 日本学校改进的发展历程

一、政策觉醒时期的学校改进

从"二战"后到1980年，为日本学校改进的政策觉醒阶段。战后初期，日本基础教育改革实现了对之前军国主义教育的清算，确立了民主主义的改革方向，实现了由国家中心向学生中心转变，由中央集权向社区分权转变。该阶段国家开始意识到学校改进策略的重要性，并在教育政策的制定和实施中施加多方影响以促进学校的改进。1945 年日本宣布无条件投降之后，美国参与了日本一系列的非军事化改革，其中包括教育的去军国主义改革。同年，美国颁布了《关于日本教育制度的管理政策》《关于教员教育官员调查、开除和任命的指令》《关于停止开设修身、日本历史及地理课的指令》等三项政令，意在去除学校教育中严重的军国主义、国家主义色彩。1947 年 3 月，日本颁布了《教育基本法》和《学校教育法》，两项法案强调学校应培养学生的主动性和探索性，努力追求个人价值。学校教育目的的转变标志着之前日本军国主义教育的瓦解和新型学校教育理念的确立。此阶段的学校改进主要从学校制度改进、教科书制度改进、师资水平改进、课程内容着手，以探求学校实质性的改变。进入 70 年代以后，随着日本经济高速发展，学校教育已无法适应社会发展的需要。1971 年日本中央教育审议会发布《关于今后学校教育综合扩充、整顿的基本对策》，寻求学校教育对"技术革新的迅速发展和社会的复杂化"的适应措施。通过一系列改革举措可以看出，日本学校教育制度开始有意识地向民主化转变，整体上呈现出以下特征。

第一，以培养人的个性化为原则的学校教育。

这一阶段的学校改革以尊重学生个性为指导方针，提出教育应尊重学生的自由和尊严。个性化的培养原则体现在教育制度、教育方法、教育内容等多个方面。学校教育制度日趋多样化、类别化。学校的教育目标是培养智、德、体和谐发展的个性丰富的学生；教学内容重视学生需要，并依据学生个性和能力安排教学。1987 年教育课程审议会发表的《关于改善幼儿园、小学、初中及高中课程基准》的咨询报告中指出，学校可以自主编制课程，并实行弹性化的课时安排。这一时期注意提高课程的科学性，重视中小学教学质量，不仅注重基础知识的传授，更注重培养学生的个性。

第二，民主主义的学校教育改革。

受到西方民主主义和个人主义的影响，日本学校教育改革理念由之前的国家主义和军国主义向个人主义、民主主义转变。1945 年，日本积极进行教育调研行动并发布四项指令，要求清算极端的国家主义和军国主义。教育委员会提出了很多改革意见，如提倡改革学校制度，实施九年义务教育和"六三三制"，建议缩小文部省对学校的监控权并设置社区教育委员会等。此外，民主主义还体现在教育行政制度上，特别是对基层教育行政机构的改革上。教育委员会负责学校和其他教育机关的设置和撤销的审批、设定学校教学内容、经营和管理辖区学校和其他教育机构、任免学校校长和教职员。教育委员会的正、副委员长由选举产生。这就打破了中央集权的管理体制，代之以民主化、科学化的管理模式，决策机构由之前的管理性机构变为服务性机构。

第三，实用主义的学校教育改革。

日本在第一次世界大战后就开始受到欧美实用主义教育思想的影响，"二战"后更加关注个人实用主义和国家实用主义。战后初期，面临内忧外患的日本为寻求民族独立和富强，需要借鉴实用主义思想实现富国强兵目标。实用主义教育思想强调教育时效，在教育理念方面，反对任何未经实验证明的信仰式独断，因此强调建立在实证基础上的自然科学的重要性，强调教育应面向现实生活、改善现实生活；在道德领域，反对带有明显宗教意味的道德说教，提倡人性解放，反对整齐划一的道德一统和道德权威，追求个性解放与人格平等，形成了以自由主义与民主主义为核心的道德价值观。（吴莹 等，2015）在教学内容方面，这一时期以崇实致用为原则，不仅注重知识和技能的传授，更加注重适应科技发展的教学内容，加强课程的科学性。美国在 1987 年发表的研究日本教育的报告中指出，众所周知，日本的教育处于世界一流水平。尤其是日本教育的某些成绩，同它的经济发展一样令人惊奇。日本对所有儿童实施阅读、书写、算术、理科、音乐、美术等质量高又均等的基础教育，与其他国家学生相比，日本学生

的学习成绩具有相当高的水准。（张德伟，2003）[40]

二、多元并举的学校改进

从1980年至今，日本学校改进进入多样化并举的阶段。80年代后，日本教育改革进入深入发展和具体实行阶段。90年代，日本的学校教育问题日益凸显，逃学、校园暴力、儿童自杀问题频发，学校的教育质量、教师能力、教育界的公信力等受到了社会各界的质疑。为解决上述问题，日本改变之前较为单一的学校改进策略，向着多元化策略、多维度措施并举的方向演进。2001年文部科学省发布的《21世纪教育新生计划》（彩虹计划）中提出"改良学校，变革教育"的主要措施、课题以及改革的进程。2005年，日本中央教育审议会发表《创造新时代的义务教育》的咨询报告，要求"强化学校教育功能、提高教师教育能力，以此培养丰富健全的人格"（高峡，2006）。学校教育以培养学生的"生存能力"为目的，包括"真正的学力""丰富的人性"和"健康与体力"等三个方面。日本的学校改进更加具有灵活性和适应性，且从多个维度展开，学校改进取得了实质性的突破。整体来说，多元并举的学校改进主要体现在以下方面。

第一，从"宽松教育"向"摆脱宽松教育"变革。

为解决灌输教育、应试教育问题，日本文部省在1977年颁布的《学习指导要领》中首次提出"宽松与充实""宽松与丰富多彩"的口号，"宽松教育"随后逐步实施，主要表现为缩减学生在校的学习课程和学习时间，改变以往的灌输式教育，为学生提供宽松的学习环境。在2002年日本中学二年级学生的学力水平测试中，"宽松教育"带来的学生学力问题开始凸显。2006年的PISA测试成绩显示，日本学生的阅读能力降到了OECD成员国的平均水平之下。基于学生学力严重下降的现实问题，日本对"宽松教育"开始进行反思和修正。2007年，在中央教育审议会报告中，日本总结了"宽松教育"所带来的问题，并提出增加主要科目的授课时间和外语活动时间等。2008 年颁布的新的《学习指导要领》，强调知识、技能的习得，增加学校的教学课时等。可以说，学校教育质量随着"宽松教育"向"摆脱宽松教育"的转变受到政府和公众的重视，学校改进由策略的制定阶段进入对实践的检验阶段，由人本主义取向转变为知识本位取向。

第二，改进策略多样化。

随着与国际社会联系的加强，日本教育呈现出多元化的发展态势，教育结构更加多样，教育体制更加灵活，因此政府开始进行多层次、多样化的学校改进。在新自由主义的倡导下，政府就此前的学校教育制度、改进实施办法等出台了新的应对举措：（1）"中小学一贯制"教育制度化。"二战"后的 70 年间，日本一直沿用"六三制"。为更好地促进小学与初中教学内容的衔接，加强学生对知识和技能的掌握，应对升学后出现的逃学、校园欺凌问题等，日本提出"中小学一贯制"教育制度改革。2005 年 10 月中央教育审议会首次在《创造新时代的义务教育》咨询报告中提出"设置九年制义务教育学校的可能性"，2013 年发布的《第二期教育振兴基本计划》中提出建构适应儿童身心发展的弹性化教育体制，并在 2014 年确立"中小学一贯制"制度。在 2014 年的"教育实际状况调查"中，"初小协作教育"被定义为"通过信息交换和实际交流来实现初小顺畅衔接的学校教育的总称"，而"中小学一贯制"改革则是"初小协作教育"的一种，是小学和初中共享人才培养目标、共同制定和实施贯穿于九年义务教育阶段的系统化学校课程的教育。（孙晋露，2015）（2）学校与社会（社区）合作发展策略。为加强学校和社会的联系和融合，吸收学校外的教育力量，辅助学校教育活动的开展，拓展学校与社会的互补合作形式，日本中央教育审议会 1996 年发布的《面向 21 世纪我国教育的发展方向》咨询报告中首次提出学校与社会的合作。在教育改革中学校与社会的合作受到重视，学校教育得以丰富，学校的某些教育功能得以补充，社区对学校提出的合理化建议在实践层面上更好地推动了学校教育改进。（3）国际化学校改进策略。进入 90 年代后，外国人大量涌入日本，日本与国际社会的联系也逐渐加强。在全球化和国际化进程中，日本发现自身的不足，如赴日留学生规模较小、人们的国际意识薄弱等问题，于是从经济界到教育界、从政府到社会、从各级学校到文化教育机构进行了国际化的应对。为应对国际化，中小学校改进方式主要有三种：其一，纳入国际理解教育。1996 年，中央教育审议会的咨询报告《面向 21 世纪我国教育的发展方向》中谈及国际理解教育；1998 年，日本新的《学习指导要领》将国际理解教育归入学校"综合学习时间"，并在英语、历史、地理等科目中纳入国际理解教育的内容。为培养在国际社会中生存的日本人，文部科学省在 2004 年白皮书中提出将国际理解教育纳入国民教育的框架。2006 年，日本开始实施新的"国际理解推进计划"，要求在各地设立核心学校，促进国际理解课程开发和参与性集体研修。其二，增进青少年的国际交流活动。学校增加了多种形式的国际交流活动，如修学旅行、访问、交流会等。其三，加强在日外国儿童教育和归国儿童教育。1990 年，文部省颁布并实施"推进归国、外国儿童共同教育的教育国际化"事业。2006 年，日本在 16 个都道府县设置了归国儿童班，398 所大学的 1109 个学部设立了面向归国人员子女的特殊入学考试。

第三，终身教育理念主导学校改进。

为了延长学习时间和评估人们所具有的终身学习能力以减弱人们对正规学历教育（包括小学、初中、高中的入学考试）的过分追逐，日本提出了终身学习的理念。为促进学历社会向终身学习型社会转变，1988 年日本文部省成立了终身学习局，1990 年通过《终身学习振兴法案》，明确终身学习的四个核心是让国民学会求知、学会做事、学会合作、学会生存。1992 年，终身学习审议会发表《关于适应今后社会变化的终身学习振兴方案》，确立了终身学习的生活方式，使终身学习落实为具体的学习行动。以此为指导，学校从教师教育、加强学校与社区合作、课程与教学改革等方面进行了改进。（1）多样化的在职教师培养路径，促进教师专业发展。学校为教师提供多种在职研修路径，举办校本培训、允许教师带薪赴大学参加培训等。学校设置的教师培训包括培训计划、研究调查、培训设计、信息反馈等环节，提供多种教师培养课程，增加科学课、综合演习课等。（2）加强学校与社区合作，推进学校社会化。社区教育作为一种非正式教育，可以作为学校教育的补充，与学校教育相互支持，更好地满足学生的学习需求，如学校与社区合作开设综合活动课等。（3）进行课程与教学改革，贯彻终身学习理念。改革以往灌输和死板的教学方式，营造轻松、民主的教学环境，在活动、对话、合作的教学活动中，完成知识的学习。改革教学评价系统，将学习能力、品格态度、生存能力等多方面纳入评价系统。实行高中学分制度，学生自主选择课程，学科间可实现学分互换，学习内容和学习空间得到大幅度延展。终身教育理念催生了学校教育强大的生命力。

综上，日本学校改进经历了萌芽、发展和日趋成熟的过程。在学校改进理念的影响下，日本教育形成了愈加关注终身教育体系的建设，重视学校、社会与家庭教育的联合，在继承本土固有传统文化的基础上，不断融合和创新等主要特征。

第二节　中小学一贯制：学制的改进

世界主要发达国家正在面临日渐严重的老龄化问题，日本也不例外。在老年人口逐步增多的同时，年轻劳动力在不断减少。同时，伴随着的还有全球化进程的加速，国际竞争的激化，以及人口、资源、信息在世界范围内不断加速的流动。为此，帮助儿童积累基础知识，形成基本技能，培养其思考力和判断力，锻炼表现力，使其具有社会主体性，具备与他人合作的能力，显得尤为迫切。

日本的基础教育分为两个阶段，即小学阶段和初中阶段，且大部分社区仍沿用"二战"后实行的"六三制"。基础教育的分段带来了两个阶段教育的衔接问题。2007 年，修改后的《学校教育法》明确"初中学段应根据儿童身心发展阶段，在小学教育的基础上实施义务教育"。2013 年 10 月教育再生实行会议提出创建中小学一体化的义务教育学校的议案。随后，中央教育审议会试图实现中小学一贯制教育制度化改进，并从法律层面承认并且积极推进其在全国范围内的进一步发展。

一、模式特征

中小学一贯制是日本学校改进中的一个重要举措，也是对"六三制"的重新审视，其目的是提高办学效率，改进学校教育质量。在新自由主义思想的指导下，它具有以下几个特征。

第一，采取多样化措施确保实施成效。通过确保教育主体的一贯性、教育活动的一贯性和学校管理的一贯性来保障教育的成效。在原有的教育制度下，实现中小学教育的顺利衔接，提升学生学力水平，因地因时制宜实施中小学一贯制教育。具体的推进措施呈现出多样化、各具特色的态势。

第二，实施者可根据判断灵活选择相应措施。例如，基于各学校的教育目标以及学生在教育上的要求，实施者可以根据社区的实际情况以及自己的判断，对学段进行弹性灵活的划分。为保障课程编制的弹性化，设置研究开发学校制度和课程特例制度。各校灵活实施了这些举措，如在"六三制"下根据实施者的判断采用多种多样的学段划分方式，并且取得了一定的成效。但也存在一些问题，如各学校为了推进一贯制教育，设置"独特学科"、更换指导内容等，这就可能给学生造成过重的负担。因此，可以根据各个社区的需求，在所有学校原有的基础上，使中小学一贯制教育实现制度化。这样一来，实施者可在法律制度的指导下，根据各地的实际情况在可选项中进行操作，从而切实保障实施的有效性。

第三，国家及都道府县需给予足够的保障支持。日本的中小学一贯制教育主要依赖学校自身的努力，国家和都道府县的支援是不够的。国家和都道府县对于打好一贯制教育的基础至关重要。国家需对教职员人数及设施配备进行规定，都道府县需对于中小学一贯制教育做出积极的指导和建议。

二、策略实施

中小学一贯制是日本义务教育阶段学校的一项改进举措。中小学一贯制主要致力于实现中小学教育质量的提升与改进。

（一）中小学一贯制提出的背景

影响日本推行中小学一贯制改革的因素是多种多样的，主要有中小学共通的教育目标、教育内容和学习活动充实的要求、儿童的早熟现象，以及"初一断层"问题等等。

1. 贯通义务教育阶段教育目标

2005 年，日本中央教育审议会发布了《创造新时代的义务教育》报告，提出了社会发展对于义务教育的新要求。基于此报告，日本对《教育基本法》进行了修订，其中第 5 条第 2 项义务教育的目的被更改为"在不断发展每个人所具有的能力的同时，奠定其能够独立地生存于社会的基础；培养他们作为国家和社会的建设者所必需的基本素质"。接着在《学校教育法》的修订中，中小学共通的目标被设定为义务教育目标。

2008 年颁布的新的《学习指导要领》要求进一步促进中小学衔接。在中小学相互协助的情况下，使得两个学段的教师对于九年义务教育有一个宏观的把握。为了让义务教育更加系统连贯，日本根据各地的实际情况逐步加大中小学一贯制教育的实践力度。

2. 充实教育内容和学习活动

2008 年新的《学习指导要领》要求学生在形成宽广的知识面和灵活的思考力的基础上，获得创造新的知识和价值的能力，实现知识、技能的习得与思考力、判断力、表现力发展之间的平衡。基于此，各科目分别增加了一成左右的课时，以使课程数量得到充实，质量得到提高。

3. 应对"初一断层"问题

日本国内调查表明，学生升入初一后，欺凌、不登校（由于心理抵触而拒绝上学）、暴力行为等现象大幅增加。人们认为这是学生从小学进入中学后对于新的学习和生活环境不适应而造成的"初一断层"问题。

虽然许多学校实行小学、初中一贯制，但大多数学校仅共用一套基础设施。实际上，两个阶段的教育活动并没有衔接上，小学、初中教育活动的差距要明显大于初中、高中。如果没有控制好这个差距，就会造成"初一断层"现象。因此，为了让学生顺利地适应初中学习，对于教育断层问题，应该予以重视并采取一定的措施，如编制灵活的课程、在学习指导上下功夫等。

（二）中小学一贯制的改进策略

实施中小学一贯制改革的自治体根据社区和学生的具体情况，确定的目标主要有：提高学习指导和学生指导的成效，确保一定规模的学生数量，促进不同年级学生的交流，加强学校间连带关系。

1. 九年一贯制课程

实施九年一贯制教育的学校，应采取多种措施以确保教育课程、教育指导的连贯性，确保作为一个整体，实现法律规定的教育目标。第一，课程的核心任务为"设定九年一贯的教育目标"，学校按照不同的科目编制九年一贯的课程计划。第二，学校将中小学的基本授课方式统一起来。第三，依据儿童身心发展特点对义务教育阶段的家庭课业量进行合理调整，将学习方法、学习时间的安排制作成指南并实施。

2. 学段划分

在实施中小学一贯制的学校（以下称实施校）中，大约七成的学校使用"六三制"，部分学校（约占三成）使用"四三二制"，极少数学校使用

"五四制""四五制"。

3. 特例课程

在实施中小学一贯制教育的过程中，灵活运用特例课程的实施校约占两成，其中约七成学校设置了"独特学科"作为课程的核心，另有大约两成的学校以某种形式将指导内容前移。"独特学科"的内容是多样的，但大多与英语教育、职业教育、家乡教育等相关联。有学者认为，中小学教职员在"独特学科"的落实过程中加强了彼此的联系，从而对中小学一贯制的实施做出了巨大的贡献。

4. 指导方法与指导体制

许多人认为中小学教师交互上课对于促进中小学之间的交流具有重要的作用。实际上，只有不到四成的实施校实行了中学教师对小学的指导，而实行中小学交互教学的实施校只有两成左右。

基于学生的成长状况和中学阶段指导方式的特点，在小学高年级部分引入中学的教学方式，让学生在进入新的学习阶段前就见过中学的教师，熟悉新的学习环境，对于其初中阶段的学习是十分有利的。同时，将小学阶段的教学指导引入初中，当学生遇到难度高的学习内容并产生学习障碍时，教师就能够采取相应的措施帮助学生，给予其有针对性的指导。在中小学一贯制教育中，这种教学方式的改进，可以使中小学教师在相互交流与学习中提高教学指导水平。

5. 中小学一贯制学校

中小学一贯制学校主要有两种形式：一种是具有一体化的校舍，设置一名校长，小学与初中一体化运营；另一种是在既有的中学校区的基础上，小学与初中分设，分别设置校长及教职员团队。中小学一贯制教育制度化的基本方向之一就是将两种形式的学校合法化，分别称为"小中一贯教育学校"（临时名称）和"小中一贯型小学校·中学校"（临时名称）。

6. 不同类型学校的准入途径

随着中小学一贯制教育制度化的推进，义务教育阶段并存着多种不同类型的学校，政府打通了不同类型学校之间的准入途径。政府给予"小中一贯教育学校"小学毕业生升入其他中学的资格，同时将"小中一贯教育学校"的九年修业年限划分为两个阶段，修完九年全部课程的学生可获得"小中一贯教育学校"的毕业资格，修完第六学年，也可于次年升入中学或中等教育学校。

7. 对教师资格证书的新规定

"小中一贯教育学校"实行的是小学、初中九年一贯制课程，因此原则上该类型学校配备的教师具有相应的教学能力。即使不要求全部教师获得中、小学教师资格证书，也应确保一定数量的教师持有这两种证书。

8. 确保教育机会均等

《创造新时代的义务教育》报告指出，在义务教育的框架下，使"小中一贯教育学校"与既有的小学校、中学校实现制度化，通过中小学协同达到义务教育的目标。因此，不论学生进入哪种学校，都有相应的制度保障其享受均等的义务教育权利。

中小学一贯制学校可以将其在中小学衔接方面的实践经验传授给普通中小学，普通中小学也可以将其实践经验传授给中小学一贯制学校。二者在交流中共同推进教育发展。

三、中小学一贯制教育的实施与综合推进

日本政府对中小学一贯制实施成果进行了调查。在全体被调查者中，认为中小学一贯制的实施取得了重大成果的占一成，同意取得成果的大约占八成。其成效可以总结为以下几点：第一，提升了教学指导水平，包括学生学习成绩的提高、学习兴趣的提升、学习习惯的养成、对课业理解力的提升，这些使得学生的学习烦恼减少。第二，提升了学生指导水平，包括"初一断层"现象的缓解，学生学习规律和生活规律的形成，生活节奏的改善，自我认同感的提高，同情心和助人为乐精神的养成，交流能力的

提高，等等。第三，提升了教师指导能力，包括提高教师主动改进教学指导方式的意愿，教学指导能力和学生指导能力的发展；缩小中小学教学观和评价观的差距，深化小学对于保障基础学力的必要性的认识；提高中小学相互合作进行指导的意识；提升了教师对工作的满意度；等等。第四，强化了学校与学生家长的联系，加强了社区之间的联系，提高了学校运营、校务分权的效率。

中小学一贯制教育的综合推进方案还包括配套的教职员体制的构建，设施设备的配备，各社区对学生九年学习计划设置的支持，试点事业的实施，优秀实例的普及，中小学一贯制教育评价的充实，明确都道府县在教师资格证书、人事管理、教师研修等方面的职责，减轻教职员的负担，以及强化九年一贯制教育的系统性和联系性。

中小学一贯制在实施过程中产生的有待解决的问题包括：（1）人际关系固化。有人担心，在实施九年一贯制教育中会出现学生人际关系固化的危险。为此，多种形式的跨年级交流大幅增加，同时教师与学生之间的沟通交流得到加强，形成了多方面的评价机制。（2）转出、转入生安置问题。实施中小学一贯制教育的学校和普通中小学处于并存的状态，二者的学习内容存在差异。各学校需要采取一定的措施对转校生及其监护人进行一定的辅导，从而使学生能够顺利进入转入学校继续学习。（3）小学高年级学生领导力的培养。学校在各个活动中应给予学生更多的机会，培养高年级学生的领导力，从而促进其成长。（4）中学指导方式对小学生成长的不利影响。有一部分学校认为中学指导方式会对小学生的发展造成影响，但也有很多学校认为这一措施可以促进中小学生跨年级交流，促进高年级学生与低年级学生之间的互助与联系，从而减少学生指导上的问题。

综上所述，中小学一贯制是新自由主义影响下的必然举措，效率、自由化、竞争化让日本政府更加重视学校的教育目标，如"重视个性""扩充学校自主权""促进学校灵活化"。因此，中小学一贯制是日本学校体制改进的突破口，是为解决传统学制中的问题，更新教育理念，最终实现教育多样化的改进实践。虽然实施中小学一贯制的目的是尊重学生的个性和能力、实现每个人的发展，但在课程安排、学分设置以及内容选择上过于强调学生责任，意味着学校保障学生拥有平等学力的责任有所弱化。同时中小学一贯制所引发的择校不自由、教学内容难以消化、学校行政机构冗余等问题也有待进一步解决。

第三节　教育与社会双向互动：学校权责机制的改进

学校改进离不开学校与社会和家庭的协作。在当今终身教育的价值理念得到广泛认同的背景下，全方位、多形式的学校、社会融合开始作为学校改进的有效途径被应用于实践。1971 年文部省颁布的《关于今后学校教育综合扩充与整顿的基本措施》明确了学校应培养具有自主性和创造性人才的目标，提出要在处理好家庭教育、学校教育、社会教育关系的基础上，进行学校教育改革。为全面推进学校教育和社会教育，共同促进学校改进，2015 年 12 月，中央教育审议会颁布了关于学校与社区合作的具体策略，积极发挥社会对学校教育的作用，将学校与社会整合成双向协作的教育系统。

一、模式特征

"教育与社会双向互动"项目旨在通过社区分权管理、充分利用学校以外的社会教育力量参与教育的管理和运作，为学校带来更多的改进思路，实现教育系统的整体性、均衡性发展。具体而言，这一学校改进模式具有以下特征。

（一）提升社会教育能力

1. 学校教育面临的问题

老龄化进程加快。预计到 2030 年，日本 65 岁以上的老龄人口达到全国人口的三分之一，青壮年劳动力人口减少到总人口的 58%。为了克服人口减少带来的影响，实现社会发展，每个国民应该发挥主体性，更主动地为社会发展做出贡献。

社会教育能力低下。教育不仅仅是学校的事情，家庭、社会以及相关教育团体也应该承担教育的责任。充实社会的教育，要求各种机构、团体协同合作，形成网络组织。

社会交流活动的扩展。通过提高居民与家长促进儿童自主学习的意识，集学校、居民以及保护者三方之力构筑儿童教育的社会基础，在全社会形成关怀他人的风气，建设学习型社会。

家庭教育重要性的提升。家庭教育是教育的起点，承担着培养儿童基本的生活习惯、生活能力、对人的信赖感、同情心、对善恶是非的判断力、独立性和自制力、社会规范等重任。提高对家庭与儿童的关怀程度，减少儿童受到的伤害，就要求推动学校与社区的合作。

学生人数的减少。随着少子化现象的不断加重，小规模学校教育的缺点逐渐显现，因此必须根据各市町村的实际情况，提升学校发展的活力。

儿童规则意识的减弱。随着社会和家庭问题的严重化，儿童减少了与持有不同价值观念的人的交流，儿童的规范意识、社会性、自尊意识减弱，生活习惯混乱，学习热情、体力降低等问题都逐步突显。儿童作为创造未来的主角，应该提高为社会做贡献的热情，形成丰富细腻的情感，以实现全面发展。

学校任务的复杂化和困难化。随着校园欺凌、暴力行为日益增多，需要日语指导的外籍学生数的增加，学生需求日益多样化，仅仅靠教师的力量无法从根本上解决问题。

除此之外，从强化学校管理的角度来看，学校审议员、学校运营协议会应通过制度化的方式，推动建设能够反映社区居民、家长对学校运营意见的机构，促进学生成长与学校管理，让学校与社区合作进一步发展。

2. 加强学校与社区协同合作的必要性

教育是社会发展的引擎，应通过教育发掘出每个孩子最大的潜能，让孩子们幸福地生活。学校不仅是传授知识的场所，而且是培养儿童生存能力的场所。社区作为孩子们体验、探究生活与社会的场所，应该让孩子们获得丰富的学习体验。学校与社区协同合作的必要性主要体现在以下几个方面。

第一，培养生存能力。儿童生存能力不能只靠学校培养，还应在家庭教育、在与他人的交往中孕育出来。通过与社区中值得信赖的成年人建立联系，儿童的心灵可以获得滋养。

第二，建设值得社区信赖的学校。为了解决学校、社区中的问题，发展值得社区信赖的学校是十分必要的。应加深社区居民、家长等对学校的理解，推动他们积极参与学校规划，将自己当作学校发展的主人公，承担起对儿童的教育责任。

第三，社区居民主体意识的转变。家庭、学校以及社区居民应共同肩负起儿童的教育责任。为了促进这种意识的形成，社区居民应该通过学习来创造新的关系，把儿童纳入社会主体，使其与成人共同参与社区的规划，对社区、学校问题进行探讨。

第四，构筑区域社会性教育基础。社区中的每个个体都应该具有承担相应责任的自觉性，关心、支持儿童的发展。在整个过程中，以当地居民的学习为起点，提高整个社区的教育水平；同时，扎根儿童教育，在振兴社区的同时构筑社会教育的基础，调整、强化社会教育体制。

第五，全社会形成保护儿童环境。为了确保儿童安全且无忧无虑地成长，预防不良行为发生，学校与社区应为家长和儿童提供必要的帮助。此外，通过学校与社区的协同合作以及全社会对儿童教育的支持，形成女性育儿和事业发展两不误的社会环境。

第六，建立学校与社区的"合作伙伴关系"。学校与社区应明确彼此的责任，朝着共同的目标，在平等的前提下，构筑共同合作的互动关系，进而在教育中发挥重要作用。

3. 加强学校与社区合作的政策依据

文部科学省颁布的《学校作为团体的存在方式以及今后的改革措施》

指出，教师应该与心理、福利方面的专家、机构合作，应该由法律明确规定在学校中设立承担学校与社会合作职责的骨干教师。具体而言，2015 年 12 月中央教育审议会报告指出，学校应该让教师和校外专业人士合作，利用多种力量促进学校发展。2015 年 6 月公布的《学校教育法》修正案指出，组织形式上独立的小学和初级中学要实行一贯制教育来支撑该社区九年义务教育，同时设置一体化的学校运营协议会。同年公布的《高中大学改革实行计划》指出，倡导高中生积极参与社区活动，努力学习解决社区问题，在发展思考力、判断力、表现力的同时，激发对学习的兴趣和努力学习的意志。2015 年 4 月《社区教育行政的组织及运营修正案》要求，社区公共团体应设置综合教育会议，在该会议上，针对振兴社区教育的措施进行协商，促进学校与社区的合作。

（二）学校、社会、家庭三方共育

学校与社区共同促进社区的发展与儿童教育的发展，通过让社区居民和家长参与学校经营规划，形成学校、家庭、社区共同的目标。学校的教育方针和教育活动要充分反映社区的需求。学校应具备"审议""协动""管理"三个方面的功能。

学校、家庭以及社区在自觉承担教育责任的同时应该互相合作。在每个社区中都存在各种各样的机构团体，如教育机构、政府机关、民间团体、企业、经济与劳动团体等。此外，还有以个人名义支援社区学校的志愿者。为了解决儿童、学校存在的各种问题，守护儿童的生命安全，各相关机构、团体形成网络，为儿童构筑一体化、综合化的教育体制就显得非常重要。社区各种机构团体彼此紧密联系，唤起居民促进社区教育发展的主人公精神。从促进家庭教育的角度来看，促进社区与学校的合作，也可为孤立的家长提供参与学校活动的机会。

从社区持续发展的角度看，以学校为协同合作的中心，培养儿童对社区的留恋感与自豪感，培养社区未来的接班人，加深社区居民间的关系，构建独立的社区基础，灵活推动"以学校带动社区发展"是十分重要的。成熟的社区能促进儿童健康成长以及人与社区的良性关系。社区居民以学校为中心参与到合作发展的规划中，可以为儿童创造无忧无虑的成长环境，提升社区的魅力，吸引年轻人来到社区，实现社区的可持续发展。

二、策略实施

如上所述，学校与社区的合作可以使学校利用更广泛的社会资源，获得多方力量的支持。本部分对学校与社区合作的策略进行具体介绍。

（一）社区学校教育目标

2004 年日本修订了关于社区教育行政组织及其运营的法律，添加了学校运营协议会制度的内容。学校运营协议会制度是社区居民和家长积极参与学校运营，提高他们通过自己的力量促进学校发展的意识，在多方合作下促进学校发展的制度。该制度引入后，设置学校运营协议会的学校被称为社区学校（community school）。

2015 年 4 月日本有 2389 所学校成为社区学校，其中包括幼儿园、小学、中学、大学和特殊学校。2015 年对社区学校的调查显示，社区学校都明确了"学校与社区实现信息共享""社区与学校合作""推动特色学校发展"的发展目标。随着以学校为核心的合作活动的进行，社区的教育水平得到提高，教育活动效果也有效增强。

（二）社区教育的综合推进策略

学校作为教育合作中的重要一环，以教育儿童为主要目标。提升社区学校的教育能力、组织能力对于每个儿童的成长至关重要。校长作为学校运营的负责人，首先要根据该社区儿童的实际情况制定学校发展方针。

学校要让全体教职员工认识到社区学校和每一个个体相关，教职员工与学校运营相关，事务职员也应该积极参与学校运营。学校着重培养教职员工与社区合作的能力，丰富教职员工的培训内容。此外，不仅要依靠学校运营协议会的委员，还要鼓励社区居民和家长积极参与学校发展。日本强调，通过社区学校促进社区教育发展，使成长起来的年轻人承担起教育下一代的责任，促进自身成熟，从而形成"促进人与社区良性发展"的局面。

为了促进社区学校平稳而持续的发展，必须整顿管理工作，比如减轻教职员工的工作负担。国家应规定教职员工与儿童面对面交流的时间、推进社区学校理事的配置、设置社区协调人员、保证财政的充裕、支持关于社区学校的实证研究、扩大学校裁量权的范围。

（三）建立社区与学校的良性合作机制

学校和社区在应对复杂多样的现代性课题时，应摆脱所谓的"教育是学校的职责"这一固化的观念，由社会分担促进儿童成长的责任。社区居民应该充分发挥主体性，支持促进儿童成长的活动，促进社区与学校之间建立新的合作关系。

1. 社区与学校的合作目标

社区学校是当地社区开展学校支援活动的场所。社区学校在开展社区教育活动时，要逐步强化协调职能，扩大活动的范围，以吸引更多的居民参与。

为了让社区与学校合作机制能够持续地、稳定地发展，社区与学校应在培养儿童方面树立共同的目标，从"支援"向"合作"、从"个别活动"向"综合化、网络化活动"发展。这需要具备三个要素：协调职能、多样化的活动、稳定的环境。

2. 社区与学校合作体制建设的方向

为了实现儿童的健康成长，促进居民充分参与社区学校协同活动，要根据不同社区、学校的特色，形成有效的协作机制。所谓社区学校协同活动，是通过学校志愿活动、放学后和星期六的学习支援、家庭教育支援以及学习城市建设等活动，实现社区和学校合作，为肩负未来使命的儿童提供帮助；与此同时，创造出持续发展的社会。幼儿园、中小学、大学、特殊学校等应根据社区的实际情况加入其中。尤其是在大学的社区学校协同活动中，应尽可能地促进社区居民、企业、团体参与其中。

根据社区与学校的实际情况，社区学校协同活动的实施存在差异。为此，都道府县和市町村的教育委员会应该针对不同社区、学校的特色以及区域内体制的整体情况，推进社区学校协同活动的相关体制建设。都道府县和市町村的教育委员会立足于当地的实际情况，制定推动学校协同活动的方针。在都道府县、市町村的教育委员会讨论社区学校协同活动的方针时，应该征求社会教育委员会的意见，有效地推动社区学校协同活动的改进。

3. 丰富社区与学校的合作活动

社区和学校合作的活动主要有书法、家政等，放学后和周六还有读书、实验、手工制作、自然体验活动、运动文化活动或者社区的传统文艺活动。为建设"面向社会的课程"，社区和学校应共同合作，充实活动内容。通过与社区居民的合作，为那些由经济问题或者家庭问题导致学习困难或者没能形成良好学习习惯的孩子提供学习帮助。

为了提供让女性工作与育儿两不误的环境，应设置"放学后教室"和周六活动，帮助儿童养成良好的学习习惯，构建安心的育儿环境。家长们能通过社区与学校联络机构进行轻松愉快的谈话，这也是对家庭教育的帮助。

（四）国家、都道府县、市町村对社区学校的支持策略

1. 国家政策

国家在推进社区学校发展的过程中，要明确其基本的目的、方向，普及其宗旨。为了推广社区学校，支援各社区学校协同活动，联络调整社区协调员，形成整体性的协调机制是非常重要的。为了提高协调员的素质，在加强都道府县、市町村和社会教育相关团体合作的同时，国家有必要对培训协调员的措施进行调整，在法律上明确协调员所需要承担的责任、应具有的资质。

此外，国家应该为各社区配置协调员，提供协调员的进修和培训机会，丰富社区学校协同活动的内容。应该明确推进都道府县、市町村社区学校协同活动的政策；为社区学校协同活动提供制度上、财政上的支持；实现都道府县、市町村协调员的网络化，达到资源共享。

2. 都道府县、市町村的任务及具体推动措施

都道府县教育委员会的重要任务之一是以都道府县儿童的成长和社区发展为基础，与负责社区振兴、社会福利、医疗、防灾的机构合作，领导都道府县社区学校协同活动的发展。市町村教育委员会应该立足于当地和学校特色以及实际情况，推动区域内社区学校协同活动。

其实施策略包括：推动社区学校协同活动的教育委员会要明确发展目标、制订计划，并对社区学校协同活动的改善情况进行跟进；形成社区学校协同活动的推动机制；通过培训提升协调员素质；促进居民参与社区学校协同活动，提高活动的质量。

（五）推动社区学校和社区与学校联络机构发展

社区学校和社区与学校联络机构二者在功能上互为补充，可以通过合作发挥最大效益。

在各种活动的筹划阶段，双方应该形成一致的管理方针和计划，强化协调员与负责推动社区合作的教职员工或学校运营协议会委员的合作，特别是要听取承担社区协调员联络任务的统一协调员的建议，吸收学校运营协议会委员参与社区与学校联络机构的调整。

学校与社区合作发展是日本落实终身学习理念，为学校发展提供帮助的具体实践。它通过改变之前学校教育与社会教育二元对立状况，建立起

学校教育与社会教育的双向互动机制，提高了终身学习的可操作性，促进了终身教育体系的建立。在学校教育和社会教育协同发展的环境下，学校得以最大限度地利用资源，为学生提供更多的学习机会，同时促进了学校与社会的融合，提高了学校的社会性，实现了教育整体性发展。

第四节　教师互学互助体系：教师教育的改进

教师作为学校教育的三大主体之一，是学校改进进程中重要的着力点。2014年7月中央教育审议会接受了文部科学大臣对"关于学校改进中承担着教育任务的师资队伍培养办法"的咨询。教员养成部会对"教师培养、聘用、研修工作小组"等的论点进行整理，将教师培养、聘用、研修一体化改革作为切入点，对贯穿教师职业生涯的职业成长制度进行了重点探讨。2015年7月，中央教育审议会对以上教师教育改革建议进行了总结并予以公布。

一、模式特征

基于中央教育审议会审议结果，教师教育改进主要从研修、任用与培养等三个方面进行，突破先前制度的局限性，以实现教师的终身学习为目标，对各级各类学校的教师教育和发展进行指导。其模式特征可概括为以下三个方面。

（一）内部推动

随着知识型社会的到来和对信息通信技术的深度利用，以及全球化和老龄化趋势日趋显著，教师素质的提高已经成为日本重要的课题，同时也是当下国际社会的潮流。尤其是近年来，人工智能与大数据的研究成果被广泛利用，进一步加速了社会进步。

在这样的形势下，日本为在未来取得更大的发展，着力培养活跃在多个领域的高质量人才。而承担着高级人才培养重任的是学校，学校教育的充实与提高对社会发展具有重要影响。因此，在改善学校教育环境的同时，应注重学校的组织机构的功能与效用，处于教育一线的教师的素养提高尤其重要。

日本一直以来都以"教育即育人"为宗旨，要求每一位教师都应该是高度专业化的个体，都应以增添国家和社会的活力作为己任，树立远大志向并持有坚持不懈的钻研精神。日本《教育基本法》第九条规定，"法律认定的学校教师需要具有崇高的使命感，不断钻研和提升自己，为实现职责不懈努力"。

（二）外部促进

随着社区教育力的弱化和家庭环境的复杂化，社会对学校教育和教师提出了更高的要求。为应对学校面临的诸多问题，2012 年 8 月中央教育审议会确立了培养具有自我探究能力的"学习型教师"的目标，并表示尽快出台具体的"学习型教师"的培养政策。之前日本教师的授课方法受到国际社会的高度评价，尤其是"课例研究"方法备受关注。根据教师教学国际调查（Teaching and Learning International Survey，简称 TALIS 调查）数据，日本教师去其他学校见习的比例较高，因此可以通过学习其他教师授课的经验来改进自己的教学。但是，TALIS 调查也显示，在"如果可以再选择一次工作，还会选择教师工作"问题上，与参与调查的全部经济体中平均 77.6% 的教师认同率相比，日本仅有 58.1% 的认同比例，为参与经济体中的最低值。此外，认为"教师在社会中享有较高社会地位"的日本教师也仅有 28.1%。因此，为形成教师以指导学生为荣、家长尊敬教师、学生有志成为教师的社会系统，日本亟待通过强化教师队伍建设以实现突破性的改革。

　　为了在急剧变革的社会中继承传统、开拓创新，人们在不断完善自身的同时更注重与他人的协作以创造更多的社会价值。学校教育处于儿童步入社会的预备阶段，也是连接社会和社区的重要环节。为提高学校的教育力和组织力，教师个人教学技能的提高意义重大，教师需要具有超越教学内容的教学能力、学习和指导能力、改善学习评价和教学计划的专业能力，同时社会需要为教师提供良好的职业发展环境。

（三）时代动因

　　飞速发展的时代向教师提出了多方面要求，如要求教师具有崇高的使命感和责任感、教育热情、和教职相关的专业知识、实践指导能力、交流能力等。为在社会全面树立教师专业化的形象，日本各界要求教师尽快确立终身学习的形象，自觉提高职业素养，在职业生涯中保持高度自律。教师应适应社会和环境的变化，学习应对各种情况所需的知识，保持旺盛的探究和学习热情，学会收集、筛选有效信息并联系实际灵活运用这些知识。

二、策略实施

　　随着日本教师教育中存在的问题对教师队伍建设的不良影响逐渐凸显，为解决教师资格终身制度、教师指导力不足、大量"证书教师"充斥在教师队伍中等问题，日本政府实施了聘用培养一体化的教师教育改进策略，具体包括教师研修、教师聘用、教师培养、教师资格制度改进四个方面。

（一）校内互助研修制度改进

　　教育委员会基于与大学形成教师培养连携合作关系的政策要旨，秉持着激发教师高度专业化意识的构想，着手构建高质量的教师研修体系。基于"在学校中培养教师"的理念，教育委员会以提高教师资质能力为目标，在根据教师资历和职业能力实施校外研修，提高教师资质的同时，着力扩充和加强校内以职场培训（On the Job Training，即上司、老员工对普通员工、新员工的一种培训方法）为支撑的互助研修制度，让每个教师都拥有自己的研究课题并自觉进行研修。

1. 继续研修制度

除了法定研修制度和各教育委员会规定的制度外，教师之间自发形成的校内继续教育研修组织必不可少。为形成有组织的、以互助提高为目标的合作体制，学校鼓励和促进教师之间结成校内研究合作组。校内研究合作组是由资深教师、中坚教师和新手教师共同组成的合作研究组织。资深教师对新手教师进行授课上的指导，不同层次教师共同进行课程研究，同时促进中坚教师不断进步。

发挥学校领导力，督促建立校内研修机制，制定研修制度和计划，形成组织化的继续研修机构，与大学合作，形成研修和听讲学分制度。由于近年来教师大量流失，学校教师结构失衡，备受社会期待的中坚力量不足，各校研修制度在实际运作中遇到了诸多困难。因此，各社区教育委员会加强区内校际合作，促进公私立学校合作，为不同年龄段和经验水平的教师提供学习机会，加强教师之间的联系，构建共同学习网络。中小学校还通过与师范院校或其他相关教职机构合作，为教师争取更多的进修学习机会。

2. 初入职教师研修制度

如上所述，教师经验少、教学年限不足等问题在日本义务教育阶段学校中较为突出。初入职教师因面对各种校内外培训而普遍存在负担过重、"消化不良"的问题。各都道府县为应对此问题，对初入职教师实施了2年或3年的研修项目，成效显著。各都道府县针对各社区具体情况，充实和改进新教师研修制度和方针。学校返聘经验丰富、指导能力较强的老教师作为新教师的负责人，帮助新教师尽快掌握必备的专业知识、应对不同的教学情况。新教师在指导教师或老教师的辅助下实践，课后进行总结和反思，逐渐成长为一名合格的教师。新教师结合校内和校外的研修，进行演习、模拟作业等多种体验活动，不断提升自己。

3. 针对拥有 10 年经验教师群体的研修制度

由于教师队伍结构不均衡，中坚力量不足等问题凸显，国会针对拥有 10 年教龄教师的研修问题形成了"对现职教师研修与资格认证制度的改进"决议。2014 年 3 月发表的教师资格认证制度更新会议报告指出："在拥有 10 年教龄教师的研修制度上，相关责任人应为现职教师创造更灵活实用的学习环境，构建更系统的研修体系。因此有必要依照公务员特例法对研修方针做出改进。"各责任人依据会议讨论结果，采取灵活的改善措施，鼓励教师发挥自主性，发扬创新精神。转变只有新教师才应接受研修和培训的观念，依据各社区实际情况实施专门面向该教龄阶段教师的听讲研修制度。为使教师具有跻身全球化社会所必备的资质能力，最大限度地发挥校外研修网络的价值，在研修过程中不仅要与师范院校连携合作，还需获得社区和企业的协助，真正实现研修网络化。根据《构建提高中坚教师能力的研修体制》报告，在学校和社区协助下，有效完善中坚教师的交流互换和资格认证制度。

4. 完善研修实施体制

在建立合作学校的理念下，为提供多样化的教师研修机会，国家与教育委员会通过开辟在线研修途径，培养研修领导者和指导教师，落实指导教师的配置，充实和完善研修体制。国家利用信息通信技术开展在线研修，灵活使用青少年教育设施等研修环境，确保教师在学力竞争中具备必要的素质。另外，国家为提高教职工工作质量，提高教育行政人员和教育管理人员的素质，有效提高教务效率，还进行时间管理方面的培训。为实现向竞争型研修体制的转变，培养研修领导者和指导教师的任务愈加明确，如积极促进研修项目的开发与评价，改善研修方法，加大对学校的支持力度，落实指导教师的配置和完善指导体制。

5. 强化教师研修中心机能

作为独立行政法人的教师研修中心在创建各社区教师研修设施和教职大学院等研修网络的同时，通过对教职生涯各阶段所需资质能力的调查、分析、研究等，来强化自身的机能。根据 2013 年 12 月内阁会议决定，教师研修中心为提高教职工工作效率，在教育委员会和大学等机构的协助下，于 2014 年开始扩大研修对象。该法人机构按照时代对教师资质能力的要求以及竞争型教职体制要求，设置了"不同教龄层次的教师教育推进中心"以开发并在全国普及教师研修项目。"不同教龄层次的教师教育推进中心"以中央研修为重点，鼓励教师更好地参与竞争以改善教学质量，进一步完善和革新教育内容、方法等。各社区的教师研修机构还与教职大学院形成连携合作网络，通过对各教龄阶段教师的资质能力进行调查、分析，对教师培养、任用、研修进行进一步整改和提高。

（二）教师聘任制度改进

国家及各都道府县的教育委员会根据教育育成协会的决议，共同促进教师聘用前实践能力的提高。具体方法是，各都道府县对教师聘用考试的内容进行重新研讨，着力改善教师资格证的授予办法，对有能力但没有教师资格证的人员的相关政策进行进一步研讨。

1. 入职前的准备工作的整顿

为防止在教师聘用中出现错误判断，新规定更加重视教师聘用前的实践能力。一部分教育委员会为使教师在入职时掌握最基本的实践能力，鼓励志愿成为教师者在"教师培训学校"实习，鼓励预备入职的教师入职前在将要工作的学校中进行校务体验。

2. 教师聘用考试内容的讨论

为减轻各都道府县在招聘考试试题制定上的负担，确保选拔高度专业化的教师，教育委员会对各都道府县教师选拔考试内容进行统一把握。教师研修中心基于教师资质能力提高的相关调查，对研制教师招聘考试的统一试题进行了研讨。

3. 特别资格证制度的运用

为应对多样化、复杂化的教育课题，提高教育质量，选拔高度专业化的人才，日本采用了特别资格认证制度和特别讲师制度。由于特别资格授予标准和程序还不尽完善，2014 年 4 月各都道府县以特别资格授予标准为议题进行了讨论。特别资格认证制度是为了选拔社会中具有高度专业知识的人才而采取特别的选拔方式和研修方式的制度。该制度意在选拔各领域中有突出才能并有志于成为教师的人才，是教师培养、聘用、研修一体化改革中吸纳人才、培养人才的重要一环。

（三）师资培养改进

师资培养改进主要从提升师资培养质量、提高课程质量两个方面进行。

1. 导入教育实习制度

教师教育专业的教职课程要求学生具有体验学校教育教学活动、教务、社团活动及接触学校各部门工作和业务等实习经验或志愿者经验。学生通过长时间在教育现场的工作体验，加深对知识的理解，将学到的理论与实际相结合，在真正的教育活动中形成基本的指导能力。通过实习活动，学生可以切身体会教学与教职工作，对教师所应具备的资质能力有更具象的体会，也可依据自己的性格特质反思自己是否真正适合教师职业。对接收实习学生的学校来说，也可以通过这些活动吸纳社区优秀人才，确保人才引进。为保证实习活动的顺利开展，教育委员会和教职大学院的连携合作机构应努力确保接收校和实习内容妥善安排，保证实习生在实习中和实习后均能接受充分的指导和帮助，了解学生和学校的诉求，提供必要的信息，最终建立起完备的实习环境。现在，学校教育实习不仅已经全部义务化，也成为各大学教职课程评价学生的重要方面。

2. 保证与提高教职课程质量

根据中央教育审议会答申内容，日本专门设立面向大学的教职员培养课程委员会，负责教职课程的充实与调整，保证教育实习的顺利实施，与教育委员会形成连携合作关系，共同致力于教职课程的改善。教职员培养课程委员会主要负责教职课程内容、统一成绩评价基准，以有效提高教职课程的实施质量和教育课程质量；设立大学教职课程专门审查机关，实地审查教职课程，督促各大学提高教职课程水平。尊重各大学教职课程的多样性，促进学校之间、教师之间的相互学习和交流。评价机构与评价团体的建立有助于各大学考察自己的教育内容与方法，在相互交流中提升教师培养质量。此外，提高教职课程指导教师的资质能力尤其是指导能力，使之具有应对学校教育实际课题的能力，以及在理论和实践两方面指导学生的能力。加强教职课程与教学指导法课程的联系，凸显教职课程的特色。鼓励教职大学院与其他大学合作开设新兴专业，将教学科目内容与教学指导方法联系起来，加强两方面的统合。

（四）教师资格认证制度改进

教育委员会审议了针对不同类型、不同层次学校而设立的不同种类的教师资格认证制度，依据不同学校和教育现场的需要，对教师资质能力的考察更加灵活。政府鼓励高度专业化的教师向小学流动，担任年级主任等职务，加强对小学教师的专业性指导。当申请教师拥有其他种类学校的教师资格证时，将重点考察教师的教职经验和研修学分。鼓励没有教师资格证书但拥有出色的知识经验并志愿从教的人员从事教师职业。

上述改革力求为培养高度专业化的教师而建立连携互动型的教师培养体系，最终实现教师培养、聘用一体化。这一系列教师教育改进意在建立国家、教育委员会、公私立学校与各大学之间的合作互助网络，为教师提供了多样化的研修机会和完备的研修环境。

综上所述，日本学校改进经历了萌芽、探索与发展阶段。除一直关注政策层面的改进之外，进入20世纪90年代后，逐渐转向实践改进；不仅在学校内部进行改进，更延展到外部，形成学校与各级政府、社会各类教育机构改进的合力。日本学校改进除关注学生的成长与发展之外，还着眼于培养终身学习型教师。这一系列改进措施，最大化地确保了教育公平，提高了学校教育的质量和效率，也为其他国家的学校改进提供了借鉴。

日本学校改进也存在一些问题。在学校评价方面，由于各学校评价内容不均衡，学校评价还未取得家庭和社区的充分理解和参与，还存在流于形式的现象，因此学校评价的标准化水平还有待进一步提高。另外，在学校改进的过程中，应避免学校之间过度竞争的现象。如实施中小学一贯制后，家长都倾向于选择发展较好的一贯制学校，这对其他普通中小学来说是一种资源的抢占。这与为一切儿童提供公平的教育资源和教育机会的理念相悖。

日本学校改进经历了从追求教育机会平等到追求教育质量均衡的发展过程，学校改进的价值取向日趋多元化。日本学校改进从最初扩大初等教育机会、追求教育公平，到强调基础教育资源均衡配置，努力提高中小学教育质量，促进学校发展多样化，经历了从量的普及向质的提升的发展。继续提高教师资质能力，完善教师研修制度，是日本学校改进的重要着力点。日本通过构建教师培养、聘用一体化系统，形成高度专业化的教师培养体系。

综上，日本学校改进正朝着价值多元、质量提升、追求公平的方向努力。

第七章
澳大利亚学校改进模式与策略

　　澳大利亚的基础教育是在适应本国政治、经济、文化的发展过程中不断改革和发展起来的，同时它又借鉴了欧美一些国家的办学思想和经验，逐步形成了具有本国特色的基础教育体系和二元化办学体制。（牛道生，2004）[2]

　　1957年9月澳大利亚科学院向联邦政府提交的关于科技人才的报告及同年澳大利亚大学委员会主席默里爵士发表的报告都指出，大学科学训练的基础是中小学教育，尤其应注重中小学生科学素养的培养。（李新翠，2015）[14] 后来，澳大利亚教师联合会倡议召开全国教育大会，呼吁联邦政府资助中小学教育，改进中小学教学设施，提高教学水平。基于以上报告，1963年联邦政府宣布建立"联邦科学实验室"，为公立和私立中小学拨款，自主推进科学教育。（牛道生，2004）[55-56]

　　从20世纪50年代开始，澳大利亚联邦政府便开始对非公立学校（包括自治学校和教会学校）进行资助，虽然最开始为这些学校提供资助是为了获得相关群体的支持，但是这确实保障了家长们为其子女择校的权利。（Griffin，2014）[153] 很多西方发达国家，如美国、英国都没有资助非公立学校的传统，而在澳大利亚，自治学校的大部分经费来自联邦政府，绝大多数公立学校的经费来自州政府。（Griffin，2014）[153] 非公立学校由于经费来源的多样性，发展渐渐超越公立学校，其资源的丰富性吸引了更多素质较高、经验丰富的教师，并且将很多具有较高家庭社会经济地位的学生从公立学校吸引过来。（Griffin，2014）[153-154]

澳大利亚民族多样，并且其学校教育体系也十分复杂。澳大利亚学校改进的实践从某种程度上讲是同整个澳大利亚基础教育改革以及中小学质量的提升密切相关的。因此，本章将对澳大利亚的学校改进进行探讨，首先按照学校改进的发展历程将其划分为不同阶段，分析不同阶段的特点；然后对 21 世纪以来澳大利亚实行的三个著名的学校改进项目进行详细的分析和讨论。

第一节　澳大利亚学校改进的发展历程

虽然在 19 世纪末、20 世纪初便有了学校改进的相关论述和思想，但是澳大利亚的学校改进始于 20 世纪 70 年代初。总的来说，根据每个阶段呈现的最突出的特点，可以将澳大利亚的学校改进分为三个阶段，分别是增加投入导向的学校改进、学校赋权导向的学校改进以及公平和质量兼顾的学校改进。

一、增加投入导向的学校改进

20 世纪 70 年代初到 80 年代初，澳大利亚的学校改进是以增加投入为导向的。1973 年 5 月，由卡梅尔（Peter Karmel）担任主席的教育临时委员会发表了题为《澳大利亚的学校》（Schools in Australia）报告（也称"卡梅尔报告"）。该报告得到了新当选的惠特拉姆工党政府的重视和支持，其中很多建议被政府所采纳。该报告确定了联邦政府在学校教育中的作用，并制定了一套对私立学校进行分类和拨款的制度，这一制度沿用了20多年。（马金森，2007）[37] 该委员会所提议的拨款制度用以保证所有的学校都可以达到可接受的最低标准，由此澳大利亚联邦政府的资助范围扩展到了私立学校。除此之外，一些特别基金被引入薄弱学校、特殊教育以及教师专业发展和创新等方面。（Griffin，2014）[9] 其中"弱势学校计划"试图利用教育来消除贫困，是日后一系列积极区别对待方案和以提升入学率为目标的计划的原型。（马金森，2007）[37] 该报告还确立了办学中的一个共同的投入标准，该标准远高于当时公立学校和天主教学校普遍的投入水平。该报告承诺要为全体人民提供一种更公平的教育竞争环境，同时也提供高质量教育和更多慷慨的机会。（马金森，2007）[44]

"卡梅尔报告"中提出的慷慨资助具有较大的局限性。首先，"卡梅尔报告"要求学校自主提供运营资源的数据。由于私立学校对私人投资的统计是有选择的，其资源统计是不完整的。私立学校的资产和资源，比如楼房和以象征性的租金租来的财产，来自基建工程和贷款服务的政府收入，土地税、地方税的免除额以及工资税等全被从资源统计中去除了。（马金森，2007）[49] 它低估了私立学校可利用的资源，夸大了它们的需求，人为地扩大了给它们拨款的规模。

通过把不同类别学校之间的固有差异简化为两种类别的学校之间的经济差异，"卡梅尔报告"掩盖了公立学校、私立学校和天主教学校之间的地位差异，也使公立学校和私立学校之间的紧张关系被隐藏起来。（马金森，2007）[50]

二、学校赋权导向的学校改进

从20世纪80年代中期到90年代末，澳大利亚经历了以学校赋权为导向的学校改进。从1973年发布"卡梅尔报告"开始，澳大利亚便开始了在联邦政府层面和州层面的教育权力下放，并且在过去的40多年中经历了好几次反复。澳大利亚各州（地区）的教育权力下放改革体现出一定的地域差异，改革的具体措施有所不同。但是，核心是一致的。具体而言，在此之前，更多的教育权力已经从澳大利亚联邦政府下放到了各州（地区），因此，后来的权力下放主要体现为从各州（地区）下放到地方政府和学校。尤其是90年代中期以后，权力下放体现出更为明显的向学校层面推进的"深度分权"特色。它们的基本做法是：减少政府不必要的管制，引进市场机制，扩大学校的办学自主权，赋予学校更多的权利和责任，增加学校层面的公众决策参与，推动学校的自主发展。（贺武华 等，2009）例如，西澳大利亚州教育部于1987年发布了《让西澳大利亚的学校更美好：一个改进计划》。该报告建议，通过权力下放、责任分散以建立一个有社区参与的未来自治学校体制，是西澳大利亚州学校制度重建的蓝图。（贺武华 等，2009）新南威尔士州在1989年发布了《学校复兴》报告，开始推行教育分权计划。（贺武华 等，2009）澳大利亚教育分权改革直接导致了学校的自主办学、校本管理的出现。澳大利亚的自我管理学校是一种在中央确定的目标、政策、标准、绩效责任框架内拥有有限自主权的学校，换言之，这样的自我管理学校在中央决策框架内获得了相当大的权力和责任，学校可以对诸如知识、技术、权力、物质资料、人员、信息等广义上的资源进行配置。它遵循着"赋予学校决策权，将有利于学校改进"这一基本假设，把学校作为实施教育改革的基本单位，通过权力的重新配置来推进公立学校的变革与发展。（贺武华 等，2009）

1988年，《加强澳大利亚的学校》（Strengthening Australia's Schools）提出了学校改进的六大领域：一个统一的课程框架，一个统一的评价方法，提高后义务教育阶段的入学率，优先改善教师的培训，增进教育中的平等，加大教育中的投资。（O'Donoghue et al.，1998）[76]

虽然在此期间，工党政府比其保守党对手或新右派更加重视公平政策，但依然没有忽视为学校赋权。1983—1996年工党政府把教育和其他方面的

公平视为将国家团结起来的力量。在《走向更公正的澳大利亚：工党领导
下的社会公正》中，政府声称，"它致力于让促进社会公正成为经济政策的
主要目标，并成为在达到经济目标的过程中一个必不可少的因素"。工党政
府提出的社会公正包括四个关键因素，分别是：公民权利、法律权利和产
业权利的平等，经济资源分配的平等，个人发展、社区生活和政策决策的
参与机会，对基本服务比如教育的"公正、平等的享有权"（马金森，
2007）[158]。不过，在教育中，公平被窄化为入学机会公平，政府关注那些被
认为能决定个人的教育参与度的因素，包括所在的社会团体，它被认为是
能够影响教育成效的个人背景特征。（马金森，2007）[158]

三、公平和质量兼顾的学校改进

进入 21 世纪以来，澳大利亚开展了兼顾公平和质量的学校改进。在以
霍华德（J. Howard）为首的自由党-国家党联盟执政期间，政府注重教育的
投入和质量的提高，强调教育的市场化，鼓励创办私立学校，推行择校政
策。为促进学校间的竞争，扶持私立学校，2001 年澳大利亚联邦政府实行
新的教育拨款模型，即社会经济地位模型（SES Model），取代以前基于需
求的教育资源指数模型（education resource index model）。新的模型根据私
立学校所在社区的学生家庭背景，如父母职业、受教育程度和收入等，来
预测所在社区对学校的经济扶持能力，从而分配政府拨款的额度。这种拨
款模型的改革使得私立学校有更加优厚的教育资源，比公立学校更加具有
竞争性，因而能够吸引更多有条件的家庭选择。（徐晓红，2014）澳大利亚
PISA 测试结果出现退步之后，霍华德政府强调要从提升教师质量入手提高
教育质量。在 2000 年推行"21 世纪的教师"（Teachers for the 21st Century）
政策后，又在 2003 年实施了"澳大利亚教师：澳大利亚的未来"计划
（Australia's Teachers：Australia's Future），强调通过提高教师质量来改进学
校效能，改善学生的学习成果，如在教师待遇方面进行改革，培养校长领

导力，注重教师专业发展，吸引优秀人才加入教师队伍，在教师中形成创新和学习的文化氛围。（徐晓红，2014）

　　2007 年，工党领袖陆克文（Kevin M. Rudd）担任澳大利亚政府总理。陆克文相信市场竞争机制，批判撒切尔主义和新自由主义，提倡第三条道路，认为政府应该对竞争市场进行恰当的监管和在发生金融危机时进行干预，推行了升级公立学校基础建设的教育革新构建项目（Building the Education Revolution）。陆克文政府改变了 20 世纪末"自我管理"的教育治理思想，逐渐将教育权由地方回收至中央，加强国家对各地区教育的宏观调控，加强国家监测和问责制度。他提出，要在教育领域进行大刀阔斧的改革："相关证据表明，一个国家的社会和经济方面的成就与这个国家在其国民的教育和培训方面的投入是密切相关的。在学前教育、基础教育、职业教育和中学后教育以及研究等方面，澳大利亚明显落后于其国际上的竞争者。工党相信我们需要对教育进行改革，进而呈现一个新的国家视角，因为澳大利亚要成为世界上教育最发达的国家、技术发达的经济体和劳动力得到充分培训的国家。"（Griffin，2014）[255] 政府开始注意到基础教育的公平问题，加强政府在基础教育中的控制权力。他同时任教育、就业和劳动关系部部长吉拉德（Julia Gillard）一起践行"全方位、多层次、高质量教育革命"的承诺，并且与各州（区）教育部官员联合签署了《墨尔本宣言》（Melbourne Declaration），他们承诺会展开密切合作以推动澳大利亚的学校改进。（Griffin，2014）[255] 这一时期教育改进的重点在学校问责方面，通过对学生学业表现的测量，评估学校和教师的表现。如果某些校长不能实现学校的重组和融合，某些教师不能改善其教学结果，那么他们将面临被解雇的风险。（Griffin，2014）[255]《墨尔本宣言》里提到，20 年来教育所面临的变化有如下五个方面：（1）过去十年全球一体化进程为澳大利亚带来了新的机遇，加强了全球对社交、文化和宗教多样性的认识和尊重，全球对教育的需求也随之增长。（2）印度、中国以及其他亚洲国家迅速崛起，对世界影响随之扩大。澳大利亚应当通过与亚洲建立紧密关系，加深对亚洲的了解。（3）全球化与信息技术的迅速发展对澳大利亚人的教育与技能水平提出了更高的要求。（4）全球面临着来自环境、社会和经济的三重压力，全球变暖是全球面临的挑战，各国需以新的方式进行合作。（5）快速更新换代的信息通信技术改变着人们接受、传播和处理信息的方式，并对青年提出了更高的技术要求——不仅要学得会，更要学得精。　（张玉娴，2015）[19-20]2008—2012 年澳大利亚实施了一系列改革措施，改革的重点主要有三个方面：提升教育质量、促进教育公平、加强各个层次学校的问责制与信息透明度。改革的举措涉及教学大纲、成绩评估、教师质量和教育拨款等几个方面。（徐晓红，2014）

自 2008 年以来，澳大利亚先后实行了"智慧学校：澳大利亚国家伙伴协议"项目、"学生优先"一揽子改革项目以及"高品质学校和高水平学业"项目，试图借助这一系列学校改进项目，提高澳大利亚学校的教育质量和不同社会经济背景学生的学业水平。

总体而言，从 20 世纪 70 年代开始，澳大利亚联邦政府和各州便致力于学校改进，采取了多种措施来推动和促进学校教育质量的改善。经过 40 多年的发展，澳大利亚的学校改进项目不断推陈出新。由于澳大利亚的政治体制，其学校改进项目的延续性受到了一定的影响。自 2015 年 9 月起，澳大利亚由自由党执政，开始了新一轮的方针政策的调整和学校改进。

第二节　高品质学校和高水平学业：优质、卓越、综合的学校改进

高质量的学校教育体系是各个国家政府共同的追求，也是帮助每个学生为将来的成功人生奠定良好基础的前提。澳大利亚政府一直致力于建设高质量的学校体系以让每个澳大利亚学生都可以在经济社会中充分发挥自己的潜力。2016 年 5 月 1 日，澳大利亚总理特恩布尔（Malcolm Turnbull）

和教育与培训部部长伯明翰（Simon Birmingham）共同发布了学校改进项目——"高品质学校和高水平学业"。（Australian Department of Education and Training，2016）。该项目规划了基于证据的学校改进方式，以提升不同学校以及不同社会经济背景的学生的学业成绩。澳大利亚联邦政府与各州政府、地区政府以及非政府部门，就利用资助记录来提升澳大利亚学校教学水平和学生学业水平开展广泛合作。"高品质学校和高水平学业"项目将开展基于证据的改革，以便提升学校教学质量和学生学业水平。具体而言，将从改善学生读写、算术和 STEM 学科（即科学、技术、工程和数学）的表现，提升教师质量和学校领导力，帮助学生为迎接全球化时代做好准备，关注处境不利学生的成长和发展，提高透明度以加强公共问责等五个方面来开展具体措施。（Australian Department of Education and Training，2016）该项目遵循如下几条原则：第一，关注具有显著成效的领域，确保未来的预算投入到那些已被证明可以帮助学生取得显著进展和成效的领域；第二，为最需要的人群提供支持，即确保最需要获得帮助的学生可以得到相应的支持以实现成功，以及确保教师可以得到相应的帮助来为每个学生的成长和发展提供所需要的支持；第三，确保所有的学生为全球化时代做好准备，即确保年轻人在离开学校时掌握了未来的工作和学习所必需的技能，成为一名积极参与社会的合格公民；第四，通过提高透明度来加强问责，即确保学生、教师、家长和社区成员都能够获得有关学生和学校表现的信息以及学校获得的资金支持的情况，确保他们都能够分享到那些可以提升学校的教学水平和学生学业成绩的措施的信息。（Australian Department of Education and Training，2016）

一、模式特征

澳大利亚联邦政府对学校教育系统的资助在 2004—2014 年经历了大幅度的增长，其规模远远超过州政府的资助。已有数据显示，从 2004—2005

学年到 2013—2014 学年，联邦政府每学年给予公立学校的生均经费增长了66.1%，每学年给予非公立学校的生均经费增长了 18%。同一时期，各州和地区政府每学年给予公立学校的生均经费增加了 6.7%，而给予非公立学校的生均经费增加了 12.3%。（Australian Department of Education and Training，2016）2017 年 6 月 23 日，联邦议会通过了《澳大利亚教育法（2013）》的修正案，"高品质学校和高水平学业"项目的补充项目"高品质学校"资助政策得以实施。该政策规定，澳大利亚联邦政府对学校系统的总投入到 2027 年将增长到 2472 亿澳元，其中每年的常规性投入将从2017 年的 175 亿澳元增长到 2027 年的 306 亿澳元。澳大利亚联邦政府将继续保持其在非公立学校经费支持中的主导地位，并且其为非公立学校提供的经费也在持续不断地增加。（Australian Department of Education，Skills and Employment，2022）

从 2017 年开始，澳大利亚联邦政府首次实施基于需要的学校资助模式。该资助模式以学校资源标准（Schooling Resource Standard）为基础，为每个学生提供基本的资金，并为处境不利的学生提供额外的资金支持。该资助模式力求保证来自同一个体系的具有同样需求的学生能够得到联邦政府的相同的支持，而不会因为他们在不同的州而有所不同。与此同时，那些需求更大的学生所在的学校将会得到澳大利亚联邦政府更多的资金支持。

2018—2020 年，联邦政府对学校的资助根据学校的入学人数进行调整。这一措施将教育部门的影响同教育的成本更加密切地联系在一起。相应地，联邦政府在 2017—2018 年为学校系统提供 12 亿澳元的资助。（Australian Department of Education and Training，2016）2018—2020 年，联邦政府将学校资源标准提高 3.56%，比实际成本增长率更高。从 2021 年开始，学校资源标准要么按照比实际成本高 3%，要么按照 75%的工资综合指数和 25%的消费者价格指数进行计算。

如果算上对学校教育系统的额外投资，那么澳大利亚联邦政府在学校教育系统的投入将达到 763 亿澳元。这意味着，从 2015—2016 学年到

2019—2020 学年学校经费将增长 26.5%，对公立学校和非公立学校的资助将分别增长 33% 和 22.7%。（Australian Department of Education and Training, 2016）从 2018 年开始，联邦政府要求各个州和地区政府将对学校的资助聚焦在提升学生学业成绩上。另外，联邦政府的资助会根据各个州、地区以及非政府部门达到改革要求的情况而定。研究显示，对于澳大利亚这样的高收入国家而言，要想构建一个卓越的教育体系，需要的不仅仅是钱。换句话说，如何分配及使用这些资源比投入更多的资源更重要。（OECD, 2012）因而澳大利亚联邦政府要求，教育系统和学校要对联邦政府资助的经费负责，并且证明这些经费确实提高了学生的学业成绩。另外，所有的学校需要制定一个经费安排来确保支持学生学业进步和成长。未来，学校的经费预算安排要遵循如下原则（Australian Department of Education and Training, 2016）。

（1）在偿付范围之内。资助的经费必须在偿付范围之内，并且要基于现实预算。

（2）有利于每个学生的发展。澳大利亚联邦政府意识到多样的学校部门的意义，以及提供一个有利于每个学生的资助来支持学校教育和家长选择的重要性。

（3）基于需要。资助的经费需要直接分配到最需要资金的地方，针对具有不同的特殊情况的学生①要有不同的成本预算。

（4）稳定。资助模式要有一定的稳定性，不能年年都在发生重大变化。与此同时，资助经费要同学校的支出成比例。

（5）简洁、公平和透明。资助模式要足够简洁，以便学校的校长、教师、学生以及家长和社区都可以很好地理解。另外，全澳大利亚的资助模式要具有一定的一致性。澳大利亚联邦政府还成立了国家学校资源董事会（National School Resourcing Board）来提供独立的关于经费使用的监管。该

---

① 具有特殊情况的学生包括残疾学生、原住民学生、低社会经济地位的学生、英语不熟练使用者、来自偏远山区的学生等。

董事会根据《澳大利亚教育法（2013）》修正案和《澳大利亚教育规定
2013》（Australian Education Regulation 2013）来检视资助模式的要素。
（Australian Department of Education，Skills and Employment，2022）

（6）增加资助是手段不是目的。联邦政府增加了对学校教育体系的资
助，期望可以在未来切实提高学校的教学质量和学生的学业成绩。为了确
保日益增长的学校资助真正有助于学生学业成绩的提高，联邦政府专门成
立了一个工作组来开展相关研究，提交《澳大利亚学校实现卓越的回顾》
（Review to Achieve Educational Excellence in Australian Schools），同时还就
2018 年之后如何对联邦政府的额外资助进行分配以提高澳大利亚学校的教
学质量和学生的学业成绩提出建议。

二、策略实施

总体而言，澳大利亚"高品质学校和高水平学业"项目主要是从改善
学生在读写、算术和 STEM 学科等方面的表现，提升教师质量和学校领导
力，帮助学生为迎接全球化时代做好准备，关注处境不利学生的成长和发
展，提高信息透明度以加强公共问责等几个方面来进行学校改进。可以发
现，其中三项是从学生的角度，一项是从学校教师和校长的角度，还有一
项是从学校信息公开的角度进行设计的。

（一）提升学生读写、算术和 STEM 学科等方面的表现

1. 保证教师质量和采用清晰的教学方式

学校教育体系应该保障所有学生学习的权利，以保证他们在离开学校
时可以掌握在这个全球化社会中生活和工作的技能。好的读写能力和算术
能力是在学校取得学业进步的基础，同时也是进入更广泛的学习和工作环
境的基础。相关研究表明，教师的质量对于学生的表现具有 30% 的解释力，
因此澳大利亚政府十分重视如下领域的改革：保证教师具有作为专业人员

所要达到的读写或算术能力，要求教师在学校采用清晰的读写和算术教学方式。研究显示，采用清晰的读写和算术教学方式对于提高学生的学业成绩有着极其重要的影响，可以确保学生很好地掌握这些技能。（Hattie，2009）有研究者宣称，澳大利亚的教学并不十分有效，近百万名学生在阅读方面是失败的。

2. 评估一年级学生的读写、语音和算术能力

澳大利亚每年都对一年级学生的读写、语音和算术能力进行评估，并且会提供相应的报告给家长，这样可以尽早地识别出哪些学生处于落后状态，并在差距进一步扩大之前采取相应的干预措施以改善他们的学习状况。除此之外，这也可以作为教师教学结果的反馈，并为他们改善自己的教学设计以及改进教学质量提供依据。（Australian Department of Education and Training，2016）

3. 学生要达到的其他要求和标准

为了改善学生 STEM 学科的表现以及学生参与学校教育的情况，澳大利亚政府要求在 5 年之内所有的 12 年级学生都要达到读写和算术的最低标准，成功完成英语（或者人文社会学科）和数学（或者科学）的学习，这将作为其进入中学后教育机构进一步学习的前提条件。（Australian Department of Education and Training，2016）澳大利亚政府强调在高中提供种类丰富的 STEM 课程以供学生根据个人的兴趣爱好进行选择；增强高中学生和教师对 STEM 学科的认识，意识到 STEM 学科对学生未来学习和发展的重要性；将 STEM 学科的表现作为学生进入第三级教育机构的要求。（Marginson et al.，2013）未来的工作要求所有的工人具备更高层次的技术素养，澳大利亚政府强调 STEM 学科的重要性，不断要求提高学生的 STEM 学科表现，以确保学生为未来的工作做好准备。除此之外，一些州设置了中学生的读写和算术技能的最低标准，如西澳大利亚州教育认证中心要求学生要么通过在线读写和算术技能评估，要么在九年级的全国评估测试中阅读、写作和算术的总分达到 8 分。（Australian Department of Education and Training，2016）

（二）提升教师质量和学校领导力

有证据表明，提升教师的质量和学校管理者的管理水平可以促进学生的学习。如果教师质量提高 10%，那么学生的学习成绩每年至少可以提高 5%。（Australian Department of Education and Training，2016）教师不能在没有证明其教学能力以及开展有效教学之前自动获得更高的薪酬。首先，将教师的报酬同他们教学的表现紧密联系在一起，将其教学业绩作为奖励的依据。另外，通过薪酬、奖励与绩效的联系，反过来刺激教师进一步提高其教学水平。其次，获得合格教师资格认证的教师需要在三年内达到熟练水平。（Australian Department of Education and Training，2016）再次，学校系统应该设定雇用 STEM 学科合格教师和原住民教师的目标。最后，学校必须将符合全国教师专业标准的不同层次（合格、熟练、高成就和领导）的教师雇用人数公布在"我的学校"网站。

相关研究表明，高绩效的校长可以明显提高特定类型学生的学业成绩。换言之，学校领导在提高学生的学业成绩方面有着至关重要的作用。如果学校领导更多地关注他们自身的影响、他们的学习以及他们与教师在教与学等关键事务上的合作关系，那么他们对学生的学业成绩将产生更多的积极影响。第一，鼓励校长及学校领导团队更多地关注自身技能和知识的发展以成为高效的学校领导者。第二，要求所有的校长在正式任职之前通过全国校长认证程序，以便他们可以更好地担任一所学校的校长，扮演好学校领导者的角色。为了成为一名通过认证的合格领导，有抱负的校长需要提交一份关于其专业素养或资格、领导经历的文件，以证明他们符合澳大利亚全国校长专业标准。（Australian Department of Education and Training，2016）第三，各州政府和地区政府需要设立一些激励措施来吸引和留住处境不利的学校的领导者。

（三）帮助学生为迎接全球化时代做好准备

当今世界，为了更好地迎接全球化带来的挑战，各个国家都在致力于改善本国的教育，提升国民的全球竞争力。澳大利亚联邦政府主要从提升学生的语言能力、帮助学生做好职业生涯规划以及培养学生的21世纪技能等三个方面，提升澳大利亚学生的全球竞争力。

1. 提升学生的语言能力

OECD关于认知学习和脑科学的研究表明，越早开始教授孩子第二外语，他们就学得越快越好。（OECD，2007）换言之，如果学生更早地开始学习第二外语，他们就更容易掌握这门语言。学习除母语外的其他语言可以促进学生的认知发展和学业进步。（Australian Department of Education and Training，2016）正是由于意识到早期外语学习的重要性，在"高品质学校和高水平学业"项目中，澳大利亚联邦政府要求在学校教育的起始阶段拓展早期语言学习项目，以便学生尽可能早地接触到其他语言。另外，联邦政府也鼓励各州教育部放宽语言教师的准入要求，那些某种外语的熟练使用者不必获得四年的学位，便可以成为学校的语言教师。除此之外，澳大利亚联邦政府还同各州政府和地区政府、非政府部门以及高等教育机构展开密切合作，发展资历合格的其他语言教师。（Australian Department of Education and Training，2016）澳大利亚联邦政府希望让学生尽早地学习英语以外的语言，以便更好地掌握及精通这些语言，进而了解语言所承载的文化，更好地开展国际交往。

2. 帮助学生做好职业生涯规划

相关研究表明，开展有效的关于职业教育和中学后教育的咨询可以提高学生在中学时期的教育参与度和成绩，可以提高学生的自我意识和自信心，让学生更加积极主动地管理他们的未来，比如获得较高的薪酬和工作满意度。有鉴于此，澳大利亚联邦政府与工业部门、各州政府和地区政府、非政府部门展开通力合作，共同开发新的临时全国职业生涯教育战略，为中学生提供更好的关于职业教育和中学后教育的建议。（Australian Department of Education and Training，2016）除此之外，澳大利亚联邦政府鼓励6—10年级学生开展对话，讨论其他国家中学生面临的职业议题，以帮助学生更好地了解国内外的就业市场和热议话题。

3. 培养学生的 21 世纪技能

随着知识经济的快速崛起，学校培养出来的学生不仅要具备工作所需的相关专业技能，还要掌握一些核心技能，一些学者将其概括为 21 世纪技能。关于 21 世纪技能，学界一直存在争议。总体而言，主要包括问题解决能力、沟通能力、合作探究能力、创造力和创新能力、批判性思维、领导力等。[①] 这些技能对于学生在将来顺利进入瞬息万变的就业市场，并且在职场中脱颖而出有着至关重要的作用。为此，澳大利亚联邦政府鼓励教育系统和学校在教学过程中创造更多的条件和机会来培养学生的 21 世纪技能。另外，澳大利亚联邦政府十分强调通过专门的评估工具来衡量学生在这些方面的能力以及他们的发展。(Australian Department of Education and Training, 2016)

(四) 关注处境不利学生的成长和发展

1. 加大对处境不利学生的资金投入

国际研究显示，来自低社会经济地位家庭的学生更容易在学校中表现不佳，更容易辍学，相对而言也更不容易获得好的工作。(OECD, 2016) 澳大利亚联邦政府为各个领域处境不利的学生[②]提供额外的支持，以确保他们能够获得充足的资源以取得学业上的成功。澳大利亚联邦政府 2014—2017 年一共向残疾学生投入了 53 亿澳元，这是澳大利亚联邦政府第一次为残疾学生群体投入如此多的经费，仅 2016 年和 2017 年就分别投入了 14 亿澳元和 15 亿澳元。2016 年，澳大利亚联邦政府提供额外的 11820 万澳元给学校以支持残疾学生的教育。同时那些接收原住民学生、英语不熟练学生、

---

① 也有学者和机构认为 21 世纪技能包括学习技能（批判性思维、创造性思维、合作探究、沟通交流）、读写技能（信息素养、媒介素养和技术素养）和生活技能（灵活性、首创性、社交技能、创造力和领导力）。

② 处境不利的学生包括来自低社会经济地位家庭的学生、原住民学生、英语不熟练学生和残疾学生等。

残疾学生和低社会经济地位家庭的学生的学校得到更多的资助。在获得更多资助的同时，政府要求这些学校定期披露资金使用的报告，以表明资金如何被用来提高目标群体的学业成绩。

2. 采取措施保证处境不利学生的出勤率

相关证据表明，学校出勤率已经成为影响学生学业成绩的突出因素，低学校出勤率与一系列不好的结果联系在一起，比如低学业成就、辍学、药物滥用、贫穷、失业以及身体亚健康等。因此，澳大利亚联邦政府试图通过保障学生的学校出勤率来提高其学业成绩。澳大利亚联邦政府在一些处于偏远山区的学区雇用当地的学校出勤监督人员和学校出勤办公室的人员，让他们同学校的校长和教师以及家长共同开展保障学生每天到校上学的工作。他们还会在家长群体中广泛宣传每天到校上学的重要性，以引起家长们的重视，让家长们意识到"每天待在学校学习将成为孩子们美好人生的开始"。澳大利亚联邦政府要求所有学生达到特定的出勤目标，包括原住民学生，以确保所有的学生在学校的教与学中有所收获。（Australian Department of Education and Training，2016）

3. 针对处境不利学生的其他措施

澳大利亚联邦政府还采取了其他一些措施，来改善处境不利学生的学习环境、条件。首先，澳大利亚联邦政府为处于偏远山区的学校以及规模较小的学校提供额外的资助，帮助学校提供高质量的教育。那些处于偏远山区的学校或者规模较小的学校往往也是处境不利的学生聚集的学校。帮助这些学校提升教学质量，能够为处境不利的学生提供更加全面的支持。其次，澳大利亚联邦政府鼓励州政府和地区政府采取积极的激励措施，吸引优质教师去处境不利的学校任教。相关研究表明，优质教师在处境不利的学校任职可以帮助整个学校系统提升教学质量。（Thomson et al.，2013）最后，澳大利亚联邦政府和州政府、地区政府以及非政府部门展开通力合作，共同建设全国残疾学生跟踪数据库，为相关决策提供信息支持。（Australian Department of Education and Training，2016）

（五）提高信息透明度以加强公共问责

提高教育系统的透明度是保持公众对教育的信心的重要因素。政府的资金是如何分配的？学校是如何使用这些经费的以及取得了怎样的结果？这些需要向公众说明。相关证据表明，针对学校结果建立清晰的问责制有助于建立一个良好的学习环境以鼓励学校领导者、教师和学生进行创新和保持卓越。公开学校信息也意味着学生、家长和教师可以获得相应的证据，以便在关于学生的学习方面更好地决策。强调问责有助于为教师和领导者提供相关的信息来对学生的学业表现进行评估，并以此来决定哪些方面需要干预和进行政策的调整，从而让教学更加有效。（Australian Department of Education and Training，2016）

首先，澳大利亚联邦政府要求学校每年为家长提供读写和算术的报告，家长可以通过报告知道他们的孩子在阅读、写作和数学方面的成就和进步，从而为孩子提供额外的支持和帮助。（Australian Department of Education and Training，2016）

其次，收集关于学生学业进步和学校改进的相关信息，便于政府对学校的表现进行评估，同时确定还有哪些方面需要进一步改善。除此之外，还可以通过这些公开的信息确定最需要获得资金支持的学校和学生群体。通过汇总各个学校的信息，联邦政府可以更好地开展政策评估，确定到底哪些政策取得了成效。各个学校在"我的学校"网站上公布学生学业成绩和其他相关信息，可以帮助家长和社区更好地参与学生的学习，帮助政策制定者确定最需要改进的方面。

最后，澳大利亚联邦政府还鼓励各州政府和非政府部门开展更广泛的信息共享，以提高全国范围内关于学生、学校和教师等群体信息的可获得性。这方便了高成就的学校分享它们取得成功的策略，让更多的学校从中获得启发。研究显示，高成就的学校往往建立了学校范围内分享成功的策略和创新实践的机制。（Australian Department of Education and Training，2016）

综上所述，"高品质学校和高水平学业"是澳大利亚一个综合性的学校改进项目，旨在利用学校、教师、家长等多方主体来提升学生的学业成绩，并且十分关注处境不利学生群体的受教育状况。

第三节　学生优先：全面提升学生学业成就的学校改进

2013 年 9 月，澳大利亚联邦教育部门联合各州、各地区教育部门以及非政府组织共同发起了"学生优先"一揽子改革项目，该项目的核心宗旨是有效提升学校教育质量以及全体学生的学业水平。在这一项目中，澳大利亚联邦教育部门把焦点放在与学生成长和发展关系密切的四个支柱上，试图从微观层面着手引导学校教育质量和学生学业成就的整体提升。具体而言，澳大利亚"学生优先"项目的四个支柱是：教师质量、学校自治、家长参与以及课程体系。项目也是从这四个方面入手，采取了一系列改进措施。

一、模式特征

纵观"学生优先"项目的各项具体措施，我们可以用"多元"来概括其特征：首先是强调多方利益相关者的参与，如校长、教师、家长和学生；其次是改进目标多元，从多个目标着手来提升学校的质量。

（一）强调利益相关者的参与

OECD 的一些官员和分析者认为，澳大利亚的学校需要获得更多的信息来确定哪些领域需要改进以及如何进行改进，教师和学校领导者需要专业发展培训，教师还需要获得更多来自校长和同事关于课堂教学的反馈以及更多的辅导和合作的机会。根据各个州和地区的情况，校长在正式任职之前需要进行准备性培训。(Australian Department of Education，2014）澳大利亚联邦教育部门也意识到学校教育涉及校长、教师、管理人员、家长以及学生等各个主体，因此，实施的"学生优先"项目，试图从各个利益相关者出发，形成整体合力来提升学校的教学质量。

首先，从校长的角度来说，设立全国统一的校长标准为好校长的评判提供了依据，开展校长专业培训可以提升校长及领导班子的领导力，提倡学校自治，给了校长更多自主决策的权力。澳大利亚教学与学校领导协会（Australian Institute for Teaching and School Leadership）于 2011 年正式发布了《澳大利亚中小学校长专业标准》（Australian Professional Standard for Principals），[①] 该标准规定了好校长需要具备的知识、技能和素养，提出了三项"领导力要求"（愿景与价值、知识与理解、个人品质与社交技能）和六项"专业实践"（领导教与学、提高自我与他人、引领进步、创新与变革、领导学校管理、融入社区协同合作）（Australia Institute for Teaching and School Leadership，2017a）。这一标准为澳大利亚所有的中小学校长提供了一套可供参考的模板，使校长能够据此考量自身知识、技能和素养的优势及不足，从而更加有的放矢地管理学校。联邦教育部门还专门拨款，开展旨在促进校长专业发展的培训和学校领导班子与董事会成员的培训，大力提升校长及领导班子的领导能力。除此之外，通过给予学校更多的自主权，校长及领导班子可以更好地结合当地社区、学生及家长的需求来开展学校工作，更好地满足学生成长和发展的需要。

其次，从教师的角度来说，全国教师专业标准为教师们设立了好教师的标准，实行的读写和计算能力测试可以保证职前教师的专业能力，成立的顾问团可以给予职前教师一些专业建议和指导，以便其为未来的课堂教学做好准备。2011 年 2 月，澳大利亚教学与学校领导协会发布了《澳大利亚教师专业标准》（Australian Professional Standards for Teachers），以引导教师的专业学习、实践，促进教师质量的提升，进而促进学生学业成绩的提升（Australia Institute for Teaching and School Leadership，2017b）。该标准将

---

① 2015 年澳大利亚教学与学校领导协会对该标准进行了修订，但主要内容同 2011 年版一致。

教师的专业发展阶段划分为合格教师、熟练教师、高成就教师和领导型教师，涉及专业知识、专业实践和专业参与等三个领域。[①] 为构建高质量的教育体系，给教师提供高水平的教学指导，同时帮助增强高等教育机构、中小学以及公众对职前教师的信心，澳大利亚面向师范生提出测试其读写和计算能力的规定。根据规定，澳大利亚所有师范生都必须在毕业前通过读写和计算能力测试，并达到一定的测试标准。从 2016 年 7 月 1 日起，澳大利亚一律采用全国统一标准测试来判定师范生是否达标，即检验他们的读写和计算能力在成人群体中是否达到前 30%。[②] 除此之外，澳大利亚联邦教育部门为了帮助教师教育专业的学生做好课堂教学准备，专门成立了教师教育部长顾问团。

最后，从家长的角度来说，澳大利亚鼓励家长参与学校决策，建立专门的在线平台为家长提供参与学校的信息和建议，设立相关组织以保障家长发声的权利。澳大利亚十分强调家长参与学校决策，为家长提供在线指导以帮助家长了解参与学校决策的方式，使之切实参与到学校决策过程中。澳大利亚课程、评估和报告局负责管理的"我的学校"网站为家长提供学校的相关信息；澳大利亚联邦教育部门开发的专门面向家长的"学习潜能"应用程序和"学习潜能资源"网站，可以帮助家长很好地开展家庭教育；澳大利亚课程、评估和报告局为家长特别定制了有关国家统一课程的家长指南，提供学校课程设置的相关信息，帮助他们随时掌握孩子在学校学习的情况。澳大利亚在国家层面成立了澳大利亚国立学校组织委员会、澳大利亚家长委员会以及留守儿童家长协会，凝聚家长群体的力量，保障家长参与学校的权力。

---

① 专业知识的具体标准是了解学生以及他们是如何学习的，了解教学内容以及如何教授这些内容；专业实践的具体标准是计划及实施有效的教与学，创造和保持支持性的和安全的学习环境，对学生的学习情况进行评估和反馈；专业参与的具体标准是专业学习的参与，同大学、家长和社区的合作。

② 该规定并没有在澳大利亚所有州和地区执行。参见：李洋. 澳大利亚基础教育质量提升策略及启示：兼论"学生优先"一揽子改革项目 [J]. 外国中小学教育，2017 (8)：14-22.

（二）强调改进目标的多元性

21 世纪的竞争是人才的竞争。在这个瞬息万变的时代，人才的需求也是多样的，因此"学生优先"项目希望培养的学生能力也是多元的，包括基础的读写能力和计算能力、数字素养和 STEM 技能、全球竞争力和国际交往能力。

首先，强调基础的读写能力和计算能力。为了确保澳大利亚学生能够在各类国际测试（PISA 测试、TIMSS 测试等）中取得优异表现，澳大利亚联邦教育部门强调设置国家统一课程，使学生掌握基本的技能。

其次，强调数字素养和 STEM 技能。澳大利亚联邦政府发布的《国家创新与科学计划》（National Innovation and Science Agenda）着重提出，要提高澳大利亚全体公民的数字素养和 STEM 技能，以便培养学生在数字时代和信息技术时代的生存能力。

最后，突出国际交往能力和全球竞争力。澳大利亚联邦教育部门强调学生语言课程的学习，培养学生的国际交往能力以及全球竞争力。

二、策略实施

如前所述，"学生优先"项目从与学生成长和发展密切相关的环节出发，提升学校的教学质量，包括提高教师质量、强化学校自治、引导家长参与和强化课程体系等。本部分将详细分析这四个支柱的具体内容。

（一）提高教师质量

澳大利亚教育研究委员会（Australian Council for Educational Research）的一项调查表明，"除学生自身因素外，在家庭、学校、校长、同学、教师等诸多因素中，教师是对学生学业成就影响最大的因素"（Hattie, 2003）。这一研究结果不仅肯定了教师在教学过程中的重要地位和作用，还为澳大利亚联邦政府采取相关的教师质量提升以及教师专业化发展措施提供了依据。"学生优先"项目也将提高教师质量作为首要支柱。为了更好地提高教师质量，主要采用如下具体的政策。

1. 实施"将农业渗透进教育"项目以加深教师对农业经济的了解

2014年7月3日，澳大利亚联邦教育部部长派恩（Christopher Pyne）宣布，在接下来的2年内投入200万澳元以实施"将农业渗透进教育"项目。这一项目旨在帮助澳大利亚的教师更好地了解澳大利亚的支柱产业以及最终产品，进而丰富教师的相关知识，并且要求教师在教学过程中直接或间接地渗透这些知识，使所有学生都有机会了解这一产业在澳大利亚经济中所扮演的重要角色。除此之外，本项目还通过提供在线支持材料以及其他课程资源为澳大利亚教师提供强有力的支持，方便教师更好地学习和掌握相关知识，进而更好地开展教学。

2. 提升偏远地区小学生的阅读能力项目

2014年7月，澳大利亚联邦教育部部长派恩宣布投入2200万澳元用于"成就伟大的澳大利亚学校"（Good to Great Schools Australia）项目，以帮助偏远地区的学生提高他们的读写能力。该项目主要用于帮助偏远地区的小学使用直接教学法和明示教学法开展教学。直接教学法通过循序渐进的课程让学生掌握所有的技能，并且按照学生的能力而非年龄进行分组。明示教学法要求教师将教学重点放在解释、证明、反馈和练习上，直至所有学生都掌握了技能。而引入直接教学法和明示教学法的关键是对教师进行培训，让教师可以更好地掌握这两种教学方式，更好地提高偏远地区学生的学业成就。

3. 实施"为澳大利亚而教"项目

澳大利亚联邦政府宣布在2016—2021学年为"为澳大利亚而教"项目投入2050万澳元。如果将这笔钱也算上的话，那么澳大利亚联邦政府为该项目的投入总计将达到7700万澳元。该项目旨在为那些具有较高素质且非教师专业出身的毕业生提供教师工作，让他们到落后、偏远的中学去任教。

"为澳大利亚而教"项目在吸引高质量的候选人进入教师行业方面扮演了非常重要的角色。

4. 成立教师教育部长顾问团

澳大利亚的教师教育部长顾问团成立于 2014 年 2 月,该顾问团旨在通过理论和实践技能的组合训练来帮助教师教育专业的学生,为他们将来开展课堂教学做好准备。澳大利亚联邦政府认识到受到良好训练和博学的高质量教师为澳大利亚高质量的学校系统打下了坚实的基础,高质量的教学是提高学生学业成绩的首要因素。虽然澳大利亚有高质量的教师,但是仍然有很大的进步空间。2015 年 2 月 13 日,该顾问团发布报告,认为接下来的改革应主要聚焦在如下五个方面,即强有力保障教师教育课程的质量、严格教师教育专业准入标准、不断丰富教师教育专业学生的教学实践经验并使之结构化、对教师教育专业的毕业生质量进行严格把关、开展全国教师队伍研究并制订教师供需规划。

(二) 强化学校自治

当前,从世界范围来看,许多国家和地区都将学校自治作为提升学校质量的一项重要策略。澳大利亚逐渐意识到,给予学校更大的自主权对于学校的各方面发展都会产生有益的影响。在澳大利亚,所有州和地区的学校都逐渐发展成拥有更多自治权和更加独立的学校。与此同时,澳大利亚联邦政府也意识到,给予学校及其领导者更多的自主权可以提升学生的学业成绩。一所好的学校往往是校长和教师都具有较高自主权的学校,他们拥有开发和设计课程的决定权,以更好地满足学生成长和发展的需求。因此,2014 年 2 月,澳大利亚联邦教育部部长派恩正式宣布,在全国范围内推行独立公立学校① (Independent Public Schools) 项目,并投入了 7000 万

---

① 2009 年 8 月,西澳大利亚州率先启动了"独立公立学校"项目,该项目一经推出便得到了广泛支持。澳大利亚联邦教育部之所以大力推广这一项目,不仅是因为受到了其他国家的启发,更是由于西澳大利亚州的尝试取得了显著的成果——校长权力不断增强、学生需求得到满足、家校社合作日益密切等。

澳元作为项目基金，旨在给予被挑选出来的那些公立学校更多自主发展的权力以及鼓励学校、家长和当地社区建立更紧密的联系。根据联邦政府所设定的目标，截至 2017 年，联邦教育部门联合各州和各地区的教育部门鼓励 1500 所公立学校加入独立公立学校项目。这些独立公立学校拥有相较于非独立公立学校更大的自主权和灵活性，不过这并不改变其公立学校的性质，它们仍然可以继续获得州政府的资助。总体而言，独立公立学校具有如下主要特征：第一，独立公立学校不可选择学生、不可自主决定学费，仍强调公益性；第二，独立公立学校在财政、物力、人力资源管理以及课程、整体发展方向等方面拥有更大的自主决策权；第三，各州教育部对独立公立学校实行问责制，要求学校对学生、家长及社区承担更大的责任。（唐科莉，2015）参与该项目的独立公立学校可以将经费用于如下活动以行使更大的自主权：第一，校长的专业发展和培训；第二，学校领导班子和学校董事会成员的培训；第三，增进家长的理解以及让家长参与学校决策的项目①；第四，针对整个学区的教育项目。

（三）引导家长参与

从广义上讲，家长也是学校教育不可或缺的一部分，一方面他们最了解孩子的品性特征，另一方面也对孩子有着最深刻的影响。因此，学校改进以及学生学业成绩的提高离不开家长的支持与参与。澳大利亚联邦教育部门将家长参与作为"学生优先"项目的重要支柱。该项目中的家长参与并不限于传统意义上的出席学校的相关会议和帮助学校进行募捐，更多的是积极地参与学生的学习，既包括学校学习，也包括在家学习。

---

① 这一内容同"学生优先"项目的第三大支柱"家长参与"紧密联系在一起。家长参与学校决策过程也是家长参与极其重要的一部分。为了让家长更好地参与学校的决策，联邦教育部门为家长提供了学校董事会和家长委员会的在线指导，以帮助家长们了解参与学校决策的一些主要方式以及其所在州和地区的不同学校体系。家长和社区代表是学区中不可或缺的成员，他们为教师和校长带来了与众不同的视角。家长和社区代表们多样的观点、技能和经验对学校更好地进行自主决策起到了非常重要的作用。

1. 网络平台

澳大利亚联邦教育部门委托相关部门提供了多个网络平台，帮助家长了解学校教育，更好地参与学校的教育与决策。

（1）"我的学校"。

"我的学校"是由澳大利亚课程、评估和报告局管理的一个网站。该网站提供了澳大利亚近9500所学校的相关信息，主要包括学校的简短介绍，学校所属部门、类型，教师人数和非教师人数，学校学生背景概述，学校的社区社会教育优势指数（Index of Community Socio-Educational Advantage）以及学生的注册人数和出勤人数。该网站的数据是公开的，任何关注澳大利亚学校教育的人都可以浏览这些数据，"我的学校"网站可以帮助家长获得更多其子女就读学校的相关信息，或者帮助其选择子女就读学校。

（2）"学习潜能"应用程序及资源网站。

澳大利亚联邦教育部门开发了一个专门面向家长的免费学习程序"学习潜能"①。利用该程序，从幼儿园到高中各个阶段的学生家长都可以随时搜索家庭教育方面的信息，应用程序也会定期推送一些文章、视频等供广大家长浏览。此外，为进一步完善"学习潜能"应用程序，澳大利亚联邦教育部门于2017年2月正式启动了"学习潜能资源"网站②，该网站主要面向小学家长，包括三部分内容：日常想法（everyday ideas）、一起动手（practice together）和在线学习（practice online）。③ 以上三部分内容分别从不同角度引导家长在家庭生活中寓教于乐，帮助提高孩子的阅读和计算能力，充分发挥家庭教育的辅助作用。

① 澳大利亚联邦教育部门已经开发并发布了"学习潜能2.0"，新一代的程序具有一些新的功能，可以帮助家长们检索他们需要的信息，根据他们的兴趣爱好推荐文章以及根据特定的主题过滤信息。

② "学习潜能资源"网站由"澳大利亚教育服务"（Education Services Australia）机构负责开发，澳大利亚政府给予经费支持。

③ "日常想法"指的是家长如何在日常生活中培养孩子们的阅读和计算能力，"一起动手"指的是家长在家里如何强化孩子在学校中学到的阅读和计算技能，"在线学习"指的是家长和孩子可以通过一起玩在线网络游戏或者观看网络视频来学习阅读和计算技能。

（3）澳大利亚国家统一课程家长指南。

为了使家长更深入地了解澳大利亚改革后的课程内容，配合学校给予孩子适当的学习指导，澳大利亚课程、评估和报告局特别制定了一系列与澳大利亚国家统一课程相关的家长指南，并公布在其官网上，方便家长随时阅览。这些指南为家长提供了有关课程组织、学习领域、通识技能、跨学科重点以及利用课程满足学生学习需求等方面的信息。此外，指南还按照学段顺序，向家长分别呈现了澳大利亚国家统一课程规定的学生所需掌握的学科重点知识与技能。借助这份指南，家长能够更加清楚地把握孩子的学习进展，从而有针对性地开展辅导工作，确保家庭教育与学校教育相辅相成，共同致力于学生学业成就的有效提高。

2. 促进家长参与的专项活动

（1）委托专业部门开展研究。

澳大利亚联邦教育部门专门委托澳大利亚儿童与青少年研究联盟（Australian Research Alliance for Children and Youth），开发有关"家长参与"的专项活动，并为其投入 400 万澳元，这些活动可以为联邦政府制定家长参与学校的政策和法律提供事实性依据。总体而言，这类活动旨在促进多方教育主体形成对"何为家长参与""家长参与为何重要"等问题的共同理解，并寻找衡量家长参与所带来的影响的一致性方法。换言之，是让学校的利益相关者，尤其是家长群体能够意识到家长参与教育活动的重要意义。

（2）澳大利亚家长参与网络。

澳大利亚家长参与网络为热衷于引导家长参与儿童学习的人们提供了一个虚拟空间。这项活动的核心功能在于，通过网络平台交流共享信息、促进家长参与教育、构建家校合作关系，并为家长提供专业的咨询意见。该项活动的参与者不仅包括家长，还包括教育工作者、研究者、决策者以及社区组织等。作为活动召集人，一些教育专家更是积极主动投身其中，为提出更多更好的"家长参与"策略贡献力量。通过这项活动，澳大利亚家长们拥有了更大的交流互动平台。

（3）亲子互动项目。

亲子互动项目是一个为期两年，以家庭为基础，促进父母与其子女进行互动学习的项目，旨在帮助父母成为子女的第一任教师。该项目通过亲子互动活动帮助父母掌握相关技能和树立自信，为其子女创建一个良好的家庭环境，以便其能够更好地为将来的学习做好准备。

3. 成立家长组织

每位家长、每个家庭的力量是非常有限的，澳大利亚在国家层面成立了三个家长团体组织——澳大利亚国立学校组织委员会、澳大利亚家长委员会以及留守儿童家长协会，以凝聚家长群体的力量。这些组织一方面可以更好地反映家长们的需求，另一方面也可以帮助家长们更好地参与学校决策，帮助学校更加科学、合理地进行决策。其中，澳大利亚国立学校组织委员会主要负责表达公立学校家长的诉求，澳大利亚家长委员会主要负责提出非公立学校，包括天主教会学校和私立学校家长的建议，而留守儿童家长协会则主要代表居住在偏远地区家庭的利益。除了以上三个大型的家长组织，澳大利亚各州和地区也分别成立了面向公立学校和非公立学校家长的各类团体组织。（李洋，2017）

（四）强化课程体系

教育的功能通常是通过课堂教学得以实现的，要想促进学生学业成绩的提高以及学校教育的改进，课程是至关重要的环节。澳大利亚联邦政府承诺要更多地关注学校教育质量，以确保学生可以掌握有助于在未来取得成功的必备知识和技能。澳大利亚联邦政府主要是通过强调澳大利亚国家统一课程、重塑 STEM 学科课程体系以及开发语言课程等措施，强化"学生优先"项目的课程支柱。

1. 强调澳大利亚国家统一课程

澳大利亚国家统一课程包括英语、数学、历史、地理、艺术、技术、公民学、经济与商业、健康与体育。作为澳大利亚国家统一课程基础文本的《墨尔本宣言》对教育的目的以及学校存在的意义进行了清晰的说明："在这个高速发展和逐渐全球化的时代不断促进经济的繁荣和创新；让我们的下一代具备相关的技能以迎接数字时代和快速发展的信息技术所带来的挑战；使学生具备抵御复杂的自然、社会和经济带来的压力的能力；在不利的、多元的以及不同的社会中加强社会凝聚力和社会公平；确保阅读能力和计算能力被纳入关键学科；使学生能够表现出道德伦理并且可以很好地管理他们自己的情感、精神以及身体状态。"（Barr et al.，2008）综合2008年开始实施的澳大利亚国家统一课程以及后来修订过的国家统一课程的文本，可以发现澳大利亚国家统一课程对于教育目的的认识主要包括如下几个方面：第一，发展实用技能和强调生产力，这是一种实用主义的目的；第二，为未来做好准备，这是一种面向未来的目的；第三，发展儿童，这是一种个性化学习的目的；第四，批判社会，这是一种强调社会公平和正义的目的。(Australian Department of Education，2014) 2014年，澳大利亚联邦教育部门对外发布了《澳大利亚国家统一课程评估报告》，其中详细分析了国家统一课程在开发与实施方面存在的诸多问题：前期设计、开发过于匆忙，缺少总体规划；课程整合不够，内容太过冗杂；教师授课内容过多，由于过于强调课程广度而影响了课程深度；课程内容自上而下设定，深受政治因素影响，使得实际教育需求被忽视；过于强调采用特定教学法开展教学；课程内容不能满足残疾学生学习需求；缺少针对国家统一课程的评估机制和质量保障机制；等等。(李洋，2017) 与此同时，该报告也提出了相应的改进建议：重新设计国家统一课程及相关评估制度；注重家长参与；将国家统一课程校本化；简化课程结构，减少课程内容，明确必修课和选修课；澄清A至E级成绩评定标准；满足残疾学生需求；创建多样化教学方法；厘清跨学科渗透；重新组建澳大利亚课程、评估和报告局，并修订澳大利亚课程、评估和报告局章程，在澳大利亚课程、评估和报告局董事会中加入课程评估专家和私立教育机构人员；成立"国家学校绩效管理局"，负责评估国家统一课程，每五年对课程体系进行一次综合独立的评估；等等。（Australian Department of Education，2014）2015 年 9 月 18 日，
澳大利亚各个州和地区的教育部长共同签署了修订过的《澳大利亚幼儿园
到 10 年级国家统一课程》（Foundation-Year 10 Australian Curriculum），其主
要的改变是解决小学课程过度冗杂以及重新平衡内容的问题，其中十分强
调学生的阅读能力。

2. 重塑 STEM 学科课程

2015 年 12 月 7 日，澳大利亚联邦政府发布了《国家创新与科学计
划》，该计划着重提出要提高澳大利亚全体公民的数字素养和 STEM 技能。
澳大利亚联邦政府重点打造 STEM 学科课程，并主要通过四项活动来强化
STEM 学科在学校教育中的地位，以使澳大利亚年青一代都能熟练掌握并应
用这些技能。首先，开展以探究为导向的数学教学项目，该项目由澳大利
亚科学院与澳大利亚数学教师协会联合负责，它为学生、教师等带来了一
系列创新性、高水平的数学教学和学习资源。其次，实施跨课程编程项目，
该项目为澳大利亚国家统一技术课程和其他学习领域引入了数学学科中的
算法思想，有助于学生更好地应用计算机思维，掌握信息通信技术。再次，
试点"职业技术学院高中预备学校"，该校特别强调企业参与、合作和监督
学生在校所学，确保在知识内容与劳动力市场需求之间建立直接联系。最
后，开设 STEM 暑期学校，该项目是由澳大利亚数学信托机构和科技创新
机构负责管理，主要面向一些成绩优异的女学生和原住民学生，通过提供
长达 5 个月的学习指导，全面提升他们的 STEM 技能（李洋，2017）。2014
年 10 月 14 日，澳大利亚宣布向 STEM 项目投入 1200 万澳元，旨在发展小
学和中学的 STEM 学科。

3. 着重开发语言课程

澳大利亚联邦政府除了强调 STEM 课程之外，也十分重视语言课程。
掌握一门外语，可以让学生了解语言所承载的文化，并在未来的全球竞争
中获得一定的竞争力。澳大利亚联邦政府同各个州和地区的教育部门开展
密切合作，使所有学生在所有的学校都可以获得同样的资源来学习并掌握

相应的语言。具体而言，联邦教育部门提出了"语言学习管道"（Pipeline of Language Study）项目，鼓励学生从学前到高中一直参与、体验语言学习。在该项目中，核心部分是专门针对学前儿童开发的"澳大利亚早期语言学习项目"（Early Learning Languages Australia），大概有13种语言被囊括其中，主要包括阿拉伯语、中文（普通话）、法语、德语、印地语、印度尼西亚语、意大利语、日语、韩语、现代希腊语、西班牙语、土耳其语、越南语。

总的来说，"学生优先"项目是在全球化不断推进、产业结构不断调整、信息化进程不断加速的背景下，澳大利亚政府为确保未来的稳定繁荣及国际竞争中的优势地位而出台的举措。澳大利亚联邦政府联合各州和地区政府以及非营利组织共同开展该计划，为学生学业成绩和学校教学质量的提高提供制度、组织以及财政等多方面的支持和保障。

第四节　智慧学校：改善处境不利学生和学校教育的学校改进

2008年发布的《墨尔本宣言》中明确提出："提升基础教育质量，促使全澳大利亚年轻人都具备自信心和创造力，最终转变为成功的学习者，追求平等和卓越。"（Barr et al. , 2008）在此基础上，澳大利亚联邦政府于2008年11月正式发布了"智慧学校：澳大利亚国家伙伴协议"项目（简称"智慧学校"项目）。该项目强调提升整个国家的基础教育质量，尤其关注处于低社会经济地位学校和群体的教育质量，确保澳大利亚所有孩子尽可能享有最好的教育，特别是那些落后的孩子。（Atelier Learning Solutions Pty Ltd, 2012）具体而言，澳大利亚的"智慧学校"项目包括"提升教师质量国家伙伴协议"（Improving Teacher Quality National Partnership，以下简称"提升教师质量"子计划）、"提升学生的读写与算术能力国家伙伴协议"（Improving Literacy and Numeracy National Partnership，以下简称"提升学生读写与算术能力"子计划）、"提升低社会经济地位学区成绩的国家伙伴协议"（Low Socio-Economic Status School Communities National Partnership，以下简称"提升低社会经济地位学区成绩"子计划）。① 澳大利亚联邦政府分别为"提升低社会经济地位学区成绩""提升学生读写与算术能力"和"提升教师质量"三个子计划投入了 15 亿澳元、5.4 亿澳元和 5.5 亿澳元。（Australian Department of Education and Training，2015）

　　"提升教师质量"子计划聚焦于学校教育的主体——教师（包括学校领导者），强调对教师整个职业生涯关键点的关注，通过设定改革愿景、策略及绩效指标，吸引、培训、安置、培养和挽留高水平的教师。这一子计划致力于为学生的学业成绩提升提供一个平台，以更好地推动"提升学生读写与算术能力""提升低社会经济地位学区成绩"等两项"智慧学校"子计划的实施。（陈志强，2012）[25] 澳大利亚联邦政府在政策文件中规定，"提升教师质量"子计划于 2009 年 1 月 1 日开始实行，具体实施时间依据联邦政府与各个州和地区政府签订的协议来确定。

　　"提升学生读写与算术能力"子计划聚焦于学校教育的另一重要主体——学生，强调对学生读写与算术能力的关注，尤其注重原住民学生、低龄学生、后进生读写和算术成绩的持续提高。这一子计划致力于高质量的读写与算术教学、强大的学校领导力和全校整体行动，目的是协助公立学校、天主教会学校与私立学校提升学生读写和算术成绩，力争在 10 年内持续缩小原住民学生与其他学生在读写和算术方面的差距。（陈志强，2012）[25] 澳大利亚联邦政府在政策文件中规定，"提升学生读写与算术能力"子计划于 2009 年 1 月 1 日开始逐步实施，具体时间依据联邦政府与各个州和地区政府签订的协议来确定。

　　"提升低社会经济地位学区成绩"子计划聚焦于处境不利的学区，强调

---

① 除了上述三个子计划外，提升北方领土地区教师教学能力和学生读写能力的计划也包括在其中。通常情况下，对"智慧学校"项目主要探讨的是上述三个子计划。

采取一系列学校层面以及更广泛层面的改革措施，改善低社会经济地位学区的不利处境（Australian Department of Education and Training，2015），通过学校领导力、课堂教学、学生学习和社会参与这四个方面的改进，力图使学生的学习需求和各项福利都得到保障，最终提升处境不利学区的整体成绩。(陈志强，2012)[30] 其预期目标包括如下几个方面：所有的孩子都能够进入学校学习并且从中有所收获；年轻人都必须达到最基本的读写能力标准并且总体的读写水平不断上升；学校教育要不断推进社会融合，减少儿童，特别是原住民儿童所遇到的教育困境；所有的澳大利亚学生应该在国际测试中取得理想成绩；澳大利亚年轻人可以成功地从基础教育过渡到工作以及未来的高等教育学习中。（Australian Department of Education and Training，2015）澳大利亚联邦政府在政策文件中明确规定，"提升低社会经济地位学区成绩"子计划从 2008 年 9 月开始实行，具体实施时间依据联邦政府与各个州和地区政府签订的协议来确定。

一、模式特征

纵观"智慧学校"项目的各项改革措施，可以发现该项目呈现出三个特征，即改革内容系统全面，多方利益主体权责分明、通力合作，保障机制健全完善，这使得该项目在实施过程中取得了比较显著的效果，得到了很多家长、教师、学校的好评。

（一）改革内容系统全面

在"智慧学校"项目出台之前，澳大利亚联邦政府在对国际基础教育发展趋势、国内基础教育发展实际情况进行充分调研的基础上，论证得出新时期影响学校教育质量最为重要的三个因素：（1）教师质量是对学生的学习热情与学习效率影响最大的校内因素；（2）学生的读写和算术能力是学校教育的基石；（3）社会经济地位仍然是影响教育水平的重要因素。由此确定此次改革重点关注的三个领域，即提升教师质量、提升学生的读写和算术能力以及提升处境不利学区的成绩，这使得整个改革计划在制订之初便有了非常明确的目标。(陈志强，2012)[48]

联邦政府出台"智慧学校"项目政策文本，各州及地区政府根据该政策文本，充分考虑本地基础教育需要调整和提升的地方，出台与之相对应的"推行计划"，各参与学校也会根据学校类型以及特殊群体学生的需求，结合问题的轻重缓急，制订"学校计划"。在此基础上，为保证改革的有效进行，联邦政府还分别与各州及地区政府签订了协议。除此之外，从"智慧学校"项目的具体内容来看，各个子项目或相关协议均涉及愿景设定及成果预期、角色定位、改革领域、改革策略、绩效考核指标以及经费安排等，由此也可看出此次改革内容非常丰富。

（二）多方利益主体权责明确、通力合作

为了更好地对整个教育改革过程进行跟进，并对改革的成效进行适时的评估，澳大利亚联邦政府专门成立了澳大利亚改革委员会，全面负责改革进程的监管与评估，并全力解决改革中可能出现的各种分歧或争端。澳大利亚改革委员会根据各方的推行计划及双边协议所规定的绩效标准，对各州及地区进行两年一次的评估。(Atelier Learning Solutions Pty Ltd，2012)

另外，"智慧学校"项目对各利益主体的责任和义务进行了明确的规定。联邦政府与各州、地区政府商议协议，同时负责安排各项改革进程中的拨款，以确保改革的顺利开展。在统一授权之后，为更好地保障各项改革计划的有效实施，"智慧学校"项目对联邦政府、各州及地区政府的权利和义务进行了明确的规定。

该项目强调各利益主体形成"伙伴关系"，注重双边治理。在"智慧学校"项目实施的过程中，联邦政府在宏观层面进行指导、监督并提供必要的干预；除了联邦政府、各州和地区政府，一些非政府教育机构及组织、非公立学校等团体也应邀参加整个项目的设计、操作和评估等相关细则的

协商。同时，联邦政府也注重与学生家长和学校社区的互动，强调全面参与、通力合作。

（三）保障机制健全完善

众所周知，任何一项改革计划的成败都与其保障性措施有密切的关系。"智慧学校"项目在参与对象的筛选、改革经费的投入、经验成果的分享等方面出台了较为完善的规定和保障性措施，确保改革可以朝着预设的方向发展，进而最大限度地避免失败。

在参与对象的筛选方面，"智慧学校"项目明确规定：联邦政府出台全国统一的标准，使用澳大利亚的官方统计数据，根据学生家庭住址或学校所处的位置，来确认澳大利亚处境最为不利的学校，以确定参与项目的学校名单。（Atelier Learning Solutions Pty Ltd，2012）各州对联邦政府所提供的名单做进一步判断，并在特定地区提名某些学校。此外，对于联邦政府所确定的名单之外的学校，如果州政府能够提供一系列证据表明这些学校的处境更为不利，那么各州将被授权，以便灵活地进行提名。

在改革经费的投入方面，该项目强调"联合投资"，即联邦政府、州和地区政府、非政府教育机构和学校联合为改革提供资金支持。此次"智慧学校"项目的诸多改进策略被分为基础性改革和奖励性改革两个维度。与之对应，在具体的改革经费安排中，明确规定"基础性资金"用于最为基本的改革，而"奖励性资金"用于各州达到绩效标准后的奖励。其中，"提升教师质量"和"提升学生读写与算术能力"子计划包含两种不同类型的资金，而"提升低社会经济地位学区成绩"子计划则只有基础性资金。（Atelier Learning Solutions Pty Ltd，2012）

在经验成果的分享方面，联邦政府实施"公开报告制度"，规定所有参与该项目的州和地区、学校都必须及时向联邦政府提供改革进展报告；同时，联邦政府强调对信息技术等高科技的利用，建立了专门的官方网站和完备的数据库，并开发以读写和算术为基础的教学策略资料库。

二、策略实施

澳大利亚联邦政府给各州及地区政府提供了大量的资金，通过一系列富有创新性、实效性和可量化的行动方案来实施系统且可持续的教育改进。教育系统的革新重点是改善全澳大利亚范围内学生受教育的经历并注重提高学生受教育的水平，尤其是为那些处境不利的学生提供帮助，增强他们的学习力和应变力，使教学质量不断改善和提高，最终达成《墨尔本宣言》中设定的学校教育目标。下文分别从三个子计划的角度讨论"智慧学校"项目的改进策略和措施。

（一）"提升教师质量"子计划

（1）制定国家专业教师标准纲要——阐明在教师职业生涯的不同时期对有效教学的专业要求，以此确保全国范围内对有效教学能达成统一的意见。标准涉及教师的注册、任命、专业学习和职业发展等各个方面。

（2）建构教师认证的国家程序——建构一个体系来加强对教师教学的评估，鉴定教师的专业发展需求，强化教师的专业发展。

（3）统一全国教师注册标准——确保不同类型的教师（如毕业生、职前教师或专业教师）能够按全国统一的标准进行注册。

（4）统一全国职前教师课程评审——教师教育的课程必须按照全国统一的初级教师所必须掌握的知识和技能标准来评审。

（5）支持校长的专业发展——增强学校领导力，授权给学校领导和校长，使他们能够更好地管理学校，提升学生的学业成绩。

（6）开展"为澳大利亚而教"——从申请人中选择优秀者使之成为教师，不再仅仅以学业成绩作为选择的依据，而是使标准多元化。

（7）提升教师质量的改革——与提供教师教育项目的高等教育机构合作，提升教师质量。

（8）完善工资发放制度以奖励优秀教师——创造新的教师分级制度，奖励优秀教师，同时也格外关注那些带动其他教师成长的教师。

（9）"进入教学的更佳路径"——如果那些变更职业的人和非师范毕业生想进入教师行业，必须符合相应的技能和经验上的要求。

（10）发展原住民教育的师资路径——为原住民和那些希望成为教师的教育工作者建构专业的发展路径。

（11）构建"卓越教学中心"——专注于职前教师培训，依靠高水平的教师和高校的教育工作者来设计和提供教师培训课程，提升教师的专业经验。

（12）完善对任教处境不利地区、乡村和偏远地区以及师资匮乏地区的教师和学校领导的奖励和支持制度——为这些地区的教师和学校领导提供新的职业发展和薪资提升路径，为优秀的教师和学校领导提供更多的支持。

（13）增强学校的决策能力——增强校长的自主决策能力，使学校的人事任免、人员调动和资金安排能够更加灵活。

（14）持续提升所有教师质量工程——按照全国标准，教师通过专业学习和专业发展来持续提升自己的教学质量。

（15）增加原住民教师和学校领导同社区成员的交流合作——促进原住民教师、学校领导和社区成员的交流以更好地支持教师的教学。

（二）"提升学生读写与算术能力"子计划

澳大利亚联邦政府在各州和地区推行一系列行动策略，支持所开展的提升学生的读写和算术能力的改革，具体策略如下。（Atelier Learning Solutions Pty Ltd，2012）

（1）为处于职业早期的教师提供教授读写与算术关键概念的技巧和策略，以便他们在职业的中后期继续完善这些技能。

（2）为教师提供专业训练，提高其教授读写与算术的能力。

（3）为教师开拓资源，帮助其开展持续的、高质量的读写与算术教学。

（4）引进专业的教学支持，协助学校领导和教师提高学生学业成绩。

（5）鉴别并实施提高读写和算术能力的措施，使学校领导和教师获得促进学生读写和算术水平持续提高的能力。

（6）支持学校间分享成果。

（7）采取有效措施，鼓励家长参与。

（8）支持学校、教师利用与读写和算术相关的信息确定学生的学习需要，以便运用适当的教学策略。

（9）在运用诊断工具方面为教师与学校领导提供专业指导，使他们能够依据相关数据做出决策。

（10）支持学校长时间跟踪学生的学习进程，尤其是长期跟踪学生学习小组的学习，以发现有效的改进策略。

（三）"提升低社会经济地位学区成绩"子计划

澳大利亚联邦政府在各州和地区推行了一系列行动策略，以此来支持那些处境不利的学生，包括原住民学生、残疾学生、难民学生、无家可归的学生以及文化背景不同的学生，具体采取的策略如下。（Atelier Learning Solutions Pty Ltd，2012）

（1）颁布激励措施，吸引有经验的教师和校长到处境不利的学区任职，尤其是到偏远地区的学校任教。

（2）为处境不利学校的教师和校长提供团队和顾问支持。

（3）为学生制定个性化的学习计划。

（4）让家长和社区在更大范围内参与学校的治理。

（5）通过学校提供成人学习项目。

（6）调查可以有效提升领导力的多样化的模式。

（7）为有基础教育需求的家庭提供多项服务。

（8）与当地商业机构建立合作关系以支持"真实生活学习"。

（9）提高家长教育孩子的能力。

（10）辅导学生的在校学习，并促进他们完成学业。

三、实施效果

澳大利亚联邦政府借助全国读写与算术能力测试的数据，尤其是通过比较具有相同社会经济背景的项目学校学生和非项目学校学生取得的进步情况来评价"智慧学校"项目实施效果。（Australian Department of Education and Training，2015）

（一）提升教师质量的效果

澳大利亚教学与学校领导协会依据全国教师专业标准，对教师的绩效表现进行了区分。并且，采用系统性的程序和实践，解决了特殊环境下的教师质量问题。（Atelier Learning Solutions Pty Ltd，2012）

（二）提升学生读写和算术能力的效果

在控制学生社会经济地位的前提下，加入"提升学生读写与算术能力"子计划的项目学校有 61% 的学生在算术技能方面的得分超过了平均水平，而非项目学校仅有 51% 的学生；项目学校有 58% 的学生在阅读技能方面的得分超过了平均水平，比非项目学校高 10 个百分点。但如果把相同的起始分作为标准的话，参加这一子计划的项目学校与非项目学校相比，并没有太多的优势。如果从分类的角度来看的话，在具有相同社会经济地位的前提下，加入这一子计划的公立学校在算术方面超过平均水平的学生比例比没有加入的公立学校高 15 个百分点，并且具有显著性差异。加入这一子计划的天主教学校在阅读方面超过平均水平的学生比例比没有加入的天主教学校高 10 个百分点，并且具有显著性差异。加入这一子计划的独立学校在算术方面超过平均水平的学生比例比没有加入的独立学校高 7 个百分点，并且具有显著性差异。

不同的州和地区存在很大的差异。以"提升学生读写与算术能力"子计划为例：新南威尔士州、西澳大利亚州和南澳大利亚州的项目学校学生在算术能力方面取得的进步比平均水平更大。昆士兰州、首都地区和塔斯马尼亚州的项目学校的学生在阅读能力方面取得的进步超过平均水平。维多利亚州和北方领土地区的项目学校有更多的学生获得了进步。（Australian Department of Education and Training，2015）

（三）提升低社会经济地位学区成绩的效果

在控制学校起始值、学校规模和社会经济背景之后，加入"提升低社会经济地位学区成绩"子计划学校的7—9年级学生的数学成绩显著提高了5.4分，阅读成绩显著提高了4.9分。如果按照学校所属部门来进行统计，参加这一子计划的独立学校学生比没有参加的独立学校学生成绩显著提高了20.1分，但是对于公立学校和天主教学校来说，是否加入这一计划并没有差别。（Australian Department of Education and Training，2015）

如果将各个区的数据都加以统计的话，参与"提升低社会经济地位学区成绩"子计划学校的三年级和五年级学生在2009—2011年全国读写算术能力测试中所取得的进步比那些没有参加该计划的学校学生更大。这说明加入该子计划可以提高三年级和五年级学生的学业表现。（Australian Department of Education and Training，2015）

"智慧学校"项目实施的时间是2008—2013年，恰好是澳大利亚工党执政的时期。该项目体现了工党的某些特征，工党以"民主社会主义"为准则，以实现"生产、分配和交换的民主社会化"和"平等、民主、自由与社会合作"为目标，对内主张在现行制度下实行改良，发展经济，增加福利。工党的教育改革倾向于实行统一，收束教育权力，实现教育公平。

综上所述，澳大利亚联邦政府和地方政府实施了一系列学校改进项目来改善学生的学业成绩和学校的绩效。不可否认，澳大利亚在国家统一课程、学前教育、教师专业发展以及信息通信技术等方面制定了统一的标准，在一定意义上减少了各地区课程和师资力量的差异，提高了某些地区的教育质量，促进了教育公平。澳大利亚政府在开展学校改进的过程中，关注处境不利群体的受教育情况，力求让全体澳大利亚学生都能够享受优质均衡的教育；面向全球，培育有竞争力的澳大利亚人；强调对学校的问责，充分提高政府资助的使用效率，保证每一分资助资金都尽其用；崇尚优质，在改善薄弱群体的表现的同时，强调全面提升基础教育质量。

但澳大利亚的学校系统依然面临着很多问题，如澳大利亚学生在 PISA 测试中的成绩持续下降，家庭社会经济背景对学生的学业成绩影响大，越来越多的学生没有达到学年预期目标和最低标准，五分之一的学龄前儿童面临着发展不利的处境并且持续获得较低的学业表现，教师职业对毕业生越来越缺乏吸引力。（Masters，2016）从 2000 年澳大利亚学生参加 PISA 测试以来，其阅读素养、数学素养和科学素养的排名不断下降。虽然从 2000 年开始，澳大利亚政府便实施了诸多学校改进项目来提升学校的教育质量和学生的学业成绩，如"智慧学校"项目、"学生优先"项目以及"高品质学校和高水平学业"项目等，但是从 PISA 测试的结果来看，这一系列学校改进项目并没有实现预期目标。

这些项目之所以没有取得预期的效果，可能存在如下几个方面的原因：首先，由于澳大利亚是多党派轮流执政，各党派的政治观点迥异，所维护的集团利益也存在一定的差异，从而在学校改进的过程中也会有不同的侧重点。如工党倡导工作和教育的平等，而自由党-国家党联盟则代表工商业主的利益。（徐晓红，2014）因此，在新的党派执政后，原来的政策很难持续推进，实际上实施一项政策和项目，其效果可能并不会立竿见影，需要很长的时间才能显现。由于党派轮流执政，政策难以持续推行，成效也就不易显现。其次，在实践层面，尽管联邦政府加强集中控制，实施了一些全国统一的标准和措施，但在执行的过程中却有一定的困难。（徐晓红，2014）澳大利亚的基础教育实行的是由各州政府和地区政府负责的分权制，各州和地区政府有着非常大的自主权，因此在推行联邦政府出台的相关教育政策和措施的过程中，会根据自身的情况酌情调整。同时，澳大利亚不同类型的学校管理方式也存在差异。澳大利亚的公立学校主要是由各州政府设立并主要由其提供办学经费，由各州教育行政部门全面负责管理（徐晓红，2014）；天主教会学校由澳大利亚天主教全国委员会统一领导，各州设天主教学校委员会；独立学校指的是其他教派和非教派学校以及没有加入天主教会学校体系的天主教学校，其主要由联邦政府提供资助（Griffin，2014）[153]。这就决定了澳大利亚联邦政府实施的学校改进项目和措施辐射的范围较小。

尽管存在许多制约因素，但澳大利亚一些基本的政策和项目仍然会持续下去。在此过程中，联邦政府会进一步加强与地方政府、家长、大学、企业以及非营利组织的合作。

第八章
中国学校改进模式与策略

2005 年沈阳师范大学教育经济与管理研究所召开第一届"学校改进与学校效能国际研讨会",标志着中国学者开始关注学校改进研究。2019 年中国教育学会教育管理分会学术委员会年度会议聚焦于"学校改进",表明国内教育管理研究者集体关注了学校改进实践与理论研究问题。(陈丽 等,2010)[1]

中国教育界对于学校改进术语的认识虽晚,但是无名却有实。所谓"穷则变,变则通,通则久"(《周易·系辞下》),中国学校始终处于不断的变革和发展之中。纵观之,中国学校在经历了"教育革命""教育改革"思潮后,最终走上"教育改进"的道路(李保强 等,2010),且尚处于不断深入探索时期,积累了丰富的经验,是时候加大力度对其进行深入的研究与反思了。因此,本章通过梳理中国学校改进的模式与策略,进行必要的特征总结与思考,以期推进中国学校改进的新征程。

第一节　中国学校改进的发展历程

西方国家的学校改进研究已经有 40 多年的历史，但是在中国，明确冠以"学校改进"的实践时间较短。由于汉语语境下改革、变革等词语皆有改进的意义，且在"学校改进"一词未被引入之前，学校改进皆是以改革、变革等名义呈现，因此本章取三词共通之意用之。

梁歆等人指出，由于改革开放之后中国社会进入新的发展时期，并且经过短暂的恢复期，教育才逐步步入正轨，因此，中国的教育变革大致始于 1980 年，基本上可以划分为两个阶段：20 世纪 80 年代到 20 世纪 90 年代中期，20 世纪 90 年代末期至 21 世纪初。（梁歆 等，2010）[42-44]

2010 年颁布的《国家中长期教育改革和发展规划纲要（2010—2020年）》（简称《教育规划纲要》）提出了"优先发展、育人为本、改革创新、促进公平、提高质量"的教育工作方针，确立了"到 2020 年，基本实现教育现代化，基本形成学习型社会，进入人力资源强国行列"的战略目标，要求努力实现更高水平的普及教育、形成惠及全民的公平教育、提供更加丰富的优质教育、建构体系完备的终身教育、健全充满活力的教育体制。《教育规划纲要》的出台，使学校改进的重点落脚于优质学校创建、教育均衡发展、教育质量提高等方面，学校改进逐渐走上质量发展、内涵发展之路。《教育规划纲要》的颁布，对中国教育包括学校改进产生了重大影响，标志着新时期中国学校改进进入新的探索阶段。因此，本研究从改革主体与改革焦点等角度，将中国学校改进历程划分为 1980 年至 20 世纪 90年代中期（行政主导的教育改革）、20 世纪 90 年代末至 2009 年（政校合作的学校改进）、2010 年至今（多元参与的学校改进）三个主要发展阶段。

一、行政主导的教育改革

1980 年至 20 世纪 90 年代中期，教育随着经济体制和政治体制的改革而改革。国家日益意识到教育发展与国家发展需求之间的矛盾，无论是教育数量还是教育质量等，都远不能满足建设社会主义现代化国家的实际需求，因此亟待改革教育，适应时代需求。这段时期的学校改进的主要特征包括以下几方面。

（一）聚焦于教育改革

这一阶段的学校改进并非严格意义上的学校改进，主要是因为这段时间的改革聚焦在教育整体层面而非学校组织层面，但教育整体层面的变革也引致了学校变革。

当时中国教育基础薄弱，学校数量不足、教育质量不高、师资队伍不佳、设备设施匮乏，教育思想、教育内容、教育方法等都相对落后。针对当时中国教育状况，教育改革的主要任务是以教育整体层面改革改变教育落后的局面，使得教育适应社会发展需求。

1985 年中共中央颁布《关于教育体制改革的决定》，主要推行的措施有：改革管理体制，在加强宏观管理的同时，坚决实行简政放权，扩大学校的办学自主权；调整教育结构，相应地改革劳动人事制度；改革同社会主义现代化不相适应的教育思想、教育内容、教育方法；开创教育工作的新局面，使基础教育得到切实加强，职业技术教育得到广泛发展，高等学校的潜力和活力得到充分发挥，学校教育和学校外、学校后的教育并举，各级各类教育能够主动适应经济和社会发展的多方面需要。

由于改革的聚焦点在教育整体层面，是从上层的教育理念、管理体制、教育行政等方面进行调整与改变，对微观的学校改革鲜有直接涉及。

（二）政府是改革主导者

学校改进过程中，参与各方分别扮演什么样的角色、遵循什么样的话语体系以及相互之间是什么样的关系，会直接影响到学校改进的实际运作和发展方向。这一时期的学校改革运动主要是适应改革开放以来转变思想、变革制度等理念和方针而采取的教育行动，政府在其中起着主导作用，通过强有力的法律、政策、意见、规划纲要等文件颁布改革举措，进行"自上而下"的教育改革。

（三）政策作为改革工具

中央政府认为，要从根本上改变当时的教育现状，必须从教育理念、教育体制等方面入手进行教育改革，因此，当时的教育改革以政府为主导，以教育政策为抓手。例如1985年颁布的《中共中央关于教育体制改革的决定》，1993年中共中央、国务院颁布的《中国教育改革和发展纲要》和1994年国务院颁布的《〈中国教育改革和发展纲要〉的实施意见》等。这些文件为推动中国教育体制改革向纵深发展，就完善义务教育、教育体制等提出了要求和意见，确立了各级各类教育的办学体制为国家宏观指导下的地方负责制。同时要求积极探索扩大学校办学自主权，出现了"校长负责制""教职工聘任制""结构工资制"等一批针对学校内部管理体制改革的创新试验。

第一阶段的学校改进并非严格意义上针对学校的改进，而是聚焦于整体层面的教育改革，且是政府主导推动，通过教育政策的颁布与实施，对教育管理体制等做出改革探索。但是，"牵一发而动全身"，教育整体层面的改革也必然会影响到学校。例如"校长负责制"便在这一阶段得以进一步落实和完善，学校因此获得了更多的办学自主权，这也为今后学校改进提供了坚强有力的保障。

二、政校合作的学校改进

20世纪90年代末至2009年，经过上一阶段的教育改革浪潮，中国教育发生了可喜的变化，教育改革步伐并未停止。这段时间，中国学校改进依然是一种教育改革式的学校改进，不过出现了三个比较明显的变化：一是政府更注重具体层面的教育改革，二是大学专家学者积极推动学校改革，三是更关注分块式改进。

（一）政府将教育改革进一步聚焦

相较于第一阶段从教育整体层面上推进教育改革，这一阶段政府将改革由"面"推进到"点"，以政策推动具体领域的教育改革发展。

例如，2001年国务院批准教育部印发《基础教育课程改革纲要（试行）》，其主要聚焦于以下几个改变。

（1）改变课程过于注重知识传授的倾向，强调形成积极主动的学习态度，使获得基础知识与基本技能的过程同时成为学会学习和形成正确价值观的过程。

（2）改变课程结构过于强调学科本位、科目过多和缺乏整合的状况，整体设置九年一贯的课程门类和课时比例，并设置综合课程，以适应不同地区和学生发展的需求，体现课程结构的均衡性、综合性和选择性。

（3）改变课程内容"难、繁、偏、旧"和过于注重书本知识的状况，加强课程内容与学生生活以及现代社会和科技发展的联系，关注学生的学习兴趣和经验，精选终身学习必备的基础知识和技能。

（4）改变课程实施过于强调接受学习、死记硬背、机械训练的状况，倡导学生主动参与、乐于探究、勤于动手，培养学生搜集和处理信息的能力、获取新知识的能力、分析和解决问题的能力以及交流与合作的能力。

（5）改变课程评价过分强调甄别与选拔的功能，发挥评价促进学生发展、教师提高和改进教学实践的功能。

（6）改变课程管理过于集中的状况，实行国家、地方、学校三级课程管理，增强课程对地方、学校及学生的适应性。

基于以上目标，要求从课程结构、课程标准、教学过程、教材开发与管理、课程评价、课程管理、课程改革的组织与实施等方面全方位推进中国基础教育课程改革。之后，课程一直被作为学校改进的焦点与重点。

（二）大学专家积极探索学校改革

随着高等院校办学秩序与办学实力日益恢复，高等教育工作者也积极将学校改革作为研究和实践的主要领域之一，一大批专家学者对学校改革发展进行了有益探索。

（1）发挥个人主动性的思索与实践。例如诞生于1994年且仍在持续推进的"新基础教育"研究以华东师范大学叶澜教授为发起者和主持人，体现了她对于学校改革的一系列理论思考和实践反思。这是一个理论与实践交互生成的学校变革研究，是贴地深度介入式的学校变革研究，是具有中国文化自觉的学校变革研究。（李政涛，2017）

（2）行政影响下的专家思索与实践。例如，胡定荣教授在《薄弱学校的教学改进——大学与中学的合作研究》一书中介绍了在政府推动下作为大学研究者的自己和北京市石景山中学合作，共同推动学校改进的个案研究。此研究中学校通过大学研究者的指导，分两个阶段推进学校改进：第一个阶段是学校改进前期，也即大学专家主导的校本研究阶段，侧重教学改进；第二个阶段是学校改进后期，即大学专家与中小学教师共同主导的课题研究阶段，侧重整体改进。这个改进过程是一个由外部主导逐步过渡到学校内部主导、赋权增能的过程，也是一个不断聚焦学习结果、达成共识的过程，是一个大学研究者深入实地进行研究，立足学校实际问题，通过大学和中学合作研究寻求解决问题的过程。（胡定荣，2013）[21-33]

（三）关注局部而非整体的学校改进

中国学校改进策略丰富多样，按照学校改进关注的是学校局部还是学校整体，可以将中国学校改进策略简单分为分块推进和整体建构两种。分块推进策略主要是从学校管理、课程教学、教师发展、学生成长、环境营造等方面，寻找学校改进的突破口，从而推动学校进一步发展。整体建构策略则从学校整体角度思考，系统化推进学校改进与发展，其中比较有代表性的是"新基础教育""新样态学校"等。中国学校改进策略的总体发展趋势是从分块推进走向整体建构。

例如，北京市三帆中学聚焦于课程建设，认识到初中阶段是学生一个特殊的成长阶段，在这一阶段开发符合初中学生认知、情感特点，能够与小学和高中的学习方式方法相衔接的学校课程尤为重要。因此，学校通过整合国家课程、地方课程和校本课程，从课程功能的角度建立起以基础型课程、丰富型课程、发展型课程以及专长型课程为核心的多元化课程体系，并且在课程的衔接、管理及评价方面进行创新。（李永康，2014）

在这一阶段，外部力量依然是学校改进的深层推动力量，但出现了两个新特点：一是作为外部力量的政府更聚焦于具体的改革层面，这也直接影响到学校对改进的思考；二是作为外部力量的专家学者更关注参与学校改革研究与实践，深入学校改革发展场域，以专业力量支持学校改进。这一阶段的改进更侧重于以课程为中心的学校局部改进，取得了较大的进步与成效。

三、多元参与的学校改进

2010 年颁布《教育规划纲要》以后，各地区积极通过教育集团化办学、名校办分校、学校文化建设等形式，发挥优质教育资源的辐射作用，带动薄弱学校的改进，推动区域教育的均衡发展。例如北京市颁布政策，推动开展学校文化建设活动，形成了《北京市中小学学校文化建设示范校建设与评估指标体系（试行）》等具有指导性的政策意见，推动学校走上文化发展道路并取得了令人满意的效果。总之，学校改进日益走上多元参与、整体构建、内部觉醒的转型之路。

（一）三方协作模式特色凸显

学校改进模式源于西方，主要特征是以大学为主导，与中小学合作研究学校改进方案与实施策略，表现为理论与模式先行，学校参与共同研究。

但这个模式忽视了教育行政部门的作用。在中国，教育行政部门包括教育行政机构以及具有一定行政职能的教育学院、教师进修学校等，它们在学校发展中的作用不可忽视。在学校改进过程中，特别是在区域性推进学校改进过程中，充分发挥教育行政部门的作用，将会使学校改进的策略与方法得到有效的落实。（马云鹏 等，2011）因此，学校改进研究者主张在学校改进过程中加入教育行政部门，使得原来的大学与中小学关系变为三方关系。第三方对中小学具有一定的管理职能与统筹功能，同时又能从区域的整体考虑，解决中小学改进与发展中的一揽子问题，使学校改进更具活力和全局观。（马云鹏 等，2013）[2-8]

例如，鲍传友教授以北京市顺义区城乡联动教育综合改革项目为例，探索以新型 U-D-S 合作模式（其中 U 为大学，D 是政府，S 为中小学）推进区域教育综合改革之路。新型 U-D-S 合作基于委托方的真实需求来确认发展目标，兼顾各合作主体的资源与专业优势确定实施思路。在项目实施过程中，基于"综合"思维进行系统设计和整体推进，建立多主体参与的分工合作机制，充分发挥大学在推进区域教育综合改革中的重要作用，充分激发和调动学校的主动性，不断优化三方合作机制。（鲍传友，2015）

（二）学校成为学校改进的主导者

从中国学校改进模式来看，学校改进基本从政府主导走向多元参与，政府、大学、中小学在学校改进中的作用都不容忽视，是一个多方协作、共同参与、互惠互利的过程。

（1）内在生长。这一过程中既强调外部力量的参与，但也越来越注重学校内生力量的生长，学校改进越来越被看作一个为了学校、基于学校、通过学校的过程。学校改进的原则被理解为形成强大的内部自我监控机制和反思过程，而非为了落实被强加的改进时间表。（富兰，2013）[23] 学校改进是学校处于创先争优、薄弱成长、变革发展等不同发展状态下，积极探寻发展新路径，实现学校发展新境界的过程，学校主导的改进成为学校发展的重要选择。

（2）注重过程。学校的发展过程是一个追求改进、不断变革的过程。例如，山东大学附属中学为了进一步提升学校办学实力与水平，探索以课程成就学生的学校改进发展之路。学校首先思考四个问题：为什么改？改什么？怎么改？改革的目标是什么？在这四个问题推动下，学校选择以课程建设为切入点，全面深刻地剖析学校实际，从学校现状、学情分析、课程基础等角度，梳理学校课程改革的路线，并发挥科研在课改中的积极作用，构建了"国家课程校本化、拓展型课程综合化、研究型课程自主化、选修型课程特色化"的课程体系，引领学生享受课程，践行信仰，成就自我。

（3）改无定法。各学校根据发展形势、资源状况、特色需求等，积极探索出不同的学校改进路径。例如济宁学院第二附属小学结合地域特色，把"办一所体现孔子教育思想的学校"作为学校发展愿景，积极培育具有"仁爱"精神的"少年君子"，并据此从校本课程、校歌校报、学生行为习惯等方面进行学校改进，取得了比较好的效果。

（三）更加关注学校整体改进

相较于分块式学校改进策略，整体式学校改进策略则以整体性为原则，运用"整体建构"模式来指导学校发展规划、特色提炼、品牌创建等工作。

（陈如平，2015）中国中小学学校改进中采用整体式改进策略比较有代表性的项目有"新基础教育""新样态学校""学校文化建设"等。

学校改进是每所学校都应考虑的问题，学校应不断思索如何优化学校要素，推动学校办学水平提高与办学质量提升。最初中国中小学的学校改进聚焦于学校发展最需要改进的地方或最可能突破的地方，以条块化思维推进学校改进，做法多样，对中国学校发展与教育发展都起到了举足轻重的作用。随着整体性、综合性思维的发展，中国学校改进也发生了如下变化。

（1）学校改进越来越成为一个整体化、系统化的思考过程。学校改进一般从学校文化、学校办学哲学等角度出发，构建学校改进的理念系统和实践系统，整体推进学校发展。例如"新样态学校"提出走整体构建、系统化实施路径，具体包括五个步骤："立根子"——梳理办学理念；"定调子"——明确发展主题；"搭架子"——整体构建体系；"探路子"——创新实施载体；"亮牌子"——创建学校特色。（陈如平，2015）

（2）学校改进越来越关注学校本身，强调学校内部力量的参与和唤醒，多方协作，走整体性学校改进之路。例如，"新样态学校"（陈如平，2017）是在对学校发展基本规律的认识基础之上所形成的核心命题和基本主张，是对学校发展状态"基于原点"的系统思考、深度回归、高度提炼和理性认知。它旨在突破以往的学校发展方式，走内生式发展之路，强调立足本土文化和自身基础，利用学校自身的优势资源，整体建构学校的育人模式，打造具有自己独特样态的学校。它立足自我突破而形成"校校有魂魄、校校有特点、校校有追求"的宛若丛林生态式的学校发展格局，意在创建"原生态、去功利、致良知、可持续"的现代学校，使每所学校都能获得"有品性、有品质、有品牌、有品位"的发展。

需要说明的是，以上只是简单地按照时间历程将学校改进阶段予以划分，初步提炼阶段内的学校改进总体状况与核心特征，以期反映中国学校改进的基本状况。

总体而言，中国的学校改进是一个由外到内、从局部到整体、由单一主体到多方参与的过程。下面从"新基础教育"、"学校文化建设"、集团化办学、"优质学校改进计划"四个典型项目①入手，分析中国学校改进的模式与策略，更生动形象地展示中国学校改进的状况。

第二节　"新基础教育"的经验

"新基础教育"是以华东师范大学叶澜教授为核心的"生命·实践"教育学派开展的一项学校改进研究，项目推进理论与实践研究20余年，现在依然在持续推进，具有学校改进的典型意义。

"新基础教育"所提倡的"新"教育理念、"新"教育实践，是相对于过去或当前的状况而言的。"新基础教育"的"新"，是建立在对当前中国社会发展方向的分析以及对社会发展向教育提出的新的时代要求的分析的基础上，建立在对当前中国基础教育发展状况的分析基础上，并在与学校教育实践的互动过程中确立起来的。（王建军 等，2003）

自1994年在一所小学开展合作研究后，"新基础教育"已走过了探索性研究（1994—1999年）、发展性研究（1999—2004年）、成型性研究（2004—2009年）、扎根研究（2009—2012年）、生态式推进阶段（2012—2015年）以及生态式推进共生体建设阶段（2015年至今）等六个不断深化的阶段。在20余年的理论与实践交互生成中，"新基础教育"形成了理论体系，产生了实践影响。

---

① 典型项目的选择标准有三：其一，具有较大影响力；其二，持续时间长，具有现实意义；其三，对学校改进具有指导意义和借鉴价值。当然，中国学校改进的典型项目不止此四项，此处希望能管中窥豹，思考中国学校改进的理论与实践。

一、模式特征

"新基础教育"主要有六个特征：一是学者引领，二是理念先行，三是整体构建，四是阶段探索，五是立足学校，六是大学和中小学合作。

（一）学者引领

"新基础教育"源自 1994 年"面向 21 世纪新基础教育"探索性研究，是由当时华东师范大学教育科学与技术学院和华东师范大学普教研究中心（现已整合至华东师范大学教育学部）的部分研究者联合开展的课题研究。1997 年该课题被全国教育科学规划领导小组办公室批准为国家教委重点课题。"新基础教育"的研究成员主要有两部分：一部分是华东师范大学教育科学与技术学院从事教育基本理论、儿童发展心理学和比较教育研究的人员，其余大部分是从事中小学学科教学研究的人员。"新基础教育"的设计者和实施者皆以大学研究者为主，这些研究者具有三个特点。

（1）专业搭配恰当，有教育基本理论研究者，有儿童心理发展研究者，有比较教育研究者，还有长期从事中小学教育的研究者。研究者既关注理论研究，又关注实践回应。

（2）研究者都有明确的研究任务，都有不可取代的重要作用。

（3）研究者需要根据研究任务深入学校指导试验工作，而非进行书斋式的研究。

由此可知，"新基础教育"最核心的力量来自研究团队的专家学者，是一个由专家学者引领的项目，专家的专业知识在其中起到了决定性作用。学者引领的"新基础教育"凸显了理论整体清晰的实践介入特征。

（二）理念先行

"新基础教育"十分注重教育观念的系统更新，避免出现"穿新鞋，走老路"的局面。"新基础教育"认为应进行三大方面的更新。

（1）价值观更新。"新基础教育"认为，中国基础教育必须强调"未来性""生命性""社会性"，学校教育要放眼未来，扎根并服务于生动的人类社会实践，致力于教育与学生的生命血脉之沟通，促成学生个体生命多方面发展。

（2）学生观更新。"新基础教育"认为，要认识和关注学生的"主动性""潜在性"和"差异性"，发现学生蕴含的巨大能量，努力让学生去发现和实践，为学生的独立成长而教。

（3）学校教育活动观更新。"新基础教育"认为，应强调学校教育活动的"双边共时性""灵活结构性""动态生成性""综合渗透性"，也即教育活动观的核心是激活师生在教育活动中的生命力，使教育活动真正成为朝着目标实现的方向而开展的师生积极互动、动态生成的发展过程，把教育重心从内容、手段移到人身上，移到生命体发展这一根本目的上来。（叶澜，2006）[216-230]"新基础教育"，由"教书"为本转向通过教书来"育人"，融通"教"与"育"，表现为重视"学科的独特"，实现"结构的关联"，推动"过程的转化"。（李政涛，2019）

由此可见，"新基础教育"之"新"主要体现在理念、实践和研究三大层面。

（1）理念层面的"新"指以"理想新人"为基点，生发出教育价值观、学生观、师生关系观、活动过程观等系统更新。

（2）实践层面的"新"表现在学校领导与管理改革、学科教学改革、班级建设等方面。

（3）研究层面的"新"是以理论与实践的交互转化为核心，以独特的研究单位、研究策略和方法论，创生出"主动深度合作"的研究方式，体现出中国式的复杂思维。（庞庆举，2009）

（三）整体构建

"新基础教育"强调当代中国学校变革的转型性，要求变革者通过与近代学校基本形态相比较，勾勒出期望构建的新型学校的整体形态与特质，也称作新型学校的蓝图设计。"新基础教育"重在改变点状思维，这种思维习惯于"就事论事""点对点"，不能发现事物之间的内在联系，做不到由此及彼，更不会进行逻辑推理、举一反三。

"新基础教育"努力实现整体性思维，强调整体而非局部视角，主张把某一部分置于整体的背景框架中思考，用整体说明局部，注重整体内不同要素的综合融通，而非不同要素的累积叠加。（李政涛，2015）[115-117]

"新基础教育"研究的核心问题是学校整体转型性变革，所以"新基础教育"理论的实践影响力，首先集中体现在学校两个层面三大领域（第一层面的学校领导与管理被喻为"一个脑袋"，第二层面的学科教学和综合活动被喻为"两条腿"）的各项研究性变革实践与变革主体之发展中。

随着"新基础教育"研究的拓展，自 2012 年起，"新基础教育"开始探索以"生态区"为载体的校际联合教研，进入生态式推进的共生体建设阶段，正在创造学校教育内涵式均衡发展的新经验和新理论。（庞庆举，2017）新时代的"新基础教育"以"共生"思维开展学校共生群建设，积极思考区域教育治理方式的转变（伍红林，2020）。

（四）阶段探索

"新基础教育"研究的阶段性特点体现在两个方面。

1. 研究历程的阶段性

（1）在起步阶段便讲究研究步骤：自愿组合成合作队，做出研究方案的总体设计，课题组与学校领导达成共识，形成研究的常规制度，进行理论概括与提升，等等。

（2）分段对系列问题进行思索，包括筑建起点、方案策划、方法论思考等，不断思索、论证、实践、探寻，是一个分阶段、系统推进研究的过程。（叶澜 等，2010）[144-191]

2. 改革的阶段性推进

它形成了推进改革的系列策略，包括整体策划与分段实施相结合。

例如，"新基础教育"建构了"推进型评价"的理论与方法。评价以推进改革发展为目标，是改革研究的有机组成部分。（叶澜，2011）"新基础教育"课堂教学改革评价系统的形成大致经历了三个阶段：第一阶段以诊断性评价与常规性评价为主要构成，第二阶段以原则性评价与比较性评价为主要构成，第三阶段以全程整体性评价与阶段系统性评价为主要构成。（叶澜 等，2003）

（五）立足学校

"新基础教育"认为，发展动力的转换是学校变革中最深层次的转换。动力内化意味着学校形成自己的内在发展需求、动机和动力机制。它要求学校建立基于自身、依靠内在力量的发展机制。

因此，"新基础教育"采取了将评价改革贯穿于教学改革全过程的策略，改变了评价者在改革之外、评价过程外在于改革过程的传统，使课堂教学评价成为课堂教学改革的认识深化和实践推进中不可缺少的重要组成部分，把课堂教学改革实践的深化过程不断转化为评价改革的深化过程，把课堂教学实践的成果转化为评价改革的重要资源。

又如，"新基础教育"在班级建设方面，基于对学生成长内在机制的领悟，形成以"把班级还给学生"为代表的工作思路；基于对各年段学生成长需要的研究，形成1—9年级系列教育活动；基于对班主任、学生工作负责人成长需要的理解与尊重，形成"成人成事"相统一的改革方式。（李家成，2009）通过促成学生间兄弟姐妹般关系的建立、公民般共同生活的实现、共同创造未来命运共同体的体验，自觉引导儿童学会共同生活与发展。

"新基础教育"视"班级"为开放系统，促成教育体系的优化，推动建立开放、公平、高质量的教育体系；通过对班主任领导力、专业素养结构和生命存在的研究，为新时代教育者的综合素养发展提供范例。（李家成，2017）

（六）大学和中小学合作

基础教育改革不仅仅是中小学的责任，大学也要承担一定的职责，因此可以说，大学与中小学因改革事业而走到一起并走上共同发展的道路是两者合作的现实基础。（王嘉毅 等，2011）

这是一种互惠的局面。对于中小学来说，缺乏理论的指导，导致学校改进停留在"摸着石头过河"的走一步算一步的探索阶段，很难对学校整体改进做出系统思考与整体规划。

对于大学理论工作者来说，实践是学术研究的生命力，理论的创生与发展必须依据学校实际情况，书斋式的研究难以消除"说做两张皮"现象。因此，大学研究者和中小学都有需求建立长期关系，频繁互动，相互协作，一起推动学校改进的理论与实践发展。

这种改进应该是"本土化"的内生过程，也即在大学与中小学合作关系的意义上，学校改进是在学校实践场域中经对话、互动和共同思考而生成学校改进理论与实践策略的过程。在内生型学校改进中，大学专业人员可以起到让实践者的教育信念和心智模式亮相、让实践者的实践发生第二次改变、让理论工作者和实践工作者共同发生蜕变的作用。（邬志辉，2010）"新基础教育"将学者的理论思考与中小学实践相结合，不断推进研究深化，实现研究者与合作学校的双向发展。

二、策略实施

"新基础教育"是研究者用自己的理论探索和实践创造，写出的教育学的现实版本。经过20多年的思索探寻，"新基础教育"已经逐渐被人所熟知、认同、接受，并且有研究者不断加入，实践者不断运用。因此有必要勾勒一下其基本的实施策略，以便更好地认识"新基础教育"的学校改进之路。

（一）目标聚焦

"新基础教育"研究具有显性目标和隐性目标。其显性目标在于"成事"，也即创建"新基础教育"理论和现代新型学校；隐性目标则在于"成人"，改变师生在学校的生存方式。两层目标相互作用与生成，合称"成事成人"。（张向众 等，2015）[2-10]

1. 培养"主动、健康发展"的新人

"新基础教育"关注每一个学生，将"主动性""潜在性""差异性"聚集到"具体个人"上，要求把学生当作"具体个人"去认识和研究，"要承认人的生命是在具体个人中存活、生长、发展的"（叶澜，2003），把教育价值观聚焦到为每一个学生的终身学习与发展、实现幸福人生奠定基础。人的"主动"发展，是"新基础教育"研究始终关注的核心问题，个体的发展只能在各种关系和各种活动的交互作用中实现，是一种开放的动态生成过程。让学生学会在不确定性中，通过主动选择和积极实践，把握和创造新的确定性，是"新基础教育"提出的学校教育最富有当代价值和个体生命价值的目标。

当然，"新基础教育"的"成人"不仅针对儿童，而且针对教师，要求学生是时代新人、教师是新型教师。（叶澜，2018）

2. 创建现代新型学校

新人的培养要求学校发生转型性变革。现代新型学校主要具有以下特质。

（1）价值提升。从传递知识为本转向以培养人的健康、主动发展的意识与能力为本，是现代学校价值提升的核心构成。

（2）重心下移。主要体现在三个方面。

首先，教育对象与教育目标的重心下移，致力于促进每一个学生的发展，为学生的终身学习和发展奠定坚实基础。

其次，教学内容的重心下移，注重学科领域知识、生活领域知识、职业实践知识等。

最后，管理重心下移，强调办学自主权的归还，以及学校基于自身实际，以校为本，在教学实践、教育实践等环节发挥师生的力量。

（3）结构开放。一是向外的，包括对网络、媒体开放，也包括对社区和社会开放、学校间开放等。二是向内的，包括管理上开放、教育教学活动开放等。

（4）过程互动。过程互动需要呈现出多元、多层、多向、多群的状态。

（5）动力内化。注重学校内在价值提升与内在动力的调动，适应外在需求，善于保持自己的相对独立性。

（二）阶段推进

"新基础教育"在学校的实施过程，包括启动阶段、准备阶段、试行阶段、推进阶段、初步成形阶段等五个阶段。

1. 启动阶段

启动阶段主要是学习阶段，强调校长是第一责任人。启动阶段要回答三个问题。

一是谁要学习？"新基础教育"认为学习应该从校长开始，骨干教师也需要"带头闯"的勇气，校长和骨干教师带领着所有的教师保持开放心态，进入实践。

二是学什么？一则学"理论"，成为会反思的人；二则学"做事"，成为会创造的人；三则学"做人"，成为有生命自觉的人。

三是怎样学？"新基础教育"的学习包括"学习研究、策划设计、实践反思、重建创生"环节，目的在于多维度促进学习能力自觉发展。"新基础教育"还强调进入实践，在实践中将知识转化为个人的日常教育行为。

2. 准备阶段

领导带头进行校内动员，组织和鼓励教师学习，在价值取向、组织准备、人员安排等方面做好准备。

（1）统一愿景、形成核心力，包括形成"学校发展"意识、"发展规划"意识、改革"支持力"、改革"先行力"等。

（2）建立学校支持系统，包括成立学校"新基础教育"研究组织、形成学校"新基础教育"研究制度两个主要方面。

（3）选择率先进入的教师，其中骨干教师应该是核心力量。

3. 试行阶段

这一阶段包括两个主要措施。

（1）制定学校发展规划，启动学校领导管理变革，整体设计发展规划，继而推进发展规划实施，明确主要任务和具体措施。

（2）培养第一批骨干，形成教育教学实践变革经验，通常包括开展学校日常教育教学的研究性变革实践，通过"初建课和重建课"体悟理论，促进骨干教师发展，使骨干教师走向成熟、主动创造等。

4. 推进阶段

经过两三年的研究积累，学校取得初步的研究成果，培养了骨干力量，接下来则是校内推广阶段，实行全员参与、全领域覆盖，以促进学校整体转型。这一阶段主要做以下四件事情。

（1）全员参与，开展学校"新基础教育"改革指导纲要的学习。

（2）放大节点的价值，全面推进学校转型。

（3）深入解读、落实评估指标体系。

（4）借助中期评估，促进学校整体转型。

5. 初步成形阶段

初步成形阶段期望达到的目标是"全、实、深"。"全"是全面推进"新基础教育"，实现整体化，包括基础学科全员参与、其他学科全面进入、起始年级全程推进、学校各项改革全面协调；"实"是扎实推进"新基础教育"，实现日常化，包括骨干教师研究日常化、学校管理改革实地化、学校研究运行常态化，学生发展质量整体显著提高；"深"是深度体现"新基础教育"精神，包括专题研究深入开展、学校文化建设深层推进、各项工作形成品牌、学校发展体现创生。

上述目标达成后，学校需要实现"整体转型"，孕育出"精、特、美"的高标追求。"精"是高质量办学，打造学校精品项目；"特"是形成办学特色，呈现学校个性；"美"是体现教育的内在美和外在美。

（三）有所侧重

"新基础教育"虽是一项整体推进的教育研究，但是在实践过程中仍然有所侧重，主要侧重于学校的三个领域：学校领导与管理、课堂教学、学生工作。

1. 学校领导与管理改革

学校作为基础教育变革基本单位的逻辑前提，是在价值观上，强调成事成人的圆融统一，注重学校变革主体生命自觉的开发与培育。（孙元涛，2017）学校领导与管理改革属于全局、顶层设计层面，具有双重指向：一是指向领导与管理层面的重建，二是指向对学校变革的领导与管理，这是学校转型性变革中领导层不可推卸的责任。

这方面改革的主要目标与策略是：（1）改革管理组织、制度，形成"成人·成事"价值观指导下的新运行机制；（2）促进学校领导与管理者观念与角色更新，创建学校新文化；（3）培养出一支具有自我意识、发展意识和"教师立场"，善于学习、引领变革、主动策划、富有活力的领导团队；（4）在学校变革实践中，探索并逐步形成符合当代中国学校变革方向的新型学校领导与管理变革理论、策略与经验。

2. 课堂教学改革

在"新基础教育"研究中，课堂教学被视为师生共同参与的整体性实践活动，是师生交互作用并生成智慧的动态过程。课堂教学改革主要包括以下方面。

（1）构建"互动生成式"新型课堂，把课堂还给学生，将学生作为重要的教学资源，教师作为"推进者"，积极编织、重组"活"起来的课堂。

（2）充分开发学科的育人价值。

（3）实现课堂教学改革日常化。

（4）建设富有"生命自觉"的教师队伍。教师积极诊断问题，做好"还"课于生；重建教学设计与教学过程；注重课程研究与教师发展的关系等。

3. 学生工作改革

"新基础教育"中的学生工作从反思开始，基于对现实问题进行理论反思、理论重建，再开始实践重建，在实践重建中实现新理论与新实践的交互创生。主要包括以下内容。

（1）提升价值，开发学生工作的独特育人价值。

（2）重心下移，以"学生立场"开展学生工作。

（3）培养一批善于研究、提升儿童成长需要的智慧型班主任。

学生工作可以从班级建设、主体活动建设、综合育人常态化等角度考虑，囊括学校仪式、学校系列活动、校内外融合活动、跨班跨年级活动等多种具体形式。

综上所述，"新基础教育"通过理论反思、实践探究、方法论更新、学科元研究等四个重要方面的持续深化与交互生成式的研究，形成了极具特色的"生命·实践"教育学派。（叶澜，2013）"新基础教育"主要负责人之一李政涛教授指出，"新基础教育"是以"学校"为单位的整体转型性变革研究，是基本或基础理论性质的学校变革理论与实践交互生成的学校变革研究，是贴地深度介入式的学校变革研究，是具有中国文化自觉的学校变革研究。（李政涛，2017）

"新基础教育"以专家学者为引领，基于对传统教育的反思，强调"新"理念的教育渗透过程，是一个专家引领、学校参与的过程，注重学校发展的整体构思，分阶段、有重点地推进学校发展的理论研究与实践进程，最终实现创建新型学校，培养"主动、健康发展"的新人的办学理念。"新基础教育"不断寻找现代教育丢失的自然之为，走向依"教育所是"

而行、达"自然而然"之境、开创"教育与自然"内在关联的新阶段。
(叶澜，2020)

第三节　学校文化建设的经验

学校文化建设的思考起源于 2006 年北京市实施的初中建设工程。北京市初中建设工程是北京市教委借助高校的力量来改进学校的尝试，北京市的两所高校（北京师范大学和首都师范大学）分别支援、改进城区的 16 所学校，学校改进的工作思路、方式和具体操作完全由两所大学自行决定。其中，学校文化便是改进中的一个重要思考点。尔后，北京市日益认识到学校文化在学校改进中的重要作用，委托北京师范大学教育学部（项目负责人为张东娇教授），积极开展北京市中小学学校文化示范校建设与评估工作。项目组结合多项省部级课题，对学校文化建设进行了长达 10 年的思考，在理论创新、模型创新、实践创新等方面做了大量工作，形成了"学校文化建设"的学校改进经验。

一、模式特征

"学校文化建设"项目具有四个方面的模式特征；第一，从学校改进的发起者分析，"学校文化建设"项目采用的是大学、政府、中小学多方参与的模式。第二，从学校改进的目标分析，"学校文化建设"项目关注学校内部系统的改进，关注学校内部系统的整体、全面、综合的改革与发展。第三，从学校改进的范围分析，"学校文化建设"项目是区域性需求与学校主动性需求相结合的成果。第四，从整个运作过程与运作结果来看，"学校文化建设"项目体现了高度创新性。

（一）多方参与的"U-G-S"模式

在学校改进过程中，特别是区域性推进学校改进过程中，充分发挥教育行政部门的作用，将会使学校改进的策略与方法得到有效的落实。（马云鹏 等，2011）

"学校文化建设"项目是三方协作的一个典型代表，即政府、大学、中小学基于共同愿景，本着平等互惠原则，共同促进中小学管理质量和效能提升。政府提供资金和政策保障，大学提供优质的人力资源、智力资源和理念资源，中小学提供教育实践基地，先进的政策确保先进理念与先进实践的结合，共同促进中小学管理质量和效能提升，实现学校持续、良性发展。（张东娇，2010b）

"学校文化建设"是政府推动的大规模学校改进计划，北京市教委基础教育一处是这一项目的直接发动者和委托者，借助北京师范大学的专业力量，利用政府、大学和学校联结的三方合作模式，取得了很好的成效。

在三方合作模型中，三方各司其职。

（1）政府主要指北京市教委及其领导下的区县教委，它们是项目的发动者，是连接大学与中小学的桥梁，负责整合教育资源，提供实质性的经费支持，评估大学和中小学的表现。

（2）北京师范大学专家团队是协作者、咨询者，又是实践者和研究者，负责进行学校文化理论研究，制定《北京市中小学学校文化建设示范校建设与评估指标体系（试行）》，创建三方合作的组织机制与工作制度，协助中小学明确学校办学理念，构建实践体系。

（3）学校指北京地区的中小学，是学校文化建设的关键主体，政府和大学都是外力，其与学校是否形成合力，完全取决于学校的认知与实践。（张东娇，2016c）[11-12]

（二）内部系统的整体建构

北京师范大学学校文化研究中心认为，学校文化结构包含精神文化、制度文化、行为文化和物质文化，是一个系统化建构的过程。

（1）学校精神文化又称学校办学理念体系或学校核心价值体系，包括学校核心价值观、育人目标、办学目标、校训、校徽、校歌等要素。

（2）学校制度文化、行为文化和物质文化三者合称学校办学实践体系，包括教师文化、学生文化、课程文化、课堂文化、管理文化、公共关系文化和校园环境文化七个领域。

基于学校文化驱动模型，项目建构和实践了"一总多分"的专业支持策略。"一总"也即学校文化驱动模型的总抓手，即学校文化诊断、策划、建设。"总"是学校文化驱动模型的特质所在。"多分"是指学校文化驱动模型有多个分领域的实践改进点，即上文所述的教师文化、学生文化等七个领域。

（三）区域性整体推动项目

"学校文化建设"项目是在北京市教委基础教育一处的推动下实施的面向北京中小学的建设项目，其区域性整体推动特点体现在两个方面。

（1）从北京市各区分批次选取 500 所学校进行学校文化建设与评估，无论是学校数量还是学校地域分布等，都体现出区域性整体推进特点。

（2）项目构建了一套针对北京市所有中小学的学校文化建设与评估指标体系。该指标体系提炼出学校文化建设中需要关注的八个问题：学校文化建设核心价值观的导向性，学校文化建设体系的完整性，学校办学理念体系和办学实践体系的一致性，学校文化建设软环境和硬环境的协调性，学校文化建设的全面性和针对性，学校文化传统的继承性和发展性，学校文化建设的适切性和独特性，学校文化建设过程的参与性和成果的共享性。（张凤华 等，2014）

（四）项目的高度创新性

"学校文化建设"项目创新主要包括理论创新、模型创新和实践创新三个方面（张东娇，2016c）[8-15]。

1. 理论创新

北京师范大学学校文化研究中心致力于学校文化研究与实践，界定了学校文化的内涵，构建了学校文化管理系统，建构了以文化为抓手的学校改进模型，即学校文化驱动模型。

（1）定义创新。经过多年学校文化研究和实践的积累，北京师范大学学校文化研究中心提出，学校文化是学校全体成员共同创造和建设的文明、和谐、美好的生活方式；是学校核心价值观及其主导下的行为方式和物质形态的总和，包括学校精神文化、制度文化、行为文化和物质文化。在这个定义中，第一分句表达了学校文化的内涵和价值属性，第二分句点明了学校文化的操作变量，两者合起来构成学校文化的完整定义。上述学校文化定义采用了属加种差的定义方法。这一定义涉及两个属：生活方式、核心价值观；种差涉及对操作变量的分解，即精神文化、制度文化、行为文化和物质文化。学校文化属性根植于文化属性，包括内在属性和外在属性。内在属性指文化的本质属性，外在属性指文化的关系属性。学校文化的内在属性根植于文化的内在属性，包括价值属性、功能属性、方法属性和逻辑属性。学校文化的外在属性根植于文化的外在属性，指学校文化在与个体和群体互动的具体情境中呈现的关系属性，包括国家属性、社会属性、学校属性和个体属性。这些属性之间没有严格界限，经常交织发挥作用。（张东娇，2016a）

（2）标准创新。参见后文"标准引领"部分。该标准具有三个突出的特点：更加突出文化体系的系统建构，诠释了学校文化建设的内涵；更加突出创建导向，注重建设与发展过程；更加突出评估重点，有利于内外评价统一。

（3）成果创新。北京市学校文化建设成果最终以专著形式予以展现，改变了以往的经验汇编式展现方式。

2. 模型创新

学校文化驱动模型创新表现为价值与理念知识模块创新，包括概念、

价值、文化理论三个知识单元。（张东娇，2022）

（1）概念知识单元，包括模型定义、结构和定位三个要素。学校文化驱动模型的全称是学校文化驱动区域学校系统思考和整体改进模型，是在政府、大学、中小学三方合作背景下，以学校文化为抓手，优化配置学校文化要素，全面驱动学校系统思考、整体改进与发展的一套管理思想和操作框架。模型是一个完整的有机体。

（2）价值知识单元。这个单元有六个要素：价值观、目的、立场、路线、策略、原则。模型的价值观是，每一所学校都有文化，每一所学校都与众不同，每一所学校都值得尊重。模型的目的是：引导学生持续乐观地投入学习；帮助学校掌握系统思考与整体改进的方法论和认识论工具；建设价值驱动型学校，形成高质量教育群落；引导学校成员过一种气质优雅、举止从容、内容完整、精神健康的美好教育生活。模型的立场是：学校文化就是教育生活的全部，学校文化就是教育生活本身，学校文化建设过程就是学校日常管理过程，学校文化建设过程就是学校循证改进过程，学校文化建设过程就是学校特色形成过程。模型坚持的路线是：工作专业化、经验结构化、成果可见化，把事倍功半的管理变成事半功倍的管理和更高质量的管理。模型的策略是把学校文化与学校改进相联系，把学校文化建设与课例研究等八个实践领域结合，形成从学校办学理念体系，到教师与学生、课程与课堂、党建与管理、公共关系与环境文化的落实链条。模型坚持五项原则，即安全、有效、系统、团结和简易。

（3）文化理论知识单元。该单元有四个要素，即学校文化定义及其结构、学校文化分类及其管理、学校文化发生机制、价值驱动型学校及其文化哲学。

3. 实践创新

实践创新表现在学校文化驱动模型的机制、标准与工具知识模块，包括机制、标准和工具三个知识单元。

（1）机制知识单元。该单元包括三个要素，即三方合作机制、五步工作法、六项工作制度，提供程序性知识。五步工作法是指模型设计的五个重要步骤，包括必要准备、全面诊断、系统策划、落地执行、成果可见。为了把政策、研究和实践有机联系起来，把政府、大学和中小学三个主体工作平台贯通起来，模型使用六项工作制度，即核心工作站制度、联系人制度、专家小组工作日制度、三方联席双反馈制度、课堂观察和课例研究制度、两种信息管理制度。

（2）标准知识单元。该单元包括高质量学校文化标准、高质量学校文化建设标准和指标体系三个要素，三者价值一致，思想统一。高质量学校文化标准是慧于中、诚于内、秀于外。高质量学校文化建设标准，指学校文化建设和管理过程要做到框架清晰、细节精微、质感饱满。指标体系是指建设"秀外慧中"学校文化的过程性知识，适用于所有中小学。

（3）工具知识单元。该单元主要包括四个要素，即四种类型工具，形成学校文化建设工具箱。评估类工具含学校文化整体和部分评估工具，如"学校文化发展状态评估问卷""最难共事者问卷"等。模板类工具含学校文化发展状态评估报告模板、学校文化建设方案模板、校长汇报提纲、课例研究报告模板等。局部数据收集类工具，除了前面所列量表外，还包括面向教师、学生、中层干部、校长、家长和社区人员、教育行政人员的多组访谈提纲以及学生测试套题等。课堂观察类工具含教师与班级情况表、教学时间分配表、学生学习投入状态观察表、课堂问答行为类型频次统计表、教与学策略观察表、小组学习观察表、语言流动情况图、教师巡回路线图、课堂文化观察表、教学目标达成情况表等。

由上可知，"学校文化建设"项目是一个多方参与的关注学校内部整体构建的区域性建设项目，从理论、制度、实践等角度，走出了一条不同于以往学校改进的道路，极具创造性和中国特色。

二、策略实施

北京市教委于"十二五"期间启动学校文化建设工作，在专家团队的支持策划下，中小学积极参与其中，"学校文化建设"项目取得了显著成效：学校文化理论不断建构与完善，学校办学品质得到进一步提升，学校文化原力得到了有效释放，开启了学校建设的文化新时代（杨志成　等，2016）[1]。其策略实施主要包括如下方面。

（一）文化立校

1. 建构价值驱动型学校

价值驱动型学校建设是学校文化管理与建设的新追求和新境界。价值驱动型学校是以核心价值观的建构、反思和实现为主要管理活动的学校，与经验驱动型学校和技术-效能驱动型学校相比，具有文化地图清晰、价值观管理贯穿、内群体文化团结的特征。在国家文化哲学的指导下，甄选-保卫、引导-教练、觉察-创建三种联合工作机制和策略有效推动了价值驱动型学校的建设和形成。（张东娇，2014a）价值驱动型学校，在文化自觉的基础上，注意学校管理的美学观察（张东娇，2022）、微妙性均衡（张东娇，2019a）等现代价值理念，建设真实的美好教育生活。

2. 实行价值重塑与流程再造

价值重塑是对学校核心价值体系的重新思考、塑造和表述，可运用梳理历史、挖掘假设、联合力量、话语重述的管理策略。管理流程再造是在核心价值观指导下，对学校组织设计、结构、管理制度及其执行等的反思、修正、改造或重新构造，包括组织结构流程再造、制度流程再造和关键事件流程再造。（张东娇，2014b）

3. 建设和形成"秀外慧中"的学校文化

"慧于中"是指寻找学校文化线索，提炼学校文化概念，确保学校核心价值体系的表述逻辑自洽、精准简练。"秀于外"是指通过师生行为、学校和教师的形象、环境塑造等途径，将学校核心价值体系形之于外、美化于外。（张东娇，2016b）其中，"慧于中"是难点，学校核心价值体系的表述应言之有实，内核坚固，其标准是生动、高级、合体、简单。中小学要运用多种手段落实好的、实的、美的价值取向，建设"秀外慧中"的学校文化。建设过程应追求内容真实、方法实在，成果呈现应走向怡景怡情怡人。（张东娇，2019b）

（二）以评促建

以评促建的"评"即评估，"建"即建设。以评促建指用学校文化评估手段推进学校文化建设。在北京市教委基础教育一处的直接领导参与下，专家小组利用半年多时间十二易其稿，形成了《北京市中小学学校文化建设示范校建设与评估指标体系（试行）》，此标准已对外公布，被河北等众多兄弟省市借鉴。

1. 一级指标

指标体系包括4个一级指标：学校文化体系建设、学校办学理念体系建设、学校办学实践体系建设、优势领域发展。

2. 二级指标

在4个一级指标下，共设置了14个二级指标，涵盖了学校文化建设的基本内容，突出了学校文化体系的系统性特征。14个二级指标为：学校文化体系建设、核心价值观、办学目标、育人目标、办学理念识别、学校宣传理念、管理文化建设、课程文化建设、课堂文化建设、教师文化建设、学生文化建设、公共关系文化建设、校园文化建设、优势领域。

3. 学校文化建设要素

在14个二级指标下，项目组又分列了44个"学校文化建设要素"，注重学校文化的建设与发展过程，引导学校扎实进行精神文化、制度文化、行为文化和物质文化等方面建设。

在指标体系设计中，还设定了与"学校文化建设要素"相对应的"学校文化观测点"，作为学校文化建设的评估要点。这一探索和尝试，使得该指标体系比其他指标体系更具有操作性和实效性，也有利于学校文化外部评价和自我评价的统一。（张凤华　等，2014）

（三）模型导航

学校文化驱动模型是一种学校改进模型，采用系统各要素最优化配置的设计思路和框架。学校文化驱动模型考验大学研究者的智慧和信心。这种考验来自校长和学校对管理与领导思维的需求。为了应对挑战，大学研究者需要具备沟通能力、话语转换能力、指导能力。学校文化驱动模型提供了思维学习、工具学习和伙伴学习等学习方式，确保校长和教师系统思维能力的更新。（张东娇，2013）

（四）研讨式评建

研讨即研究和讨论，评建即评估和建设。研讨式评建即以研究和讨论的方式进行学校文化的评估与建设活动。

（1）多元主体。学校文化评估和建设主体具有多个来源和多种成分。参与者主要有三部分：一是近90人的专家团队，包括大学教授、研究机构的研究人员、中小学校长、教育杂志负责人等。二是北京市教委基础教育一处的全体成员和16个区县及燕山地区教委的相关负责人。三是参与申报第二批学校文化建设示范校建设与评估的项目学校校长及学校成员。

（2）过程协商。学校文化建设与评估过程采取多主体合作参与、互相研讨和协商的方式进行。过程协商包括标准协商、现场协商和会议协商等方式。

（3）共同改进。共同改进是针对学校文化建设和评估结果不理想的学校，多元主体各尽其责，协作进行学习文化建设与改进，采取现场建议、报告建议和成果建议三种形式，以充满善意和谦和的态度进行协商式对话。

由上可知，"学校文化建设"项目是一个由北京市教委、大学专家、中小学协作参与建设的项目，是基于学校整体构建，力求激发学校内生力量，通过标准、模型等推进学校改进与发展的项目，助力学校走向文化发展之路。

学校文化建设既是价值理念重塑的过程，也是实践操作的过程。"学校文化建设"项目形成了"齐步走"（领导与管理齐抓、思考与行动共在、事实与概念同构）、"三人行"（校长领导学校文化建设、教师创建学校文化、学生创建学校文化）、"四抓手"（以精神文化、制度文化、行为文化和物质文化为抓手，有序、有效地落实学校文化建设的管理策略，包括明理、善人、治事等方面）等学校文化管理的有效策略。（张东娇，2010a）

学校文化建设是一个系统思索的过程，是学校办学理念系统和办学实践系统的有机整合过程，是学校改进的整体建构过程。在新时代美好生活是向善、求真、审美的生活，是有意义、有意思和有意境的生活。"学校文化建设"项目通过完善价值系统、健全生活方式、提升审美经验三种方式创造和成就美好教育生活，解决现代生活割裂无意义、混乱无层次和庸常无惊喜的问题，将引导教师和学生过一种气质优雅、举止从容、内容完整、精神健康的教育生活。（张东娇，2019c）

第四节　集团化办学的经验

名校集团化办学作为中国基础教育改革的一张名片，已经走过了将近20年，是中国基础教育改革的有益探索，也是被检验过的可行之策。名校集团化办学是时代的产物，是对"上学难"与"上好学校难"问题的回应，是落实教育公平、教育质量均衡等教育理念的重要举措。有研究者使用中国教育追踪调查数据，以学生认知能力为义务教育质量的评价指标，通过多水平模型、分位数回归模型发现：整体来看，集团化办学对义务教育质量有显著正向影响。（成刚 等，2022）有教育界人士认为，过去单一学校的运行模式，出于相互竞争及体制方面的原因，使学校与学校之间在师资队伍和教学科研方面很难达到深层次的合作与交流。而教育集团化，使学校之间可以共享师资，给学校教师队伍结构调整提供了广阔空间。几所学校之间的"协作"关系，使得一个名师、一个骨干教师，有可能带动起一支优秀的教师团队。（江南 等，2005）从地域上看，杭州的"名校集团化"、北京的"城乡学校一体化"、成都的"全域成都教育"等都是成功的案例（孟繁华 等，2016）。因此，本节通过梳理这三个城市的集团化办学模式与策略，把握集团化办学的总体状况和特征。

一、模式特征

（一）杭州模式——名校集团化

杭州市名校集团化办学出自基层学校探索，逐步转变为政府介入主导，并最终上升为区域性的组织行动。杭州的名校集团化办学主要是针对基础教育阶段实施的战略，是在当地教育行政部门的主导下，以当地一些享有较高社会声誉的著名中小学为发起单位或创始单位，通过名校输出品牌、办学理念、管理方式、干部和优秀教师、现代教育信息技术等，进行集团化办学，也即以名校为母体学校形成教育集团。（徐一超 等，2012）[28-29] 其主要模式特征如下。

1. 起于基层，兴于政府的外部推动

（1）源自基层试点。"试点推广"是中国改革的重要策略，也即先选取若干具有典型性的样本进行试验，试验成功后再逐步推广其成功经验。杭州市名校集团化办学走的也是先试点再推广的路子。名校集团化办学最初以1999年杭州求是小学在全国率先探索义务教育公办名校集团化办学为起点。1999年9月，位于竞舟路的新建住宅区配套学校被杭州西湖区的老牌名校求是小学接管。于是，一场通过名校"输出"品牌、师资和管理来实现新区配套学校超常规发展、促进教育资源均衡化的改革探索开始了。（董齐 等，2009）

（2）兴起于政府主导。在求是教育集团取得阶段性成功经验后，在杭州市委、市政府的支持下，杭州名校集团化办学模式不断探索完善。从基层探索到政府介入最后到区域内的组织行为，在杭州市名校集团化的发展进程中政府起到了决定性作用，政府为了实现"让更多的人接受更好的教育"理念，积极从政策上予以推进，最终促成了名校集团化办学的蓬勃发展。

2. 聚焦基础教育，采用多元组合的运作模式

（1）聚焦于基础教育。名校集团化主要面向基础教育，也即幼儿园和中小学，采取中小学名校和幼儿园名园创办集团的形式予以推进。

（2）多样化运作模式。杭州市名校集团化办学常见的运作模式为"名校+弱校""名校+新校""名校+民校""名校+农校""进校（进修学校）+新校""教科所+新校"等，整体上而言，是以名校为核心，将不同办学水平的学校或机构进行有机组合的运作过程。

3. 管理结构重组，运行机制再设

（1）管理结构重组。传统公办中小学采用的是矩阵式组织结构，既有纵向职能部门的联系，又有横向跨职能部门的联系，是集权与分权的结合。而名校集团化办学最初采用老带新的管理结构形式，尔后采用条块式相辅的管理结构，其中专业力量越来越被重视。

（2）运行机制再设。杭州市集团化办学主要采取"滴水"式的三维运行机制。（朱向军，2006）[24]与单个学校办学机制不同，集团化办学使学校之间的组织机制能够顺畅运行，集团成员校在龙头学校的带领下显示出"后发优势"。

（二）北京模式——城乡学校一体化

北京市教委于 2011 年下半年开始启动城乡新区一体化学校建设改革试验，在农村、城乡接合部和城市发展新区建设一批标志性的优质中小学。2012 年共有 15 所试验学校，2013 年又增加了 30 所新的项目校。（张爽等，2014）在这一过程中，北京市丰台区于 2011 年开始探索集群化办学，

开拓了集团化办学思路。

1. 复杂同组织模式和组织链模式相结合

（1）复杂同组织模式，主要是指在一体化过程中严格遵照政策设计，落实"一个法人、一体化管理"的新型组织形态。"一校多区"的集团化办学模式正逐渐成为区域内义务教育高位均衡发展的重要举措。（陈文娇等，2017）

如北京市第二十中学作为北京市示范性高中，作为优质教育的代表，按照名校集团化办学需求，发展为一校三址，包括小营、新都、永泰校区。其中小营校区为完全中学，新都校区为初中校，永泰校区为九年一贯制学校。

（2）组织链模式，主要是指在一体化过程中，输出校校长不担任输入校法人代表，输入校校长既是学校行政负责人，同时又是学校法人代表。两所学校虽然进行深度合作，但仍属于边界清晰、彼此独立的个体。

2010年5月，以北京市第十八中学为龙头，汇集方庄地区27所教育机构的方庄教育集群成立。方庄教育集群建设步步深入、不断升级，已经从最初的"抱团取暖"式的、以物质资源共享为主要特点的初级区域教育共同体，发展到以课程资源共享为主的区域生态教育共同体，又走向了以融通各个学段、改变区域教育结构为主要任务的现代化区域教育共同体，实现了区域教育的共通、共治、共享、共赢，推动了方庄地区教育的优质、均衡发展。教育集群是一种区域教育发展的新模式，是地理位置相近的区域内各种教育资源基于自主性、内生性需求，由教育行政部门主导，区域内优质学校牵头，通过创设一个区域丛林式教育生态系统，以多元化特色教育满足教师、学生个性化发展需求的区域教育共同体，具有地缘性、生态性、内生性、自主性、社区性的特点。（管杰，2017）

2. 构建形、构、质一体化管理模式

集团化办学始终面临着同步优质与特色发展、办学机制与办学活力、办学规模与办学质量之间的矛盾。（杨刚，2021）形、构、质是城乡学校一体化管理模式的核心要素。其中，"形"主要是指校名、符号、人工器物和活动，通常表现为外显的层面，易于观察、把握和交流；"构"主要是指学校惯例、组织结构、管理制度；"质"主要是指办学水平、学校声誉和精神文化，具有较强的稳定性，通过浅层次的交流很难触及。三者辩证统一，构成了学校一体化的完整序列。学校一体化的实现必然是形、构、质三者统一的一体化。城乡学校一体化可分为五种模式，即异形异构异质模式、同形异构异质模式、同形同构异质模式、同形同构同质模式、特色优质模式。北京城乡学校一体化的过程，是从异形异构异质模式走向特色优质模式的过程。（张爽 等，2013）

3. 走向合作伙伴关系

对组织内部来说，合作的主要形式是建立学习型组织。对组织外部来说，合作的主要形式是建立战略联盟或合作伙伴关系。应摒弃过度竞争意识，构建基于合作的学校组织发展框架，对学校组织运行和发展的机制进行再造，制定基于合作的教育政策，建立学校间的战略伙伴关系，形成共享的学校组织文化，建立扁平化学校组织结构，优化学校领导的角色与行为，以实现人与人、人与学校、学校与学校、学校与社会的协同发展。（孟繁华 等，2007）建立和发展合作伙伴关系，首先应该共享"平等自愿、求同存异、精诚合作、利益共享"的核心理念，在此基础上，建立教育资源的流动与共享机制以及对伙伴关系的共同治理和问责制度，实现所有合作伙伴的价值。（薛海平 等，2011）如方庄教育集群建立了以内生动力推进集群发展的治理机制，通过资源共享满足集群校的发展需求，通过打通学生出口解决集群校的现实需求，通过开发集群生态课程满足学生的成长需求。（管杰，2015）

（三）成都模式——全域成都教育

"成都模式"的主要特征如下。

1. "全域成都"理念统领教育发展

新世纪后，围绕区域基础教育均衡发展的目标，根据区域间基础教育资源配置不均、基础教育体制不统一等特点，成都市对症下药地启动了一体化的基础教育发展模式。基本思路为以"全域成都"理念统领整个成都基础教育的均衡发展，从经费、师资、物资三方面着手，统一规划，整合优质教育资源，将各圈层特别是远郊区县的基础教育发展纳入整个区域基础教育均衡体系，提高公共教育资源配置的合理性。（庞祯敬 等，2013）

2. 综合改革促进城乡教育均衡发展

成都市把义务教育均衡发展作为统筹城乡综合配套改革的重中之重，逐步形成"一元化体制、全域化规划、标准化建设、倾斜化配置、多模式融合、一体化管理"的城乡教育均衡发展路子。主要做法有：（1）构建城乡一元的公共教育体制。（2）优化全域中小学布局。（3）实施城乡中小学标准化建设工程。（4）公共教育资源配置向农村和远郊区倾斜。（5）实施广覆盖、多层次、宽领域的城乡教育合作，通过名校集体发展、城乡互动联盟、学校跨区结对、城乡师徒牵手、委托管理、网络全域覆盖等途径，构建"三圈一体"教育发展机制，完善优质教育资源全覆盖机制，促进办学水平和教育质量快速提升。（王建，2016）

3. 找准抓手推进教育均衡全覆盖

成都通过名校集体发展、城乡互动联盟、学校跨区结对、城乡师徒牵手等多种方式，探索统筹城乡教育发展的制度安排与体制选择。（本刊编辑部，2009）为了推进优质教育均衡覆盖，成都积极尝试以章程和规划引领集团发展、以干部教师交流保证发展质量、以经费和激励保障集团运行、以备案和考评规范集团发展、以退出和再生创新集团发展活力，打造成都市扩大优质教育资源均衡覆盖面、促进城乡教育一体化的有效抓手。（刘晓，2015）

虽然杭州、北京、成都集团化办学模式各有特色，但基本上是在不断总结名校集团化办学的成功经验基础上，政府运用政策推动区域内教育资源整体布局的过程。这一过程关注基础教育的发展，采取多样化的运作模式，并积极注重管理结构重组和运行机制再设，是一个理念与机制创新的过程，也是一个政府主导下的实践探索过程。

正如李奕指出的，教育集团化办学的主要变化在于：一是在发展治理模式上，学校由原来独立的单体学校转变为具有集团属性的共同体学校；二是集团化办学打破了各种教育资源的边界，使教育资源充分融合，给学生提供了更大的发展空间；三是教育供给侧结构的调整，必然带来人才培养模式的转变；四是深入推进干部教师的交流轮岗，逐步形成良性的教师队伍流动机制。（李奕，2017）

二、策略实施

名校集团化办学坚持教育的公益性，以扩大优质资源、推进教育均衡发展为目标，实现优质教育的普及化。名校集团化办学的主要策略集中在三个方面：一是组合策略，也即集团学校的组合方式；二是运行策略，也即集团学校的运行方法；三是实践策略，也即集团化的基本操作策略。

（一）组合策略

名校集团化办学主要有四种不同的组合方式：连锁式、加盟式、合作式、嫁接式。

（1）连锁式组合策略。这种组合策略是指原来的一个办学成果显著的组织或者机构，通过派生出新的分支机构，不断扩大规模，形成多址办学的集团式教育机构或组织。在杭州名校集团化办学中，这种方式常见于新建小区的配套学校建设过程中，通常采取名校作为办学主体创办新校，或者政府创办新校后归入名校管理。新校利用名校的品牌、管理、师资等优势实现高起点、高声誉发展；名校则根据新校的实际情况派出管理者，输出管理文化和优质师资，帮助新校实现跨越式发展。这种组合策略常有"名校+新校""进校（进修学校）+新校""教科所+新校"等组合模式。

（2）加盟式组合策略。这是指通过对存量教育资源进行整合而形成教育集团。它一般由母体学校承担教育管理责任，遵照母体学校设定的标准或者原则，对原来某些教育组织或者机构实行托管、承包等，实现教育机构的整合与重组，也帮助加盟学校进行龙头学校主导的标准化建设。这种模式常见于民办学校的建设。通常是名校将品牌、教育教学方面的先进经验与做法、优质教育资源（例如课程、师资）等作为商品与民办学校进行交易，双方基于自身情况，自愿订立办学合同，并按合同承担相应的责任与义务。这种组合策略常有"名校+民校"等组合模式。

（3）合作式组合策略。这种策略广义上也是一种加盟式组合策略。不同的是，它通常是由几个教育机构或者非教育机构，通过与地方教育部门、相关学校签订合作办学的合同，接受地方教育部门或者学校的委托对相应的学校实施管理。其主要包括教育机构与非教育机构、国内教育机构与国外教育机构合作，通过品牌共享、资源共用、文化共生，实现双赢效果，常有"名校+名企"等组合模式。例如，浙江绿城育华教育集团便是由政协之友联谊会和浙江绿城教育投资有限公司合作创建、共同管理的教育集团。

（4）嫁接式组合策略。这种模式主要针对薄弱学校的改进与发展，是指母体名校将办学理念、管理理念、优质教育资源、成功经验等进行嫁接移植，输出到薄弱学校这类子体学校，寄希望于子体学校能够依托名校这一母体学校实现更大程度的发展。其过程主要包括移植、合成、新生三个阶段。移植，也即名校这一母体学校的优质资源输入过程；合成，即子体学校对母体学校的输入资源进行积极吸收的过程，使子体学校依据自身基础，融合母体学校的优势，取长补短，择优发展；新生，则是子体学校经过母体学校的帮扶后最终获得持续发展的动力，实现学校的整体改进，从而能够脱离母体学校自我生存与发展，且形成颇具特色的办学理念和实践。这种组合策略常有"名校+弱校""名校+农校"等组合模式。

（二）运行策略

根据教育集团内组织机构的设置情况，龙头名校与其所带领的集团校的运行机制主要分为三类：紧密型运行机制、松散型运行机制、混合型运行机制。

1. 紧密型运行机制

这是指同一法人的校区间的运行机制。这种集团化运行机制的特点如下。

（1）集团以名校为龙头校，融合为一体，实行名校总校长负责制，其他学校不再具有独立法人的资格而成为集团的一个部分，集团内的人、财、物、事由总校长进行统筹调配，名校与集团校的关系是"母"和"子"的关系。

（2）具有三个"一"特征。第一个"一"指代一个法人，不管集团成员校有多少个，都只有名校这一母体校具有法人资格，所属子体校校长仅承担教育教学管理职责。第二个"一"指代一个决策中心，集团只有一个决策中心行使决策权，集团所属的各个学校是决策的具体执行者，都根据龙头校的决策意见予以执行。第三个"一"指代一个管理体系，教育集团内部共用同一个管理体系，整个集团内部具有层级分明、分工明确的管理体系。

（3）具有三个"统一"特征。第一个"统一"指统一发展规划，教育集团内具有统一的发展规划，集团成员校则根据实际情况将之分解、细化，最终达到整体发展规划的目标。第二个"统一"是指统一资源调配，集团内部的人、财、物、事等皆由所管部门统一调配，集团龙头校对资源具有所有权，其余成员校则只具有使用权。第三个"统一"指统一对外，由于集团校中只有母体校具有独立法人的资格，因此只能由集团统一对外行使权利和履行义务，且各个学校代表的依然是集团整体形象，而不能独自对外。

2. 松散型运行机制

这种运行机制依然以名校作为龙头校，实行名校校长领衔制，名校具有独立法人资格，成员校校长也由上级教育主管部门任命，成员校具有独立法人的资格。集团内各校之间的人、财、物、事相互独立，办学经费和办学自主权也相对独立，集团各校之间是平等合作关系，而非主导和附属关系。其主要特点如下。

（1）集团内部存在多个法人，分别代表不同学校。

（2）集团仅有协调权，仅作为一个协作机制存在，各个成员校的校长作为小组成员，在龙头校校长这个小组长的召集下共商集团发展大计，形成整体规划，构建执行系统、监督系统等。这种协商只是集团整体层面上的协商，具体细节依然由各个具有独立决策权的学校决定并自我负责。

（3）各个学校的隶属关系不变，可以独立地对外行使法人权利，履行相关义务。

（4）资源并不统一调配，共享仅限于合作框架，例如教师互动、器材互借等，都取决于集团校的意愿。松散型运行机制更强调各校相互独立，在追求各自办学特色的基础上实行互助共惠、共同成长。

（5）根据北京方庄教育集群经验，这种松散型运行机制具有层次性、扁平化、耦合性、动态性等特点。（管杰 等，2016）

3. 混合型运行机制

在这种机制下，集团校包含两部分：一部分是名校集团内具有紧密关系的子校，另一部分则是集团内松散的合作学校。

在集团化办学过程中，集团的构成因地制宜、因校制宜，根据办学环境、办学需求、办学特色和各个学校自身的发展状况等，采取灵活的组合形式，其目的是达成优质教育资源的均衡发展，提供更多的优质教育。

（三）实践策略

建立科学、高效的实践策略，是名校集团化办学的关键所在。解读名校集团化办学的成功实践可以发现，名校集团化办学都是由内因和外因共同作用的结果，其实践运行可以用滴水模型来诠解（朱向军，2006）[90]。

1. “水滴”的组成

推动名校集团化办学的内因，主要是名校文化、目标定位、组织设计、制度建设、教育资源和质量体系六要素，以名校文化为核心。其中，名校文化的传播是集团发展的灵魂，基于准确目标定位的集团战略选择与特色发展是集团优质教育资源扩张的基本途径，名校集团的组织设计与制度建设是集团可持续发展的基本保障，教育资源的专业化经营与教育质量的系统管理是集团实现优质教育资源扩张的基本方法。

2."水面"

"水面"隐喻名校集团化办学所处的市场环境。"水滴"在不同的"水面"上产生的表面张力有所不同。因此，在名校集团化办学中，应注意采用"市场细分"策略，依据名校本身的特色，在行业的空白点或以行业最高水平切入相应的教育市场。

3."水滴"的高度

它隐喻名校集团化办学的发起者（名校）的成效。成效越大，滴入水面所引发的张力也越大。

当然，也存在着一些名校集团化办学的其他常见策略。

（1）注重名校文化在集团校内部的培植与发展。名校由于长期的教育积淀，其文化具有独特的内涵与价值，无论是管理文化还是教师文化等，都有可取之处。因此，名校集团化办学一般采取文化先行策略，通过龙头学校的优秀文化来影响其他成员校的发展，并积极扶植成员校培育具有自身特色的学校文化。

（2）强调集团章程在集团化办学中的重要作用。集团的建立需要相应的权威性、约束性文件，以规定各个成员的权利与义务，并进一步明晰集团发展的远景，因此名校集团化办学实际上也是按照现代章程办学的体现，通过集团章程来规定集团性质、地位、作用、各主体之间的权利和义务等。

（3）重视教学质量和管理水平的监控。质量是名校集团化办学的生命线。名校集团化办学十分重视质量监控，通过教学质量运行体系和监控体系建设，以及管理水平提升策略，保证名校扩张后的教育质量不变。

（4）以活动为平台的交流与合作。许多教育集团成立后，积极设计和开展多样活动，主要包括教师访问交流、学生"异校访学"、教师互聘、管理干部挂职、跨校开设课程、合作举办晚会等活动，旨在打造管理层互动、教师互动、生生互动的局面，形成师资、课程、活动等进一步共享、共建、共赢的局面。

综上，名校集团化是地方政府为了解决特定时期的特定教育问题而制定的教育政策。（贺武华，2009）面对基础教育"择校热""上好学校难"等现实问题，各地走上了一条由教育行政部门积极推动的扩充名校优质资源与实现优质教育普及化的名校集团化办学道路。虽然有学者认为，集团化办学不能从根本上解决义务教育均衡发展问题（舒惠 等，2017），但不可否认的是，名校集团化办学以政策为引领、以政府为主导，强调区域教育资源的整体配置，不断推陈出新，创造了多种运作模式与运行机制，采取了积极可行的实践策略，为基础教育均衡发展提供了有益经验。（王凯，2013）在集团化办学过程中，我们要注意以下事项。

（1）集团化办学模式呈现出由职业教育阶段向义务教育阶段"移植"的特点，但这种"移植"应符合集团化办学模式的特点与义务教育阶段的发展需求。（孙颖，2016）

（2）集团化办学是以公办的品牌学校为纽带的一种办学实验，它必然会触及体制和机制的改革。如果我们仅仅在原有的框框之内运作，仅仅讲师资、课程、文化，而没有触及权责、政策、根本利益诉求等问题，集团化办学注定难以取得实质性突破。（顾月华 等，2015）

（3）名校教育集团治理重治理结构轻治理机制，多内部治理少外部治理，有正式制度缺非正式制度。为此，名校教育集团治理，需要健全决策、执行与激励机制，促进集团治理样态的"动静结合"；加强外部治理主体的引入，促进集团治理结构的"内外相连"；加强制度供给，促进集团治理制度环境的"内外联建"。（张建 等，2016）

（4）为了让教育集团化办学产生更好的成效，我们必须处理好如下几个关系：整体优化与优势互补、"削峰填谷"与同质化、"软硬兼施"与社会担当、规模扩张与质量提高、教育性与行政逻辑等关系。(毛亚庆, 2016)我们要提倡优势互补, 促进合作共赢; 坚持和而不同, 注重特色发展; 遵循教育规律, 注重长期积累。(钟秉林, 2017)

第五节 优质学校改进的经验

香港教育的发展方向, 由量的增长转为质的提高。香港中小学生成绩的下降促使香港教育统筹委员会就优质学校教育问题提出建议, 由此拉开了优质学校改进的帷幕。在这一过程中, 香港根据实际情况, 走出了一条优质学校改进的独特道路。

一、模式特征

香港回归前夕, 面对环境的变化和教育发展的需求, 香港人围绕着以下三个问题展开思索: 一是香港的中小学教育能否切合当下及未来社会的需要, 二是香港中小学的教育目标是否明确, 三是香港的中小学制度应该怎样革新以配合时代的转变。香港对这些问题的创新性回答, 开辟了香港的优质学校改进之路。

(一) 报告引领

香港教育统筹委员会自 1984 年成立以来, 发表了多份报告, 探讨了多项重要的教育问题, 包括派位制度、学生语文能力等。这期间, 香港的社会、经济以至政治方面, 都有重大转变。这些转变促使香港教育发展的目标, 从数量上的增长转向质量的提高。香港约九成学校由公费资助, 香港公众期望学校教育可以更加开放和更负责任。为了契合世界发展的趋势, 香港教育统筹委员会在 1993 年 10 月成立教育水平工作小组及学校经费工作小组，深入研究教育质量问题；在 1996 年 4 月成立学校质素和学校经费专责小组，就优质学校教育提出建议，作为教育统筹委员会第七号报告书《优质学校教育》制定的依据。经过各方多轮讨论，1997 年报告发布，提出了面向 21 世纪的教育行动计划。其核心要点如下。

1. 明确要求

中小学教育的基本目标是：使每个儿童的潜质得以发展，日后成为有独立思考能力和关注社会事务的成年人，具备知识、技能，处事态度成熟，过充实的生活，对社会做出积极的贡献。

（1）培养爱祖国、爱香港的人。为此，要熟悉中国的历史、文化和地理，也要认识对香港发展极为重要的法制、自由、民主、公平、秩序、竞争等。

（2）德、智、体、群、美五育并举，培养全面发展的人，使社会健康发展。

（3）培养学生的国际观念，整个教育要面向世界，包括政策制定、师资培训和课程设置等。

（4）教育投资要更多和更有效，以确保香港人在知识和技能方面不落后。

（5）培养学生掌握流利的两文（中文、英文）三语（普通话、广东话、英语），以切合实际的需要。

（6）从终身教育的目标出发，培养学生的自学兴趣和能力、独立思考能力和创造能力，不断扩大知识面。

2. 厘定目标

香港教育统筹委员会指出了优质学校的基本特征：在明确的问责制度下，以有效率和有效益的方法，达到社会对优质学校教育的期望，满足社会的需求；在各教育范畴内追求卓越；一线教育工作者可选择最合适的教学和学习模式，满足个别学校的教师和学生的需要；发展多元化的教育体制，为家长和学生提供更多选择。（苏启敏 等，2016）

香港教育统筹委员会认为，为了勾画香港中小学教育的未来方向，应将基本目标转化为下列原则，使学校在厘定具体目标时有所依归。

（1）为学生提供全面的教育机会和学校生活。

（2）使各种程度的学生在学校中都可以充分发展，提供均等的教育机会。

（3）使每个学生接受学校教育后都能具备知识、技能和应有的态度，以面对种种挑战，有不断求进的心态和自学能力。

（4）使每个学生接受学校教育后，都能具备自信心及与人沟通的能力。

（5）使每个学生接受学校教育后，都能履行公民责任及达到合乎社会标准的道德水平。

3. 细化指标

《优质学校教育》报告从三方面提出了学校教育质量指标，并在附录中给出了指标示例。

（1）输入指标。

输入指标属中性指标，用以显示学校的基本状况，以及最起码的统计资料。借助输入指标，可以描绘出学校的轮廓。

输入指标大致包括以下内容：学生人数、成绩组别（全体学生的平均成绩组别）、教职员人数、教职员资历（主要是指学历）、单位成本（每名学生一学年内的平均成本）、师生比率、学生性别组合（即男女生比率）、缺席率、留级率、半日制/全日制、其他。

（2）过程指标。

过程指标力求全面，尽量覆盖学校的主要活动。过程指标分两方面：一是学校管理和行政工作，二是教育过程。按照香港教育统筹委员会的设计，教育过程指标分为 8 组 27 项指标。

第一组：课程设计（5 项指标）。包括：提供范围广阔而内容均衡的课程，采取合适的教学语言，采用活动教学法，参与"校本课程设计计划"，实施"目标为本课程"计划。

第二组：学业成绩（4项指标）。包括：学生自我评估、校内评估成绩、学科测验成绩、公开考试成绩。

第三组：课外活动（1项指标），即学校提供的课外活动。

第四组：个人成长（2项指标）。包括：学校提供的学生辅导服务，与家长的伙伴关系。

第五组：知识探求（4项指标）。包括：制订阅读计划，鼓励学生使用图书馆，参与有关学习及应用知识的计划，订阅报纸及杂志。

第六组：个别需要（2项指标）。包括：切合学生的个别需要，提供辅导教学。

第七组：公民意识（5项指标）。包括：提供公民教育，提供德育，提供环境保护教育，提供文化发展机会，学生参与活动时的行为表现。

第八组：体能发展（4项指标）。包括：加强健康意识，使用体育设施的情况，举办体育活动，评估体格成长和健康状况。

每所学校在制定具体的过程指标时，可参考上述指标体系。同时，上述过程指标，都应作为"门槛"目标。也就是说，只从大处着眼，不求细节。

（3）产出指标。

香港教育统筹委员会建议从学生学业成绩、学生自信、家长教师与学生对学校的总体观感三项指标的"增值"表现入手，评估教育的产出。

不过，以上三项产出指标只是起点，而不是全部。需要进一步研究的产出指标还应包括学生自学能力、与人沟通能力、道德及公民意识等。（杭平，1997）

（二）院校支持

大学参与中小学校改进，不仅可以赢得社会声誉和资金支持，还可以把理论与实践相结合，提升教育研究的品质和实践价值。大学人员对中小学校内部运作和教学实践的了解，对日后改善教师教育课程有一定的帮助。

（何奉颖，2010）香港中文大学积极参与了香港学校改进项目，其主要特征如下。

1. 立足本土

香港中文大学团队学习借鉴美国经验，在提高学校教育质量、人才素质培养方面，大胆地进行了与传统学校教育相左的改革尝试。

香港中文大学团队在计划实施早期直接移植外地经验，并以为在短短两三年间便可以用量化的数据衡量学校的效能。很快，团队便发现学校改进的全面性与复杂性（卢乃桂，2007）。

由于并不存在放诸四海而皆准的公式，所有提升教学效能的工作都是以校为本、以人为本的，项目组着力归纳出一套基于"学校情势检讨、以实证为本"的支援模式，从厘清需要、取得共识、制定策略、具体落实、评估检讨到经验扩散，逐步协助学校建立自我改进的机制。 （王世伟，2017）

2. 多方协作

除了政府支持外，学校改进的重要支持力量应该包括大学成员、学校领导及教师团队。

（1）大学成员：学校改进的外在促进者。大学成员作为重要的外部变革力量走进学校，其身份是外来的咨询者与促进者，目标和功能是为学校提供帮助和支持，帮助学校提升内部能量。大学与中小学的协作关系应是平等、互信和互惠的。大学成员是协作关系中具有影响力的诤友，他们的影响力来自高远的视野和解难的能力。他们的诤言基于敏锐的实践触觉和惯性的批判思考。他们的真诚源自内心的善意，希望所付出的努力能让孩子学得更好。

（2）学校领导：学校改进的内在支持者，包括校长和中层领导两部分，具有重要的推动作用。领导是为教师提供学习机会的重要因素。

（3）教师团队：学校改进的内在影响因素。学校改进必须注重校内教师团队的发展。（钟亚妮 等，2011）

二、策略实施

香港学校改进采取了许多有特色的策略。

（一）以"整全式学校改进"与"尊重学生参与和差异"为重点

香港学校改进以"整全式学校改进"与"尊重学生参与和差异"为重点，着力优化教学和提升教师能动性。

1. 开放型学校系统的再生

改进之前的香港学校相对封闭，课程内容和学习活动都比较统一。通过学校改进项目的推进，大学与学校之间不断加强联系。大学教员会与伙伴学校合作，为学校的需要做分析和诊断，提供专业意见，使封闭的系统变得开放，学校活力被重视，教育改革助力教学质量改善。

2. 学校课程、教学、行政有机结合

香港"优质学校改进计划"是一项全面的学校完善计划，把课程与教学改革、行政组织与管理理念、家长配合与社区资源等不同环节有机地结合起来，并力求使校长、教师、学生、家长和校外人士（如大学人员及社区组织代表）等同心同德，为学校的改进付出努力。（李子建 等，1998）

3. 尊重学生学习差异

香港学校不是为学生拉起相同的终点线，而是希望学生对学习保持持续的兴趣，无论能力强弱，学生都可以在自己的原有基础及能力上有所进步。（卢乃桂，2012）

4. 关注学生参与

学生参与学校改进具有重要的理论和实践意义，然而学生却往往成为学校改进的被动接受者。为了保证学生的基本权利，为了学校改进最终目标的达成，学生参与学校改进就成了不可忽视的问题。学生参与学校改进有三种方式，即给学生赋权（从学习维度、政治维度和社会维度赋权）、在改进的不同阶段配合不同层次的学生参与（学生作为数据来源、学生作为积极回应者、学生作为共同研究者、学生作为研究者）、采用灵活多样的形式加强学生和成人之间的对话。（卢乃桂 等，2007a）

（二）注重教育质量保证机制的转变

1. 教育财政哲学的变化

传统的教育拨款哲学，大致有两个特点。一是政府一般会把资源平均分配给学校；二是政府一般重视投入资源，却无法或无意估量成效。

改进后的政府的教育拨款哲学，增添了新的元素。主要体现为：第一，拨款可以有竞争性；第二，拨款是因为学校推行政府的某项措施；第三，拨款与学校为某类特殊社会人士子女的教育挂钩；第四，拨款必须与某项政策条件挂钩。这样教育财政拨款就从整齐划一演变为差异化对待，鼓励学校加强改革和提升质量。（张国华，2006）

2. 教育评估的演化

（1）从"外评"转化为"自评"。第一，以往的视学主要由政府领导，主要有两层含义：不同的政府部门，按其日程，到学校不同的部门考察，在时间上是政府主导；所考察的内容，是学校是否按既定程序办事。但实施新的学校评估后，政府要在4—6年完成对所有学校的评估。原则上学校可以选择在准备好的情况下，进行校外评核。第二，学校外评主要是确认学校是否按自己的既定方针办学。政府邀请资深校长、大学教育研究人员参加外评。政府把自己的角色界定为监管教育服务，而不只是提供教育服务。私立学校（包括直接资助学校）顺理成章地要接受校外评核。第三，主要是从表格式项目评估到框架式评估，注重对学校情况的分析，选取不同教育目标的侧重点。

（2）强调增值评价。所谓增值，就是学校或学生逐年增进、提高的程度。香港"优质学校改进计划"非常重视产出指标的增值状况。

（3）政府层面的年度检查报告。教育质量保证是由香港教育统筹局教育质量保证部负责组织和实施的。该部每年都会发布一份综合性的年度检查报告，记录重点检查对象，并总结当年受评学校好的实践及其需要改进的方面。同时每五年邀请本地及海外专家对教育质量保证体系及其实施过程进行研讨和回顾，以确认香港地区的学校标准与国际基准之间的差距。政府将检查报告和对学校的外部督导报告公布于众，接受香港公众（包括家长、学生以及学校教师）的监督。（王祥 等，2008）

（三）将教师视作"变革代理人"

在学校改进的过程中，参与学校改进工作的成员皆可算"变革代理人"。在众多变革代理人中，不乏有领导能力的教师，他们在推行学校改进的工作上扮演举足轻重的角色。在学校改进的过程中，他们是最直接的推动者，同时也是学校持续改进的动力。（张佳伟 等，2010）

此外，学校领导层素质是导致学校差异的关键因素之一。校长等领导在学校和课程改革中的作用举足轻重，要不断地自我完善和突破，通过有"心"、用"脑"、动"手"的结合，使学校成员认同改革的目的、重点，参考他校和中西方的经验，动员家长、师生和校外成员实行改革方案。（李子建，2012）

香港"优质学校改进计划"形成了政府探索与大学探索两个主阵地：教育行政部门采取具有政策效力的报告指明改革的基本方向和基本思路；大学运用专业能力，积极与中小学结合，走出了一条关注整体、立足本土的实践道路。

当然，项目的主要参与者之一卢乃桂教授也反思了院校协作在学校改进中的正负功能。

（1）院校协作在学校改进中的正向显性功能包括：增强学校变革的意识和能力，促进学校的整体改进，实现教师的专业发展，推动了学校改进研究的发展。

（2）院校协作在学校改进中的正向隐性功能包括：增强学校之间的联

系，增进不同学科教师之间的理解。

（3）院校协作在学校改进中的负向显性功能包括：可能会使改进者"无所适从"，影响双方参与改进的积极性，同时协作双方在工作时间上的不一致会减缓改进的步伐。

（4）院校协作在学校改进中的负向隐性功能包括：可能会使教师形成依赖心理，可能会造成标签效应。（卢乃桂 等，2009）

中国学校改进虽未贯以"改进"之名，但取得了学校改进的效果。张新平教授认为，中小学一直面临着学校改进动力不足的困扰，为此，借助外部力量驱动学校改进，就成为世界各国普遍采用的策略。（张新平，2016）当然，无论是政府以政策主导的学校改革，还是专家学者推动的理念重塑，抑或是多方参与的文化建设，都能够起到促进学校改进的实质效果。中国的学校改进逐步走上了一条立足本国、放眼世界、取长补短、为我所用，推动学校走向优质均衡发展的道路。

在学校改进的过程中，人们形成了如下共识。

（1）学校改进作为义务教育优质学校建设的常见方式，本质上是一种聚焦问题和解决问题的学校变革路径。（张新平，2015）

（2）学校改进没有统一的模式和"速效"的解决方法，但是国内外那些较成功的学校改进范式所包含的共同因素，却可以应用到中国的学校改进中。例如，调查显示，80%的学校领导认为学校的制度和文化建设是学校改进中的优先事项。（楚旋，2010b）

（3）教育教学活动、管理活动与治理活动是学校改进的基本内容。相对而言，治理群体在学校改进中要起到引领作用，管理群体在学校改进中要起到示范作用。在专家团队中培养热诚者，在工作团队中梯次推进，是学校改进的策略。（胡晓航 等，2014）

（4）校长通常是学校改进的发起者、设计者、领导者、组织者、促进者。校长改进学校的努力主要体现在"做什么"和"怎么做"这两个方面。学校改进的起点，即校长在学校改进实践中先做什么，对改进活动的效果有着显著的影响。学校改进在坚持"向内看"的同时，还需要"向外看"，需要把学校内部改进活动与外部环境的要求有机结合起来，使学校改进成为一种能够借助"外力"促进内部发展的高效实践。（胡晓航 等，2014）

（5）在分布式领导的理念下，学校应改变原有的机械、僵化的组织模式，形成一种民主的氛围，引导、激励教师和学生不断实现自我发展，促进教师逐步改变自身的工作方式和生活方式，自愿为组织的发展做贡献。（王智超，2013）

回顾中国的学校改进之路，虽然有不少问题值得进一步商榷，但已逐步走上正轨，今后中国学校改进的发展趋势可能体现在以下方面。

（1）更加注重多方力量协助，多元参与局面将进一步加强。最初的学校改进是政府利用教育政策与法律的形式强力推进的结果。随着专家学者的不断参与，以及管理理念的进一步转变，政府虽然在学校改进中依然发挥着强有力的作用，但是其他主体，如专家、学校等都越来越积极主动地参与到学校改进中。多方参与、各司其职，是学校改进成功的主要原因。

（2）更加强调整体构建，系统化思维更加受到重视。随着系统化思维的觉醒，学校改进越来越被认为是一个整体构建的过程，因此，人们逐步从理念、文化等角度整体思考学校改进，推动了学校的整体性发展。

（3）更加依赖学校主体力量，主动内生觉醒成为学校改进的要义。学校改进越来越被认为是为了学校、通过学校、基于学校的改进过程，学校才是学校改进的出发点与立足点，任何形态的学校改进都不能离开学校，而应该是一个不断唤醒学校内生力量的过程，帮助学校不断思索自身的发展方向与可能实践。当然，学校改进依然离不开政府的支持以及专家学者的引领。

第九章
七国学校改进模式与策略比较

在第二章至第八章美国、英国、德国、荷兰、日本、澳大利亚、中国 7 个国家的学校改进实践研究中，我们首先对其学校改进的发展历程进行了梳理，然后选取各国典型的改进项目，从项目入手探析各国学校改进的模式特征与策略实施。为了有效达到本研究的最终目的——"学校改进模式与策略比较研究"，本章将对前文 7 个国家的 22 个学校改进项目进行模式特征和策略实施两大方面的比较分析。由于各个国家的国情不同，探究学校改进的差异及其根源意义不大。考虑到这 22 个学校改进项目是 7 国高效能学校改进实践的代表，因此我们主要探索这些高效能学校改进项目模式特征与策略实施的"同"。

第一节　高效能学校改进的模式特征

通过对 7 国 22 个高效能学校改进项目的模式特征进行比较，我们发现，高效能的学校改进实践在改进主体与分工、改进目标与内容、改进实施与传播、改进效果评估与质量保障上具有如下特征。

一、改进主体与分工

从 7 国 22 个高效能学校改进项目的主体与分工中可以看出，无论哪种模式的学校改进，其改进主体都是政府、大学/研究机构（如具有研究性质的基金会）、社会力量（如工商企业等社会组织）、中小学。其中，政府主导的学校改进实践最多，其次是大学/研究机构主导的，最后是中小学主导的，而社会力量从未在学校改进中担当过主导角色。

（一）政府主导的学校改进

在 22 个高效能学校改进项目中，政府主导的学校改进项目有 17 个，可见政府在学校改进实践中所发挥的力量与作用是远远大于大学/研究机构和中小学的。根据改进主体的情况，政府主导的学校改进可以细分为"政府–中小学"模式、"政府–大学/研究机构–中小学"模式、"政府–社会力量–中小学"模式三种类型。

1. "政府–中小学"模式

这一学校改进模式的主体与分工特征是，政府的责任是基于提升全国基础教育质量和教育事业的国际竞争力等需求发起全国范围的改进实践活动，一般也会给予相应的法律政策、改进经费和改革指导方针等保障。而中小学的主要任务就是积极申请和接受一级一级下拨的改进经费，并基于国家政府制定的改进政策与方针，制订改进计划并落实改进举措。

美国"学校改进拨款"项目的发起人和主导者是美国联邦政府，是由 1965 年《初等和中等教育法案》、2002 年《不让一个孩子掉队法案》和 2009 年《美国复苏与再投资法案》等法律明文规定要对全美最薄弱学校提供资助的一个联邦政府专款项目。德国"未来的教育和照管"项目，是德国联邦政府和州政府共同资助的学校改进项目，二者共同解决新建和改建全日制学校面临的一系列问题，如资金问题、师资问题、教学改革问题等。德国"国家融合行动计划"，由德国联邦政府和州政府共同启动，该项目相关政策的实施也离不开德国联邦政府的法律保障。荷兰"全国学校改进计划"和"数学改进项目"是中央和地方两级政府与中小学协作的学校改进实践。日本"中小学一贯制"项目，是由中央政府发起与推行的，并给予法律层面的保障，改进主体涉及国家、都道府县教育委员会、实施校等。澳大利亚"高品质学校和高水平学业"项目，是由联邦政府发起的一个拨款项目，主要目标是建设高质量的学校体系。在这个项目中，澳大利亚联邦政府会同各州政府、地区政府以及非政府部门就利用资助来提升澳大利亚学校教学水平和提升学生学业水平开展广泛合作。

2. "政府-大学/研究机构-中小学"模式

这一改进模式比"政府-中小学"模式多了"大学/研究机构"这一改进主体。在这一改进模式中，大学/研究机构扮演的角色存在三种情况：一是接受政府的改进经费，并依据政府的改进需求与理念、方针，研发出具体的改进模型供中小学选择使用，如美国"综合性学校改革"项目。二是为政府的学校改进项目提供大学所特有的场所与服务，如在日本"教师互学互助体系"项目中，大学发挥了自己独有的教师教育功能。三是直接承担政府所委托的学校改进项目，从改进的理念与方针到具体的改进计划，以及为改进计划提供智力支持与服务等，都由大学这一主体统筹，如中国的"学校文化建设"项目。

美国"综合性学校改革"项目作为美国学校改进第五发展阶段的重要学校改进实践，它的兴起与发展虽然与政府发挥的引导作用分不开，但其中各种综合性学校改革模型大多由大学研究团队或非营利性研究机构研发，薄弱学校可自主选择适合本校的模型，并提交改进方案以申请美国联邦教育部的专项经费。日本"教师互学互助体系"项目虽是由中央政府发起与推行，但参与主体涉及中央政府、都道府县教育委员会、大学、实施校等，项目建立起了中央政府、都道府县教育委员会、公私立学校与各大学之间的合作互助网络。中国"学校文化建设"项目，是政府推动，大学研究者深入实地，立足学校实际问题，通过与中小学合作研究解决问题的项目。中国"优质学校改进计划"是香港教育统筹局与香港中文大学以及香港中小学协作的改进项目。

3. "政府-社会力量-中小学"模式

"社会力量"在这一学校改进模式中所扮演的角色存在两种情况：一是补充政府的学校改进拨款，如英国"教育行动区"项目；二是参与当地中小学的学校改进实践，提供经费之外的其他资源支持。

英国"教育行动区"项目的实施主体涉及地方教育当局、工商业私营企业、行动区内的加盟学校，三者是合作伙伴关系。"国家挑战"项目虽然是由政府主导的，但学校、社区、工商业部门与教育部门所达成的伙伴关系使得多方资源实现了有效整合，助力了学校改进的开展。德国"中小学尖子生培养资助计划"，在联邦层面，由联邦教育与科研部负责提供项目框架内的科学支持、引导、评估和具体主题的科研活动；在州层面，各州招标并选拔学校，在学校中开展实践，并对学校加以监管；在其他社会机构层面，来自经济领域的合作伙伴和基金会、协会为项目提供支持。日本"教育与社会双向互动"项目的实施主体涉及国家、都道府县教育委员会、各社区机构、实施校等。澳大利亚"学生优先"项目，是由联邦政府发起，联邦政府联合各州和地区政府以及非政府组织共同开展的项目，为学生学业成绩的提升和学校教学质量的改善提供制度上、组织上以及财政上等多方面的支持和保障。"智慧学校"项目的实施主体也涉及联邦政府、各州和地区政府、非政府教育机构和学校。

（二）大学/研究机构主导的学校改进

在22个高效能学校改进项目中，大学/研究机构主导的学校改进项目有4个，可见在实际的学校改进实践中，大学/研究机构所发挥的作用还是有限的，不如政府大。

1. "大学/研究机构-政府-中小学"模式

这一改进模式虽然同"政府-大学/研究机构-中小学"模式一样，都涉及三个相同的改进主体，但二者最核心的区别在于是"政府"还是"大学/研究机构"居于主导地位。在"大学/研究机构-政府-中小学"模式中，大学/研究机构是学校改进项目的主导者和发起者，这些改进项目往往是在研发团队多年来的理论思索与实践的基础上发展而来的，如美国"为了所有学生的成功"项目和英国"全面提升教育质量"项目。也正因为它们不是政府主导、大学辅助的，而是大学主导、寻求政府支持的，项目实施的广度和影响力不如采用"政府-大学/研究机构-中小学"模式的项目。

美国"为了所有学生的成功"项目的发起人是约翰·霍普金斯大学以斯莱文教授为首的研究团队，项目是在该团队此前的研究成果基础上自主研发的。它被证明是最为成功的综合性学校改革模型之一，它的研发接受了美国联邦教育部的专项经费资助；此外，选择实施这一项目的学校，也可以申请联邦教育部的经费。英国"全面提升教育质量"项目最早由剑桥大学教育研究院于20世纪80年代末发起，随着实践的积累，该项目已发展成由高校研究团队、地方教育当局以及项目学校协作互助的改进项目。该项目在每所项目学校中的实施均建立在高校研究团队、地方教育当局与项目学校之间的合同关系基础上，这一合同明确规定了三类主体在学校改进中的职责与任务。

2. "大学/研究机构-中小学"模式

"大学/研究机构-中小学"模式在项目实施范围和影响力上不如"政府-大学/研究机构-中小学"模式。同样，由于没有寻求政府的支持，"大学/研究机构-中小学"模式在项目实施范围和影响力上也比不上"大学/研究机构-政府-中小学"模式。一般来说，这一学校改进模式是在大学/研究机构和项目学校自发、自主、自愿互动的过程中形成的。

荷兰"小学自我评估"项目，是由荷兰教育研究基金会、课程发展基金会、国家教育测量研究院、荷兰特文特大学教育学院下属研究机构之间的合作而诞生的。中国"新基础教育"项目也是大学专家主导的学校改进项目，它是华东师范大学叶澜教授对学校改革的一系列理论思考和实践反思的结果的体现。

（三）中小学主导的学校改进

在 22 个高效能学校改进项目中，中小学主导的学校改进项目仅有 1个。虽然数量不多，但是非常值得肯定与鼓励，它表征着中小学自主改进意识的觉醒。这个项目就是中国的"集团化办学"，它源自基层学校探索，逐步转变为政府介入主导，并最终上升为区域性的组织行动。

通过对高效能学校改进项目主体与分工特征的系统分析，我们发现，在 22 个高效能学校改进项目中，尚未出现政府、大学/研究机构、社会力量、中小学四种主体同时参与的学校改进模式。

二、改进目标与内容

根据学校改进目标与内容，22 个高效能学校改进项目大致可划分为"学校局部（焦点）改进"模式和"学校全面改进"模式两种。

（一）学校局部（焦点）改进模式

在 22 个高效能学校改进项目中，属于学校局部（焦点）改进模式的项目共有 17 个，占绝对优势。在这 17 个学校改进项目中，改进的目标或内容通常涉及五个方面。（1）办学。例如，办学的管理权，英国"教育行动区"项目对学校实施公私合作的运作模式；办学的模式，中国"集团化办学"是一种以名校为核心，对不同类型和办学水平的学校或机构进行有机组合的全新办学模式；办学的组织结构，美国"学校改进拨款"项目对全美最薄弱学校实施关闭、重办、扭转、变革等组织结构上的干预；学段制度，日本"中小学一贯制"项目对初小衔接的学制进行改革；办学的时间制度，德国"未来的教育和照管"项目将以往实行的半日制在校学习制度变革为全日制。（2）学科。例如，美国"为了所有学生的成功"项目关注项目学校阅读学科的改进；英国"国家挑战"项目关注处境不利学生核心学科的学习；荷兰"全国学校改进计划"关注阅读学科的改进，而"数学改进项目"主要聚焦数学学科的改进；澳大利亚"高品质学校和高水平学业"项目关注 STEM 学科。（3）学生。例如，澳大利亚"高品质学校和高水平学业"项目重视社会经济地位较低家庭的学生的成长与发展，而德国"中小学尖子生培养资助计划"则是针对尖子生而开发的一项资助计划，德国"国家融合行动计划"是为了促进移民背景学生的融合而开发的项目。（4）教师。例如，澳大利亚"学生优先"项目将教师质量作为提升学生学业水平的四个支柱之一，澳大利亚"智慧学校"项目有一个子计划"提升教师质量"，日本"教师互学互助体系"更是从研修、任用、培养等三个方面促进教师的终身学习。（5）其他。例如，荷兰"小学自我评估"项目意在通过改进学校的自我评估来保障学校的办学质量，日本"教育与社会双向互动"项目充分利用地方力量支持学校教育与社会教育的融合，澳大利亚"学生优先"项目和"高品质学校和高水平学业"项目涉及学校自治、学校领导力、学校透明度与公共问责等方面的改进。

具体来看，美国"学校改进拨款"项目的目标是帮助全美"持续保持最低绩效"的 5000 所学校进行快速改进。为了有效实现学校改进，它还进一步将这些薄弱学校划分为三个等级，有重点地给予资助，并为其选择合适的改进模型。"为了所有学生的成功"项目最初的目标是提高项目学校学生的阅读和写作能力，是一个专注于学科改进的学校改进模型。其后，随着项目内容的不断丰富与完善，其所关注的学科也从一开始的阅读发展至数学、科学、社会学习等其他核心学科。

英国"教育行动区"项目主要改革教育薄弱地区（即教育行动区）内薄弱学校的管理与运作。它是公私合作的模式，通过将区域内学校的管理权面向社会公开招标，吸引社会力量参与行动区内项目学校的管理和运作，改变地方教育当局在公立学校经营与管理方面的垄断地位，为薄弱学校带来新的管理思路、经验和资金，实现学校教育质量的改善，从而达到区域内教育均衡发展的目标。"国家挑战"项目旨在高效整合社会、社区、学校等多方资源，通过提高处于不利地位学生的核心科目成绩来改善薄弱学校的教育质量，从而实现教育公平与机会均等，提高全体学生的学业水平。

德国"未来的教育和照管"项目将矛头主要指向德国中小学以往实行的半日制，建立更多的全日制学校，为学生提供更多在校园学习和参与学校活动的时间。此外，还进一步对全日制学校的教育模式进行变革，兼顾了正规教育、非正规教育和非正式教育，以全面培养学生的"学习知识""学习习作""学会生存"和"学会相处"的综合能力。"中小学尖子生培养资助计划"的目标群体主要为学习成绩优异和富有潜力的中小学生，特别关注来自低学历家庭或有移民背景的儿童和青少年。该项目通过一系列措施满足这些学生的特定需求，尽可能为他们创造完善的学习条件，设计出最适合他们的教学方案，使其学习能力得到进一步提高。"国家融合行动计划"将具有移民背景的儿童和青少年作为重点支持对象，主要从德语语言课程和相关融合课程入手，扩大具有移民背景学生的受教育机会，提高他们的学业水平。

荷兰"全国学校改进计划"的主要目标在于，减少甚至防范教育中的不利情况，尤其是在阅读学科领域。它是一个建立在学校效能知识基础上的、重视课堂层面改进的学校改进项目。"数学改进项目"是一个聚焦数学学科的学校改进项目，目标是提升小学三年级学生的数学成绩。"小学自我评估"项目致力于开发一套良好的自我评估工具，供荷兰小学使用，支持荷兰小学的自我评估，帮助荷兰小学保障办学质量。

日本"中小学一贯制"项目主要通过确保教育主体的一贯性、教育活动的一贯性和学校管理的一贯性等举措来保障中小学教育的顺利衔接，提升学生学业水平。"教育与社会双向互动"项目旨在通过地方分权管理，充分利用学校以外的教育力量参与学校的管理和运作，为学校带来更多的改进思路，实现学校系统的整体性、均衡性发展。"教师互学互助体系"项目以实现教师的终身学习为改进目标，主要从研修、聘用与培养等方面对各级各类学校的教师教育进行指导。

澳大利亚"学生优先"项目的主要目标是有效提升学生教育质量以及全体学生的学业水平。项目聚焦在与学生成长发展关系密切的四个支柱上：教师质量、学校自治、家长参与以及课程体系。"高品质学校和高水平学业"项目主要从提高学生读写、算术和 STEM 学科的学业表现，提升教师质量和学校领导力，帮助学生为迎接全球化时代做好准备，关注处境不利学生的成长和发展，提高信息透明度以加强公共问责等五个方面来具体开展改进工作。"智慧学校"项目尤其关注低社会经济地位学校和群体的教育质量，主要通过"提升教师质量""提升学生读写与算术能力"以及"提升低社会经济地位学区成绩"三个子计划来实现其目标。

中国"集团化办学"，是在教育行政部门的主导下，以当地一些享有较高社会声誉的著名中小学为发起单位或创始单位，通过名校输出品牌、办学理念、管理方式、干部和优秀教师、现代教育信息技术等进行集团化办学，即以名校为母体学校形成教育集团。

（二）学校全面改进模式

在 22 个高效能学校改进项目中，属于学校全面改进模式的项目共有 5 个，分别是美国"综合性学校改革"项目，英国"全面提升教育质量"项目，中国"学校文化建设"项目、"新基础教育"项目和"优质学校改进计划"，它们都强调通过对学校各个层面工作的整体改造进而推动学校的改进。

以中国"学校文化建设"项目为例，它把学校文化拆解为若干操作变量，除了常见的学校理念体系外，还重视学校七个工作领域的文化：管理文化、课程文化、课堂与教学文化、教师文化、学生文化、公共关系文化、校园环境文化。这一项目基本上覆盖了学校工作的方方面面，是一个典型的学校全面改进模式项目。

美国"综合性学校改革"项目坚信持续变革的努力应该覆盖学校系统内各个层面的工作，坚持改革学校整体要比变革学校的某些方面更加有效。所以，它试图在学校的所有核心领域植入有效的实践，如课程、教学、课堂管理、评估、薄弱生转化、家长和社区参与、学校组织和专业发展。

英国"全面提升教育质量"项目主要致力于学校整体层面的改进与提升。它的策略实施是有机的，它没有为项目学校制订统一的学校改进计划，而是给予项目学校充分的自主权来选择自己的改进方法，制订出各自独有的、关注学校具体情境的改进计划。

中国"学校文化建设"项目也关注学校内部系统的整体建构。它建构和实践了"一总多分"的专业支持策略。"一总"指学校文化驱动模型这一总抓手。"多分"指学校文化驱动模型有多个分领域的实践改进点，包括管理文化、课程文化、课堂与教学文化、教师文化、学生文化、公共关系文化、校园环境文化。"新基础教育"项目是一个强调学校整体构建和关注学校实际的改进模式，尤其是对学校的三个核心领域——领导与管理、课堂教学、学生工作进行了整体规划与改进。"优质学校改进计划"汲取英、美两国的学校改进有效经验，采取整全、互动、有机的学校改进路径，以"照顾学生学习差异"为核心，将课程与教学改革、行政组织与管理、家长配合与社区资源建设等不同方面有机地结合起来。

通过对高效能学校改进项目目标与内容的系统分析，我们可以发现，像美国"综合性学校改革"、英国"全面提升教育质量"、中国"新基础教育"和"学校文化建设"这样明确宣称自己是"综合性、全面性改革"的学校改进项目并不多，大部分项目仍然比较倾向于采用学校局部（焦点）改进模式。但在实际操作过程中，采用学校局部（焦点）改进模式的学校改进项目都试图以局部为突破口，进而推动学校其他方面的改进和发展，实现以局部带动整体的改造目标。因此，学校全面改进模式依旧是国际上学校改进项目采用的主流模式。

三、改进实施与传播

从 22 个高效能学校改进项目的实施与传播中可以看出，学校改进的实施与传播，依据其主导主体的不同，可大致分为两种类型：一种是国家主导的学校改进，一般是在全国范围内实施，依靠政府的行政力量进行推广与传播；另外一种是地方政府、大学/研究机构和中小学主导的学校改进，一般是在区域范围内实施，它的推广与传播主要是基于项目被证实的高效能。

（一）国家主导的学校改进：在全国范围内实施，依靠行政力量推广

国家主导的学校改进实践在实施与传播上一般具有如下特征。第一，均是面向全国实施的，并且国家政府一般还给予这些学校改进实践以法律、法规等政策性保障和资助经费保障。第二，各级政府部门分工明确、各司其职、通力配合，促进学校改进项目的落实与推广，如美国的"学校改进拨款"项目。第三，由于国家政府层面关于学校改进项目的政策文本只有笼统的指导方针，各项目学校在具体落实时还要充分考虑当地的教育需求和学校的具体情境，实施校本改进方案，如澳大利亚的"智慧学校"项目和日本的"中小学一贯制"项目。

具体来看，在美国"学校改进拨款"项目中，美国三级教育部门各司其职、分工明确、通力合作：联邦教育部门负责统筹整个项目的方针与细则（如改进对象为"持续保持最低绩效的学校"和改进的四种干预模型），并将改进经费下拨给各州教育部门。州教育部门根据联邦教育部门的项目规定确定本州需要改进的薄弱学校名单，并根据地方教育部门的申请将经费下拨。地方教育部门负责落实项目，将经费分配至改进名单上的学校，并为学校选择合适的改进模型，监督学校改进的实施。在美国"综合性学校改革"项目中，薄弱学校可自主选择大学研发的改进模型，并提交改进

方案，申请美国联邦教育部的经费。

英国"教育行动区"项目是面向全英国范围内那些学生学业成就普遍低下的城镇和乡村地区，着眼于区域内所有薄弱学校的整体提升。"国家挑战"项目也是在全英国范围内实施。

德国"未来的教育和照管"项目，在全德国范围内实施。截至 2013 年，德国已有近 16000 所全日制学校，占德国中小学总数的 60%。德国"中小学尖子生培养资助计划"，面向全德国所有类型学校的 1—10 年级学生。德国"国家融合行动计划"，面向全德国所有移民学生实施。

荷兰"数学改进项目"，在荷兰的 14 所项目学校中实施。在每所学校，该项目持续 3 年左右。整个改进的过程由发起、实施、制度化三个阶段组成（这三个阶段可能存在重叠）。在发起阶段，决定开启改进实践并做出承诺，关键在于做出决策，接受项目要求，并且审视数学教学实践与学生数学成绩水平。在实施阶段，尝试运用新事物、新方法，关键在于实施行动方案、监测、提供过程反馈、保持对改进的承诺。当改进已经成为学校常规时，便进入了制度化阶段，这时要将学校改进项目的具体活动嵌入学校组织里、嵌入教师与校长行动当中。荷兰"全国学校改进计划"也在全国范围内实施。

日本"中小学一贯制"项目在日本全国范围内实施。为了保证措施的有效，实施校在国家基准的基础上，根据地区的实际情况以及自己的判断，对学段进行弹性、灵活的划分。日本"教育与社会双向互动"和"教师互学互助体系"，也是在日本全国范围内实施。

澳大利亚"智慧学校"项目是面向全澳大利亚实施的。联邦政府出台"智慧学校"项目政策文本。各州及地区政府根据该政策文本，充分考虑本地基础教育需要调整和提升的地方，出台与之相对应的"推行计划"。各参与学校也会根据学校类型以及特殊学生群体需求的差异性及多层性，结合所表现出问题的轻重缓急，制订校本计划。在此基础上，为保证改革的有效进行，联邦政府还分别与各州及地区政府签订了协议。澳大利亚的"学生优先"项目和"高品质学校和高水平学业"项目也是在全国范围内实施的。

（二）地方政府、大学/研究机构和中小学主导的学校改进：在区域层面实施，基于项目效能推广

地方政府、大学/研究机构和中小学主导的学校改进实践，在实施与传播方面一般具有如下特征：第一，先是在若干个体项目学校试点，而后通过推广与传播，慢慢覆盖部分区域，如中国的"集团化办学"和"新基础教育"。第二，由于具有高效能，项目得到推广与传播，有些不仅在本国内得到"复制"，甚至还被海外"移植"，如美国的"为了所有学生的成功"项目和英国的"全面提升教育质量"项目。第三，无论是大学/研究机构主导的还是中小学自主探索的学校改进项目，其项目学校的加盟均出自学校想要变革与发展的意愿。

具体来看，美国"为了所有学生的成功"是项目学校自主选择实施的综合性学校改进项目。由于该项目深厚的科学研究基础以及在马里兰州的成功实践，该项目很顺利并且很迅速地被"复制"到美国的其他州和学区，甚至被"移植"到其他国家和地区。此外，该项目还总结了其实施与传播的经验：研发团队需要提供有奉献精神的教练来指导项目学校的项目实施；研发团队最好创建项目学校的全国性和地方性支持网络，以便为加入网络的项目学校提供技术和情感支持。

英国"全面提升教育质量"项目要求学校参与该项目的决定是学校所有成员商讨并通过的。在项目实施前，地方教育局、高校研究团队和项目学校签订改进合同，明确分工，共同推动项目的实施与落实。由于具有较高的改进效能，该项目由起初在英格兰东部的 9 所学校实施，逐步扩展到英国 200 多所学校以及其他国家和地区。

中国"集团化办学"最重要的一个特点是采取试点-推广模式，即先选取若干具有典型性的样本进行试验，试验成功后再逐步推广其成功经验。"新基础教育"在全国范围内同多个地区签约合作，在每个地区至少有 3—

4 所学校以生态式推进的方式开展学校变革研究，形成了合作校、基地校、创建校等多层互动的全国"新基础教育"研究共生体。

通过对高效能学校改进项目实施与传播特征的系统分析，我们可以发现，学校改进项目主导主体的角色、地位和力量，对项目的实施范围和传播的广度产生重要影响。

四、改进效果评估与质量保障

从 22 个高效能学校改进项目的效果评估与质量保障中可以看出，为了保证项目的高效能，一方面需要建立相配套的组织机构为项目的实施提供支持性服务和监督，另一方面也需要对项目的实施效果进行定期的追踪性评估。

（一）建立配套组织机构以服务和监督项目实施

美国"综合性学校改革"项目在州和地方两个层面建立了薄弱学校改进办公室，也成立了专门的综合性学校改革质量中心。美国"为了所有学生的成功"项目研究团队在项目发展壮大后，专门创建了"为了所有学生的成功"基金会。英国"教育行动区"项目成立了行动论坛。澳大利亚联邦政府专门为"智慧学校"项目建立了澳大利亚改革委员会。这些学校改进项目的配套组织机构，是为了项目实施而专门成立的。配套组织机构的功能与作用主要表现在两个方面：一是为项目的实施提供政策、技术、资源、管理服务，二是监督项目的有效落实与开展。

具体来看，美国"学校改进拨款"项目为了保障该项目在实施中能够充分实现其应有的效益，在州和地方两个层面建立了配套的薄弱学校改进办公室，为项目提供专门的服务平台，做好项目的政策保障、资源支持、实际指导、监督与管理等工作。为了推动"综合性学校改革"项目，美国联邦教育部拨款给美国研究机构成立专门的综合性学校改革质量中心，旨在对综合性学校改革模型的设计、实施与效果评估等进行研究，并给州、学区和项目学校提供技术支持。随着项目学校队伍的不断壮大，美国"为了所有学生的成功"项目研究团队离开约翰·霍普金斯大学，专门创建了非营利性的"为了所有学生的成功"基金会，以监管项目学校的改进事务。

英国"教育行动区"项目为区域内所有加盟学校制定了统一的改进目标和行动计划，并配备统一的管理团队——行动论坛，由它负责统领并组织日常活动。其主要目标是加强公私协作，使多方利益相关者为共同的目标采取一致行动，改善学校的教育质量。其职责主要包括策略性指导、日常管理以及监控三个方面。

澳大利亚联邦政府在"智慧学校"项目推进过程中，为了更好地对整个教育改革过程进行跟进，并对改革的成效进行适时评估，专门成立了澳大利亚改革委员会，全面负责改革进程的监管与评估，并全力解决改革中可能出现的各种分歧或争端。澳大利亚改革委员会根据各方所实施的推行计划及签订的双边协议里所规定的绩效标准，对各州及地方进行两年一次的评估。

（二）定期对项目的实施效果进行追踪评估

对这些高效能学校改进项目实施效果的评估一般是由项目研究团队进行，也有第三方学术研究团队基于兴趣与关注点而开展了学术研究。评估研究的结果不仅包含项目质量报告，还有对项目有效经验的理论总结，如美国"为了所有学生的成功"研究团队发表的关于项目传播与推广经验的学术论文。

具体来看，美国"学校改进拨款"项目不仅注重监督项目的实施过程，而且非常重视项目的数据收集和实施效果的评估与研究。美国联邦教育部官网上已经发布了许多项目年度实施报告等资料。由于"为了所有学生的成功"项目表现出了高效能，许多研究开始探讨该项目在传播和推广上的独到经验，这些研究基本上是由斯莱文研究团队自己进行的，团队成员为此发表了一系列期刊文章。

在德国"未来的教育和照管"项目实施过程中，联邦政府主导、四大研究机构联合开展的全国性大型纵向调查项目"全日制学校发展研究"启动，目标是提供有关全日制学校影响的科学证据。这一调查项目评估了各州参加全日制项目的学校，设计了针对校长、教师、其他教学人员、家长和学生的问卷，展开了多角度调查。调查分别于 2005 年、2007 年和 2009 年开展，希望借助纵向数据的对比，更为全面地评估全日制学校的教育效果。"中小学尖子生培养资助计划"针对尖子生的促进措施，在多个州得到综合性大学、师范大学或者其他教育机构中的研究者的跟踪调查、评估和总结。这些州计划进一步发展和扩大针对尖子生的促进措施。

荷兰"全国学校改进计划"通过评估判断项目关注的两个主要问题是否得到解决并做出回应：其一，项目是否引起了更多的有效教学和直接教学，是否运用更多的有效方法来教授阅读，以及引起更多有条理的工作？其二，教师的教学行为是否使学生阅读表现得到改善？"数学改进项目"还详细设计了基于实证研究的评估环节，采用纵向追踪式的准实验设计，检验关于效能的假设，评估改进的效果。

通过对高效能学校改进项目效果评估与质量保障的系统分析，我们可以发现，绝大多数学校改进项目都十分重视对改进效果的定期追踪评估，并建立配套组织机构有效保障改进质量。

第二节　高效能学校改进的策略实施

上一节我们从改进主体与分工、改进目标与内容、改进实施与传播、改进效果评估与质量保障四个方面分析了高效能学校改进项目的模式特征。下面，我们从个体项目校的视角来探析高效能学校改进项目的策略实施。

一、外部支援的策略实施

通过对这 22 个高效能学校改进项目的分析发现，个体项目校在学校改进过程中一般会接受或者积极寻求如下三个主体的外部支持与合作。

（一）政府

无论是不是政府主导的学校改进模式项目，凡是涉及政府这一主体的学校改进项目，即采用"政府-中小学"模式、"政府-大学/研究机构-中小学"模式、"政府-社会力量-中小学"模式、"大学/研究机构-政府-中小学"模式的项目，个体项目校都可能接受政府的法律、政策、资金、专家等方面的支持，尤其是那些中央政府发起的学校改进项目。而地方政府一般会为个体项目校提供管理、监督、评估、反馈、协助等细致服务。

具体来看，在美国"学校改进拨款"项目中，政府是整个项目的发起人，它扮演的角色是提供法律保障和经费资助。在"综合性学校改革"项目中，美国联邦政府提供立法和经费支持，推动了学校改进运动的发展。而在"为了所有学生的成功"项目中，项目学校向美国联邦教育部申请综合性学校改革经费以支持改进实施。

英国"全面提升教育质量"项目规定，地方教育局在学校改进中的职责有：与项目学校和高校研究团队建立良好的沟通，协助项目学校的教师培训与专业发展，分析、解释学校的改进数据，评估、反馈学校的改进状况，协助学校改进工作的网络交流与宣传。在"教育行动区"项目中，政府提供法律和经费保障；地方教育部门提供支持服务，在组织教师培训、加强学校间的交流与协作方面发挥积极作用，并将各行动区内加盟学校的有效经验推广至其他学校，促成行动区学校和非行动区学校的伙伴合作关系。在"国家挑战"项目中，政府除了提供经费外，还以薄弱学校的师资建设为重点，具体实施的措施包含：规定薄弱学校的教师聘用不受全国性条例的约束；扩大"教学优先计划"，吸引优秀毕业生到薄弱中学任教；设置教与学硕士学位，鼓励教师提升教学水平；提高教师薪资水平；为核心科目的教师提供教学指导；等等。

德国"未来的教育和照管"项目是德国有史以来资金量最大的一项教育投资项目，由联邦政府和州政府共同资助。"国家融合行动计划"由德国联邦政府和州政府共同启动，该计划的实施也离不开德国联邦政府的法律保障。"中小学尖子生培养资助计划"的资金也来自联邦政府和州政府。在联邦层面，联邦教育与科研部负责提供教育科研项目框架内的科学支持、引导、评估和具体主题的科研活动。在州层面，各州招标并选拔学校，在学校中践行模块制，并对学校加以监管。

在荷兰"数学改进项目"的发起、实施、制度化阶段，地方教育部门都为学校提供了深入的指导，既针对学校和团队层面，又基于教师个体，立足他们的工作情境。此外，还对项目效果开展外部评估，通过独立评估来提升学校效能。

日本"中小学一贯制"项目是由中央政府发起与推行的，并给予法律层面的保障。"教育与社会双向互动"项目和"教师互学互助体系"项目，均由中央政府发起与推行，并给予相关政策保障。

澳大利亚"学生优先"项目是澳大利亚联邦政府在增强国际竞争力背景下启动的，政府为该项目的开展提供了制度、组织以及财政等多方面的支持和保证。各州和地区政府也参与了该项目。"高品质学校和高水平学业"是由联邦政府发起的一个经费拨款项目，在这个项目中，澳大利亚联邦政府会同各州政府、地区政府以及非政府部门就利用资助来提升澳大利亚学校教学水平和提升学生学业水平开展广泛合作。

中国"集团化办学"由政府进行政策指导、支持和引领。在"学校文化建设"项目中，北京市教委及其领导下的区县教委是项目的发动者，是连接大学与中小学校的桥梁，负责整合教育资源，提供经费支持，评估大学和项目学校的表现。在"优质学校改进计划"中，香港教育部门的作用是提出政策性要求，提供支持性资源。

（二）大学/研究机构

无论是不是大学/研究机构主导的学校改进项目，凡是采用了涉及大学/研究机构的学校改进模式的项目，即采用了"政府-大学/研究机构-中小学"模式、"大学/研究机构-政府-中小学"模式、"大学/研究机构-中小学"模式的项目，个体项目校一般会接受大学/研究机构的三种支持与服务：第一，研发学校改进项目或帮助个体项目校制订校本改进计划；第二，为个体项目校落实学校改进项目提供专业支持，如定期走访项目校、监督改进实施、为项目实施提供专业培训等；第三，对学校改进项目进行跟踪调查与评估、反馈。

具体而言，在美国"综合性学校改革"项目中，大学等研究机构的作用是利用政府提供的专项经费去研发高效能的综合性学校改革模型。此外，在项目学校改进过程中，大学还要为项目跟踪提供技术支持和帮助。而在"为了所有学生的成功"项目中，约翰·霍普金斯大学研发团队不仅研发了该项目，而且为项目学校实施该项目提供支持与服务。

在英国"全面提升教育质量"项目中，高校研究团队帮助项目学校制订各自专属的学校改进计划。项目合同明确规定，高校研究团队在改进中的职责是：定期访问项目学校、监测项目学校改进计划的实施；为学校的项目骨干小组和地方教育局代表提供培训；为项目学校的教师培训和专业发展提供素材，并形成一份支持项目学校教师发展工作的指南；对项目学校的改进数据做出分析与反馈。

德国"中小学尖子生培养资助计划"在多个州得到综合性大学、师范大学或者其他教育机构中的研究者的跟踪调查、评估和总结。此外，大学还要对教师进行培训、开设专门课程。

荷兰"小学自我评估"项目由荷兰特文特大学同其他机构合作研发，研究机构编制了评价工具，并基于收集的数据提供反馈报告。

在日本"教师互学互助体系"项目中，大学要辅助进行教师教育改革。

在中国"学校文化建设"项目中，北京师范大学专家团队是协作者、咨询者，又是实践者和研究者，负责进行学校文化理论研究，制定评价指标体系及其标准，创建三方合作的组织机制与工作制度，协助学校明确办学理念与实践体系。"新基础教育"是华东师范大学叶澜教授带领研究团队历时多年进行理论反思与实践探寻的成果，其最核心力量是研究团队的专家学者，专家的专业知识在其中起到了决定性作用。"优质学校改进计划"由香港中文大学统筹，其主要发挥"知识来源"的作用。

（三）社区与家庭

在高效能学校改进项目中，社区与家庭对个体项目校改进工作所做的贡献主要表现在：第一，提供资源支持。如英国"教育行动区"项目中工商企业为行动区的运作提供经费、技能、经验以及合作机会等资源。第二，参与改进工作。例如，在澳大利亚"智慧学校"项目中，一些非政府教育机构及组织、非公立学校等团体也应邀参加教育改进项目的研制、实施和评估等。在美国"为了所有学生的成功"项目中，家长被鼓励参与学校改进工作，如参与学校治理、学校课程、志愿服务活动等。

英国"全面提升教育质量"项目鼓励项目学校积极与家长和社区沟通联系，请二者帮助创建支持改进的学校环境，认为教师对待家长和社区参与的态度是家长和社区能否成功参与学校改进的重要因素。在"教育行动区"项目中，工商企业可通过投资，也可通过提供培训和咨询服务，或通过某个专门领域的技术支持来参与行动区的运作。虽然在项目开展期间，"教育行动区"项目每年都可从政府那里获得定额拨款，但为了广泛获得教育经费，项目鼓励和接受工商业界以各种形式进行捐赠，以提高教育行动区的教育质量。此外，"教育行动区"项目还极力与相关组织，包括就业组织以及社会服务组织等开展广泛合作，在更广范围内推动了社会融合，实现了资源共享。家长也是学校教育教学的重要资源。例如，"教育行动区"

项目制定了家长作为教育学者的方案，使家庭成员可以进入学校参与课堂活动，与学生一同学习、游戏。此外，"教育行动区"项目也吸纳家长参与学校教育和监督管理工作，包括为家长提供教育咨询、推出有家长参与的教育娱乐活动等，不仅扩大了家长的知情权，缓解了由家长对学校日益增长的期望给教师造成的压力，同时拓展了学校的教育服务功能。在"国家挑战"项目中，薄弱学校不仅受到了政府的财政和师资支持，还充分享受了校外力量的协助。国家挑战信托学校的建立使得社会力量被吸引至学校管理中，由于较少受到地方当局的控制，学校可以自行选择合作伙伴，具体包括商业团体、大学、社区团体、教育慈善团体、高等教育机构及进修学院等。通过原有的以及新建立的与外部利益相关者的伙伴关系，校外的教育利益相关者充分参与学校改进，也进一步实现了社会资源的整合。

在德国"未来的教育和照管"项目中，为了补充和提供下午的教学和照管服务，学校往往选择聘请额外的教学服务人员或者选择与校外的其他机构（如青少年救助机构、青少年组织）进行合作。在"中小学尖子生培养资助计划"中，各州项目学校还会与校外的合作伙伴进行合作，包括托儿所、图书馆、社团、基金会以及高校。

日本"教育与社会双向互动"项目通过让地区居民和家长参与学校的经营规划，让学校、家庭、地区形成共同的目标，要求学校的教育方针和教育活动充分反映地区的需求。

在澳大利亚"学生优先"项目中，家长参与是项目的四大支柱之一，相关举措是：建立专门的在线网络平台，以帮助家长更好地了解学校教育，参与学校的决策；成立相关家长团体组织，让家长们更好地表达自己的需求并参与学校决策。此外，其他非营利性组织也同政府共同开展该计划。在"智慧学校"项目实施的过程中，联邦政府在宏观层面进行指导、监督并提供必要的干预；除了联邦政府、各州和地区政府，一些非政府教育机构及组织、非公立学校等也应邀参加整个教育改进项目的制定、实施和评估等。同时，联邦政府也注重与学生家长和学校社区的互动，强调全面参与、通力合作，譬如与当地商业机构建立合作关系来支持在"真实生活"中学习，也注重让家长和社区在更大范围内参与学校的治理。

二、能力建设的策略实施

通过对这 22 个高效能学校改进项目的分析发现，高效能学校改进项目一般会从如下八个方面来建构个体项目校的学校改进能力。

（一）学校文化

高效能学校改进项目在帮助个体项目校建设学校文化上有三种典型策略。第一是以英国"全面提升教育质量"项目和荷兰"数学改进项目"为代表，个体项目学校要创建和培育能够让学校全体成员主动、积极探索和成功学习的学校环境和班级环境。第二是以中国"集团化办学"为代表，个体项目学校要积极吸收名校的先进学校文化与经验。第三是以中国"学校文化建设"项目为代表，将个体项目学校的文化细分为包括核心价值观、办学目标、育人目标等在内的办学理念体系，以及包含管理文化、课程文化、课堂文化、教师文化、学生文化、公共关系文化和校园环境文化等的办学实践体系，以这些文化变量为抓手，全面推进学校的变革与发展。

具体而言，英国"全面提升教育质量"项目认为，学校应创建一种能够促使全体成员成功学习的校园环境。

荷兰"数学改进项目"认为，为学生延长学习与教学时间是十分必要的，需要建设一种班级环境，让学生能够管理自己的学习过程。在该项目中，班级环境指向一个探索性的学习环境，一个让学生自我管理学习活动的课堂环境，它能够促进学校运行、激发学生的内在动机。

中国"集团化办学"认为，推动名校集团化办学的内因包括名校文化、目标定位、组织设计、制度建设、教育资源和质量体系，其中以名校文化为核心。名校集团化办学一般采取文化先行的策略，通过龙头学校的优秀文化来影响其他成员校的发展，并积极扶植成员校培育有特色的学校文化。

（二）学校组织

高效能学校改进项目在帮助个体项目校建构学校组织上常见的策略与举措有：第一，变革学校外部的组织形式。美国"学校改进拨款"项目要求最薄弱学校直接关闭或重办。英国"国家挑战"项目以国家挑战信托学校取代薄弱学校。德国"未来的教育和照管"项目将以往的半日制学校转变为新型的全日制学校。日本"中小学一贯制"项目通过变革学制优化学校的外部组织形式和内部管理结构。在中国"集团化办学"中，项目学校外在的组织形式和内部的组织活动也都相应地发生了变化。第二，优化学校内部的组织结构。例如，强化学校的自治和自主决策权，鼓励建立注重合作与赋权的组织结构，提高学校的信息透明度以加强公共问责，优化班级建设。

具体来看，美国"学校改进拨款"项目由于是对全美持续保持最低绩效的学校进行改进，所以在学校组织上采取的改革力度比较大。关闭模型，要求将绩效差的学校直接关闭，并将学生转移到学区内其他质量更优的学校。重办模型，要求先把一些低绩效学校关闭，然后在教育管理组织的帮助下重新开办。扭转模型，要求低绩效学校更换校长，更新至少50%的教职员工。变革模型也要求更换校长，招募更加优质的教职员工，但对教师更新比例未做硬性规定。

英国"全面提升教育质量"项目认为，学校应建立一种鼓励合作、重视赋权的组织结构。"教育行动区"项目在学校组织上所采取的举措是：第一，教育行动区内的薄弱学校不受全国性教师聘任条例的约束，可通过提供优厚的待遇，聘请优秀的管理人员担任校长。第二，招聘更多的优秀教师充实教学第一线，加强项目学校的师资力量。第三，在教师管理方面，"教育行动区"项目还设立了十分灵活的机制，如：签订更具弹性的聘约，使教师有弹性工作时间；聘用社会其他人士，协助教师进行教学工作；设立奖励基金，奖励那些教学成绩突出的教师。"国家挑战"项目的策略是：第一，帮助薄弱学校招募到最好的新教师，提高教师的薪资待遇；第二，创建国家挑战信托学校，与成功学校、企业或大学建立合作关系，为学校带来新的管理制度和改进思维。

德国"未来的教育和照管"项目，延长了学生在校学习时间。全日制学校每周至少有3天向学生全天开放，全天开放时间不得少于7课时。全日制学校的日常教学和生活主要包括必修和正规课程教育、午餐和午休、课后作业辅导、兴趣课堂等。

在日本"中小学一贯制"项目中，学段的划分是其最大的特色之一。在中小学一贯制学校中，大约七成的学校使用"六三制"，另外近三成的学校使用"四三二制"，还有极少数学校使用"五四制""四五制"。学校管理制度主要分为三种类型：一种是中小学校长由一人担任，进行一体化管理；一种是分别设置小学校长、中学校长；还有一种是分别设置小学和中学校长，但指定一名校长进行协调。

在澳大利亚"学生优先"项目中，学校自治是改革的四大支柱之一。澳大利亚在全国范围内推行的独立公立学校，在财政、物力和人力资源管理以及课程、整体发展方向等方面拥有更大的自主决策权。"高品质学校和高水平学业"项目采取了五项重要举措，其中之一就是提高学校的信息透明度以加强公共问责。首先，澳大利亚联邦政府要求学校每年为家长提供读写和算术的报告。其次，收集关于学生学业进步和学校改进的相关信息，以便政府对学校的表现进行评估，并且确定还有哪些方面需要进一步改善。

在中国"集团化办学"中名校集团的组织设计与制度建设是名校集团可持续发展的基本保障，集团明确规定各个成员之间的权利与义务，积极开展跨校活动。

（三）学校领导

高效能学校改进项目在帮助个体项目校建构学校领导能力上通常采用

的举措有：一是提升校长领导力。通过设立全国优秀校长标准、建立全国校长认证程序、开展校长专业培训等措施，更新校长及学校领导班子的观念，提升其领导力。二是提升教师领导力。美国"为了所有学生的成功"项目和英国"全面提升教育质量"项目强调项目学校要实施强调赋权的变革型领导，努力提升教师在学校组织结构中的领导力以及自身的教学领导力。

具体而言，英国"全面提升教育质量"项目强烈要求项目学校实行强调赋权的变革型领导，努力提升教师的领导力。该项目建议项目学校将学校领导权力让渡给全体教师，努力提升教师的领导力。具体建议包括：鼓励全体教师参与学校发展愿景的建构、参与改进计划的制订、参与调查与反思、参与专业发展活动等。除此之外，它也建议项目学校成立各种临时性的"任务小组"，代表学校的全体教师参与学校决策。

澳大利亚"学生优先"项目设立了全国统一的校长标准，开展校长专业培训以提升校长及领导班子的领导力，推行学校自治，给予校长更多自主决策的权力。"高品质学校和高水平学业"项目采取了五项重要举措，其中之一就是提升学校领导力，鼓励校长及学校领导团队更多地关注自身技能和知识的发展以成为高效的学校领导者。

中国"集团化办学"中，质量是名校集团化办学的生命线，而维持这条生命线的关键在于提升教学水平和管理水平。名校集团化办学十分重视质量监控，通过教学质量运行体系和监控体系建设，以及管理水平的改进与提升，保证名校扩张后的教育效果依然理想。"新基础教育"在学校领导上的策略是：第一，改革管理组织、制度，形成"成人成事"价值观指导下的新运行机制；第二，促进学校领导与管理者实现观念与角色更新，创建学校新文化；第三，培养出一支具有自我意识、发展意识和"教师立场"，善于学习、引领变革、主动策划、富有活力的领导团队；第四，在学校变革实践中，探索并逐步形成符合当代中国学校变革方向的新型学校领导发展与管理理论、策略与经验。

（四）课程与教学

高效能学校改进项目在帮助个体项目校建构课程与教学能力上一般采用如下策略与措施：第一，完善课程。美国"为了所有学生的成功"项目在个体项目学校实施适合不同年级段的阅读校本课程。在英国"教育行动区"项目中项目学校可以对国家统一课程进行修改和重新设计以满足本校学生需求。在德国"未来的教育和照管"项目中项目学校开设大量的涵盖不同领域的课程和校外活动课程，以促进学生全面发展。在德国"中小学尖子生培养资助计划"中项目学校针对尖子生开设具有个性化、挑战性的课程。在德国"国家融合行动计划"中项目学校面向有移民背景的学生提供德语语言课程和相关融合课程。日本"中小学一贯制"项目为项目学校编制系统的九年一贯制课程计划。第二，优化教学。上述各国高效能学校改进项目在优化教学上的举措有：针对有特殊需求的学生开展课外的一对一辅导，开展实地和实践教学，针对尖子生实施分组学习和加速教学，在日常课堂教学中运用直接教学、适应性教学、交互教学等教学方法，重视并完善课堂教学评价。

具体来看，美国"为了所有学生的成功"项目着重从阅读课程与教学入手促进学校的全面改进，其在阅读课程与教学上采取的举措有：第一，实施适合不同年级段的阅读校本课程；第二，提供补充学校常规阅读教学的一对一辅导。

在英国"教育行动区"项目中，薄弱学校在课程改进方面不受国家统一课程的约束，不仅可以对国家统一课程进行修改、重新设计，甚至可以开发各个科目的校本补充课程。学校还充分利用校外的资源保障课程的实施。

"集体活动"是德国"未来的教育和照管"项目在课程上的一大亮点。全日制学校既要保证在校学生学习基本的知识，又要保证学生享有充足的时间和平等的机会来拓展自身的兴趣和能力。集体活动课程除了学校组织的课堂讨论和学生互助合作之外，还有学校与社会中的大量课外和校外活动。"中小学尖子生培养资助计划"为培养成绩优异和富有潜力的尖子生，开设个性化且有挑战性的课程；在教学上，实施"充实课程""加速计划""分组学习"等。"国家融合行动计划"主要是从德语语言课程和相关融合课程着手，加强对移民学生的融合教育。

荷兰"全国学校改进计划"为避免学生在阅读科目中的不佳表现，非常注重优化教师的教学行为。项目以直接教学作为基本的教学原则，它包含以下几个重要方面：每日评估，清晰呈现新内容与新技能，个体在监督之下进行练习、运用知识，增加教学时间及有效学习的时间。"数学改进项目"在小学三年级的数学课堂上实施适应性教学，开展经常性的测评，优化教学，促进学生主动学习。

日本"中小学一贯制"项目最为核心的改进举措是设定九年一贯的教育目标，依据目标编制系统的九年一贯课程计划。在教学上，采取中小学教师交互教学等，促进小学与中学的无缝衔接。

澳大利亚"学生优先"项目的一个重要支柱就是强化课程体系，主要是通过强调澳大利亚国家统一课程、重塑 STEM 学科课程体系以及开发语言课程等方面来实现。

中国"新基础教育"采取了将评价改革贯穿于教学改革研究与实践全过程的策略，改变了评价者在改革之外、评价过程外在于改革过程的传统，使课堂教学评价成为课堂教学改革的认识深化和实践推进中不可缺少的部分，把课堂教学改革实践的深化过程转化为评价改革的深化过程，将课堂教学改革的成果转化为评价改革的重要资源。

（五）成员发展

高效能学校改进项目在帮助个体项目校建构教师专业发展能力上一般采用如下策略与措施：第一，使专业发展面向学校里的所有教职员工而不仅仅是教师。第二，提供高质量且持续（包括职前与在职）的专业发展培训。第三，借助第三方专业团队的力量与服务。第四，专业发展以学校需求为中心，并以课堂为主阵地。第五，给予薪酬、津贴与奖励等激励。

美国"综合性学校改革"项目注重提供高质量、持续的教职员工的专业发展与培训。"为了所有学生的成功"项目强调项目学校的专业发展不仅要面向参与课堂教学的教师，还要涵盖学校的校长、项目引领人、学校行政管理人员以及学校里的其他工作人员等。由于专业发展所面向的对象比较广泛，所以项目学校积极利用第三方专业团队——"为了所有学生的成功"基金会所提供的专业发展服务。

英国"全面提升教育质量"项目关注教师的专业发展，强调项目学校教师专业发展的策略是：一方面要以学校发展需求为中心，另一方面要注重将课堂打造成教师发展的主要阵地。在"教育行动区"项目中，每个"教育行动区"还设立了一所专家学校，为项目学校的教师和课堂助理教师提供技能培训。"国家挑战"项目在新教师的专业发展上所采取的策略是，让培训者在学校的第一年接受初任教师培训，并接受校内外各科任教师和专家教师的指导，确保在第一年取得教师资格，两年之后转为全职教师。此外，项目还在学校层面为教师和学科带头人提供相关教学指导与支持：一是鼓励教师攻读新的教与学硕士学位，以提升自身教学水平；二是为科学教师提供额外津贴；三是开展两个专项计划——"核心加"和"领导核心科目"。

德国"中小学尖子生培养资助计划"要求教师提高识别儿童和青少年潜力的敏锐性。通过教师培训，他们可以获得个性化的指导，掌握学习诊断的方式以及处理学生水平差异的方法。

荷兰"数学改进项目"要求教师和学校管理者全员参与深入的专业发展活动，同时指定专人担任协调员，把握项目进程，支持项目实施。此外，还要求三年级教师参与项目的外部评估。

日本"教师互学互助体系"的四个举措之一就是教师研修。教育委员会与大学形成教师培养连携关系，共同构建高质量的教师研修体系。另外，基于"在学校中培养教师"的理念，教育委员会以提高教师资质能力为目标，根据教师资历和职业能力，在通过实施校外研修提高教师资质的同时，着力发展以在职培养为支撑的校内互助研修制度，让每个教师都拥有自己的研究课题并自觉进行研修。

澳大利亚"学生优先"项目将提升教师质量作为四个改革支柱之一，并采取如下举措：确立全国教师专业标准；实行读写和计算能力测试，确保职前教师的专业能力；成立专门的顾问团给予职前教师专业建议和指导，以便为未来的课堂教学做好准备；实施"为澳大利亚而教"，为那些具有较高素质但非教师专业出身的毕业生提供教师工作，引导其到落后偏远中学去任教。"高品质学校和高水平学业"项目所采取的五项重要举措之一就是提高教师质量，其主要路径是提高薪酬、给予奖励、进行合格教师资格认证。"智慧学校"项目三个子计划之一就是"提升教师质量"，强调对整个教师职业生涯关键点的关注，通过设定相应的改革愿景、策略及绩效指标，来吸引、安置、培养和挽留高水平的教师。

高效能学校改进项目在帮助个体项目校提升学生学业能力上一般采用如下策略与措施：第一，将提升学生学业成就定位为学校改进计划的最终目标，一切改进策略都以此为核心开展。第二，不仅关注学生核心学业能力的提升，如基础读写和计算能力、STEM技能，还重视提高学生的批判性思维能力、全球竞争力和国际交往能力。第三，除常规课程与教学外，还重视通过体育、竞赛等活动形式，丰富教学情境，增强学生的学习兴趣。第四，尤为关注原住民学生、移民学生、低龄学生、后进学生、尖子生等特殊学生群体的学业发展。

英国"全面提升教育质量"项目的总体目标是提升学生成就。在该项目中，"成就"被定义得很宽泛，其内涵因每所学校改进计划目标的不同而不同。一般而言，学生成就主要包括批判性思维能力、学习技能、测试成绩等。"国家挑战"项目所采取的一切改进策略都围绕学生的核心科目成绩提升而展开，这主要体现在为薄弱学校的学生提供一对一的辅导和学习支持上。此外，还引入了青年运动信托基金，旨在通过体育以及其他相关教学法来提升学生的学习兴趣，丰富教学情境，最终提升学生的英语和数学成绩。

在德国"未来的教育和照管"项目中，全日制学校在促进教育机会均等方面发挥了很大作用，尤其是让弱势群体得到了充分的教育与照管，并得到教师的个别辅导，这有利于消除他们与其他学生之间的差距，消除家长的后顾之忧。"中小学尖子生培养资助计划"除了课程和教学外，还开展了一系列活动作为补充举措，促进尖子生才能和潜力的发挥。这些措施包括：举办中小学生竞赛，成立中小学生研究院、中小学生实验室以及中小学生科研中心，设立奖学金项目和国外交流项目，等等。

澳大利亚"学生优先"项目的主要目标是有效提升教育质量以及全体学生的学业水平。为了培养在 21 世纪国际竞争中有优势的人才，该项目希望能够提升学生的基础读写能力和计算能力、数字素养和 STEM 技能、全球竞争力与国际交往能力。"高品质学校和高水平学业"项目采取的五项重要举措之一就是提高学生在读写、算术和 STEM 等学科的学业表现。具体而言，它要求教师在学校采用清晰的读写和算术教学；每年都对一年级学生的读写、语音和算术能力进行评估，并且提供相应的报告给家长。另外一项措施是，帮助学生为迎接全球化时代做好准备，主要从提升学生的语言能力、为学生提供职业生涯规划以及培养学生 21 世纪技能等三个方面，提升澳大利亚学生的全球竞争力；关注处境不利学生的成长与发展，加大对处境不利学生的资金投入，保证处境不利学生的出勤率。"智慧学校"项目的三个子计划之一就是"提升学生读写与算术能力"，尤其注重原住民学生、低龄学生、后进生读写和算术成绩的持续提高。

中国"新基础教育"所采取的策略是：提升价值，开发学生工作的独特育人价值；重心下移，以"学生立场"开展学生工作；培养一批善于研究、提升儿童成长需要的智慧型班主任。

（六）成员参与

高效能学校改进项目在帮助个体项目校促进教职员工参与上一般采用的策略与措施是，让教职员工充分参与学校改进的全过程。首先，让教职员工投票选取适合本校的改进模型或参与制订校本的学校改进计划。其次，学校改进举措的落实也离不开全体教职员工的支持与配合。最后，监督和评估学校改进的实施与成效也是学校全体教职员工的职责。高效能学校改进项目在帮助个体项目校促进"学生参与"上采用的策略与措施为：让学生参与学校决策、对自己的日常行为负责、参与课堂等。

具体来看，在美国"综合性学校改革"项目中，项目学校一般由教职员工投票选择适合本校的综合性学校改革模型，有的甚至硬性规定通过率必须达到80%，这主要是为了充分调动教师主体的改进热情。

在英国"全面提升教育质量"项目中，学校全体成员参与改进计划的制订过程。学校全体成员都应意识到监测、评估教育质量是每位成员的职责。项目合同规定，参与该项目的决定必须是学校全体教师集体讨论的结果，项目学校应积极鼓励全体教师参与改进的全过程。在学生的改进参与上，该项目明确指出可以通过学校组织层面（参与学校决策，对自己的日常行为负责）和课堂教学层面（参与课堂以掌握组织、计划、决策等技能，对自己的课程学习行为负责）两大途径来实现。

（七）数据调查与反思

高效能学校改进项目在帮助个体项目校开展数据调查与反思上采取的举措是，让数据调查与反思贯穿学校改进的全程。

具体来看，美国"综合性学校改革"项目要求对项目学校改进实施状况和学生学业成就进行评估。"为了所有学生的成功"项目注重对改进过程的调查与评估，譬如开展八周阅读评估。

在英国"全面提升教育质量"项目中，学校成员共同调查、反思学校发展的数据并用于学校改进。在学校改进的三个阶段，调查与反思的侧重点各有不同：在初步建立阶段，调查与反思的目的在于明晰项目学校发展的优势与劣势，确定优先改进事项，进而制定改进计划；在深入开展阶段，调查与反思的目的在于了解优先改进事项的进展状况，并针对问题及时修订完善下一阶段的改进计划；而在持续推动阶段，调查与反思主要是为了固化改进成果，促进持续改进。

荷兰"小学自我评估"项目将学校效能研究的成果用于开发系统，以监测学校教育质量。该项目致力于开发一套良好的自我评估工具，供荷兰小学使用。基于评估结果，向项目学校提供反馈报告，支持学校制定改进计划。

（八）协调与合作

高效能学校改进项目在帮助个体项目校进行协调与合作上实施的举措主要表现为两大方面：第一，设置项目协调员角色。如美国"综合性学校改革"项目的项目引领人或教练，英国"全面提升教育质量"项目的项目骨干，英国"教育行动区"项目的项目主管，英国"国家挑战"项目的国家挑战顾问等。第二，通过活动加强沟通与合作。

具体来看，几乎所有的综合性学校改革项目都会引入引领人或者教练，他们观察教师的教学，推动教师间相互合作，促进关于学生工作、课堂教学实践以及其他要素的讨论，确保项目要素之间的协调，并且在校长和教师之间扮演着一个交流沟通桥梁的角色。

英国"全面提升教育质量"项目不仅十分重视学校改进中的协调工作，而且指导项目学校在改进过程中开展合作与沟通的协调工作。第一，建立推进协调的项目骨干小组。第二，成立促进合作的教师工作小组。第三，构建有利于沟通的交流网络。"教育行动区"项目中各教育行动区的日常运作由一名项目主管负责，他与行动区内的学校校长们密切合作，实施行动论坛所制定的行动计划。"国家挑战"项目的首要改进策略就是设立国家挑战顾问，每所国家挑战学校都被分配一名国家挑战顾问，该顾问与学校领导层一起合作，共同制定改进计划，开展学校改进工作。

中国"集团化办学"以活动为平台开展交流与合作。许多教育集团成立后，积极设计和开展多样的活动，旨在打造管理层互动、教师互动、生生互动的局面，形成师资、课程、活动等共建、共享的局面。

上文对美国、英国、德国、荷兰、日本、澳大利亚和中国 22 个高效能学校改进项目实践模式与策略实施进行了比较分析，从中可以看出，不管是哪一种类型的学校改进，政府、大学/研究机构、社会力量和中小学四大主体的协作分工，覆盖学校的综合性改革目标，重视对改进的支持、服务、监督、评估，外部支持合作与内部能力建设，是学校改进实践获得成功并持续保持高效能的重要因素。

这些探索与发现也为我国高效能学校改进实践的发展提供了积极的借鉴。

参考文献

中文文献

鲍传友, 2015. 新型 UDS 合作: 推进区域教育综合改革的探索: 以北京市顺义区城乡联动教育综合改革项目为例 [J]. 中小学管理 (9): 39-42.

本刊编辑部, 2009. 名校集团: 教育均衡的探寻与践行 [J]. 教育科学论坛 (11): 70-77.

曹秀娟, 2010. 英国 "国家挑战计划" 初探 [D]. 重庆: 西南大学.

陈纯槿, 王红, 2010. 英国学校改进中的教师领导研究述评 [J]. 外国中小学教育 (9): 36-39.

陈丽, 方中雄, 等, 2010. 基于品牌塑造的学校改进 [M]. 北京: 北京师范大学出版社.

陈蓉辉, 马云鹏, 2008. 赋权增能: 教师课程参与的保障: 美国教师 "赋权增能" 策略及启示 [J]. 外国教育研究 (2): 17-21.

陈如平, 2015. "整体建构": 学校改进的实践模式 [J]. 中小学管理 (4): 18-20.

陈如平, 2017. 关于新样态学校的理性思考 [J]. 中国教育学刊 (3):

35-39.

陈文娇，湛卫清，2017. "一校多区"集团化办学的管理学审视［J］. 教育研究与实验（4）：80-86.

陈学敏，2010. 英国"教育行动区"计划探究［D］. 苏州：苏州大学.

陈志强，2012. 澳大利亚"智慧学校"计划研究［D］. 北京：北京师范大学.

陈志伟，2016. 德国全日制学校教育发展现状及启示［J］. 外国中小学教育（5）：22-28.

成刚，杜思慧，许亚男，等，2022. 集团化办学对城乡义务教育质量的影响研究：基于中国教育追踪调查的实证分析［J］. 教育经济评论（2）：65-84.

楚旋，2010a. 美国学校改进历史演进及启示［J］. 外国中小学教育（1）：1-7.

楚旋，2010b. 学校改进范式的要素分析及其启示［J］. 教育发展研究（15-16）：59-63，86.

董齐，叶辉，2009. "名校集团化"：杭州教育均衡第一步［N］. 光明日报，2009-03-25（5）.

富兰，2013. 变革的挑战：学校改进的路径与策略［M］. 叶颖，高耀明，周小晓，译. 北京：北京大学出版社.

高峡，2006. 日本义务教育改革新动向：日本中央教育审议会2005年咨询报告的主旨及其启示［J］. 教育科学研究（9）：58-62.

古得莱得，2006. 一个称作学校的地方［M］. 苏智欣，胡玲，陈建华，译. 上海：华东师范大学出版社.

顾月华，2015. 集团化办学的使命［J］. 人民教育（19）：43-45.

管杰，2015. 教育集群：区域教育治理新模式［J］. 中小学管理（2）：11-13.

管杰，2017. "互联网+"教育集群实现区域教育优质、均衡发展

［J］. 中国民族教育（7-8）：34-35.

管杰，郭秀平，2016. 教育集群运行机制建设的四个关键词［J］. 中小学管理（9）：42-44.

杭平，1997.《优质学校教育》：香港教育统筹委员会第七号报告书简介［J］. 课程·教材·教法（7）：55-57.

何奉颖，2010. 香港中文大学参与中小学校改进的历史进程与启示［J］. 大学（学术版）（12）：75-79，68.

何璇，2015. 美国"学校改进资助计划"研究［D］. 重庆：西南大学.

贺武华，2009. 杭州名校集团化政策过程分析：基于政策精英理性主导的视角［J］. 教育发展研究（5）：18-23.

贺武华，宋晓慧，2009. 20 世纪 80 年代以来的澳大利亚公共教育改革：经济理性主义与新管理主义主导［J］. 外国中小学教育（1）：30-35.

胡定荣，2013. 薄弱学校的教学改进：大学与中学的合作研究［M］. 北京：教育科学出版社.

胡森，2014. 美国综合性学校改革政策执行研究：基于史密斯政策执行过程［D］. 北京：北京师范大学.

胡晓航，杨炎轩，2014. 学校改进的基本内容、空间次序与群体策略［J］. 教育科学研究（2）：33-37.

黄华，2012. 从半日制到全日制：德国中小学学制改革在争议中艰难前行［J］. 比较教育研究（10）：32-36.

姜美玲. 2002. 当前荷兰基础教育督导体系及其启示［J］. 全球教育展望（9）：72-76.

江南，翁迪凯，2005. 杭州：集团化共享名校资源［N］. 人民日报，2005-07-18（11）.

李爱萍，杨梅，2004. 20 世纪德国基础教育改革政策的演进与启示［J］. 外国教育研究（11）：25-29.

李保强，刘永福，2010. 学校改进的历史回溯及其多维发展走向［J］.

教育科学研究（2）：28-32.

李华利，2011. 英国义务教育薄弱学校改进策略研究［D］. 大连：辽宁师范大学.

李辉，2017. 美国跃进学校项目变革薄弱学校的模式分析［J］. 教师教育研究（5）：109-114.

李家成，2009. 重建学生学校日常生活的教育努力："新基础教育"学生工作的"魂""体""理""脉"［J］. 中国教育学刊（9）：17-20，27.

李家成，2017. "新基础教育"的班级建设研究［J］. 中国教育学刊（6）：17-20.

李西佳，荆娟，2007. 美国"学校综合改革项目"述评［J］. 基础教育参考（6）：33-34.

李新翠，2015. 澳大利亚基础教育［M］. 上海：同济大学出版社.

李洋，2017. 澳大利亚基础教育质量提升策略及启示：兼论"学生优先"一揽子改革项目［J］. 外国中小学教育（8）：14-22.

李奕，2017. 集团化办学：基础教育基本公共服务模式的转型升级［J］. 人民教育（11）：15-20.

李永康，2014. 初中多元化校本课程体系的探索：以北京市三帆中学为例［J］. 课程·教材·教法（9）：3-8.

李政涛，2015. "新基础教育"研究传统［M］. 福州：福建教育出版社.

李政涛，2017. 什么是"新基础教育"研究［J］. 中国教育学刊（6）：1-5.

李政涛，2019. 深度开发与转化学科教学的"育人价值"［J］. 课程·教材·教法（3）：55-61，101.

李子建，2012. 香港课程与学校改革：对学校领导的启示［J］. 中小学管理（1）：43-45.

李子建，赵志成，1998. 迈向优质学校教育：香港《跃进学校计划》的特色［J］. 上海高教研究（1）：45-48.

梁歆，黄显华，2007. 从实施策略的视角简述美国学校改进的发展历程 [J]. 全球教育展望（8）：36-40，12.

梁歆，黄显华，2010. 学校改进：理论和实证研究 [M]. 上海：华东师范大学出版社.

林福森，李化玲，2010. NCLB 与美国联邦基础教育价值取向的转变：基于 Title I 评价的视角 [J]. 外国教育研究（2）：78-81.

刘熙，2008. 英国布朗政府教育改革新思维 [J]. 世界教育信息（8）：12-15.

刘晓，2015. 名校集团：优质教育均衡覆盖的"成都模式" [J]. 教育与教学研究（10）：15-19.

卢乃桂，2007. 能动者的思索：香港学校改进协作模式的再造与更新 [J]. 教育发展研究（24）：1-9.

卢乃桂，2012. "照顾学习差异"：走向优质的时代命题：基于香港实施"优质学校改进计划"15 年的视角 [J]. 上海教育（10）：60.

卢乃桂，张佳伟，2007a. 学校改进中的学生参与问题研究 [J]. 教育发展研究（8）：6-9.

卢乃桂，张佳伟，2007b. 学校效能与学校改进走向结合的理论基础的探讨 [J]. 教育学报（5）：3-7.

卢乃桂，张佳伟，2009. 院校协作下学校改进原因与功能探析 [J]. 中国教育学刊（1）：34-37.

吕达，周满生，2004a. 当代外国教育改革著名文献：美国卷：第四册 [M]. 北京：人民教育出版社.

吕达，周满生，2004b. 当代外国教育改革著名文献：日本、澳大利亚卷 [M]. 北京：人民教育出版社.

吕敏霞，2011.《2009 美国复苏与再投资法案》背景下薄弱学校改造的新动向：四种模式 [J]. 外国教育研究（5）：10-14.

马德益，2005. 英国基础教育薄弱学校改革的市场化特征 [J]. 外国教育研究（4）：47-50.

　　马健生，时晨晨，2015. 英国"全面提升教育质量"项目成功的动力之源：基于霍普金斯能量建构理论的分析［J］. 比较教育研究（12）：67-72.

　　马金森，2007. 现代澳大利亚教育史：1960 年以来的政府、经济与公民［M］. 沈雅雯，周心红，蒋欣，译. 杭州：浙江大学出版社.

　　马云鹏，金宝，等，2013. 三方合作与支持：学校改进的 U-A-S 模式探索［M］. 北京：教育科学出版社.

　　马云鹏，欧璐莎，金宝，2011. 从双方合作到三方合作：学校改进模式新探索：以鞍山市铁东区为例［J］. 中国教育学刊（4）：25-28.

　　毛亚庆，2016. 集团化办学效用如何保证［N］. 中国教育报，2016-03-30（5）.

　　孟繁华，田汉族，2007. 走向合作：现代学校组织的发展趋势［J］. 教育研究（12）：55-59.

　　孟繁华，张蕾，佘勇，2016. 试论我国基础教育集团化办学的三大模式［J］. 教育研究（10）：40-45.

　　孟可可，2014. 荷兰调整学校质量监管方式［J］. 世界教育信息（10）：76-77.

　　莫兰德斯，2011. 荷兰初等教育监测与评估系统［J］. 考试研究（6）：3-12.

　　牛道生，2004. 澳大利亚基础教育［M］. 广州：广东教育出版社.

　　潘晶，孙河川，2016. 荷兰基础教育质量监测与评估［J］. 世界教育信息（5）：55-59.

　　庞庆举，2009. 论"新基础教育"之"新"［J］. 中国教育学刊（9）：8-12.

　　庞庆举，2017. 论"新基础教育"理论的实践影响力［J］. 中国教育学刊（6）：6-10.

庞祯敬，谭媛媛，林双，2013. 成都模式：统筹区域基础教育均衡发展的有益探索［J］. 上海教育科研（10）：25-28，63.

秦琳，2015. 德国基础教育［M］. 上海：同济大学出版社.

时晨晨，2016. 美国高效能学校改进的能量建构研究：以"为了所有学生的成功"项目为例［D］. 北京：北京师范大学.

舒惠，张新平，2017. 优质均衡愿景下的学校内生发展之路［J］. 中国教育学刊（6）：52-57.

苏启敏，王海涛，2016. 从标准化到差异化：学校质量评价目标的观念转移［J］. 教育科学（2）：7-14.

孙河川，高鸿源，刘扬云，2006. 从薄弱走向优质：欧盟国家薄弱学校改进之路［M］. 北京：高等教育出版社.

孙进，2010. 变革中的教育体制：新世纪德国普通中等教育改革［J］. 比较教育研究（7）：36-40.

孙晋露，2015. 日本中小学新学制改革探究：以"初小一贯制"教育的制度化为中心［J］. 比较教育研究（12）：89-94.

孙颖，2016. 集团化办学模式阶段化"移植"的可行性研究：基于义务教育阶段的探讨［J］. 教育科学研究（11）：33-36.

孙元涛，2017. 论"新基础教育"学校领导与管理变革的理论创新［J］. 中国教育学刊（6）：21-24，82.

唐科莉，2015. "独立公立学校计划"：澳大利亚公立学校自治化改革新探索［J］. 中小学管理（11）：31-33.

汪利兵，2001. 公立学校私营化：英国"教育行动区"案例研究［J］. 比较教育研究（1）：48-51.

王嘉毅，程岭，2011. "U-S"合作及其多元化模式建构：兼述第五届两岸四地"学校改进与伙伴协作"学术研讨会［J］. 教育发展研究（20）：39-43.

王建，2016. 城乡一体化义务教育发展战略和机制：基于苏州和成都的

实践模式研究 [J]. 教育研究（6）：43-50.

王建军，叶澜，2003. "新基础教育"的内涵与追求：叶澜教授访谈录 [J]. 教育发展研究（3）：7-11.

王凯，2013. 名校集团化：区域义务教育均衡发展策略 [J]. 基础教育（2）：17-21，28.

王黎，2013. 荷兰教育督导制度及其督导模式最新发展 [J]. 比较教育研究（10）：39-43.

王世伟，2017. 香港学校改进计划的历史演进与启示：以香港中文大学院校合作改进计划为例 [J]. 现代教育论丛（5）：72-77.

王祥，王泓萱，2008. 香港的教育质量保证和学校监督：责任构架、策略及其挑战 [J]. 教育发展研究（18）：11-16.

王艳玲，2005. 社区共建：英国改造薄弱学校的新举措 [J]. 外国教育研究（4）：51-55.

王玉国，李洪玲，2013. "美国的选择"学校设计实践及启示 [J]. 外国教育研究（7）：3-10.

王志强，2010. 《2009 美国复苏与再投资法案》教育项目解读 [J]. 比较教育研究（4）：62-66.

王智超，2013. 学校改进活动中校长与教师转型的实现：基于分布式领导思想的思考 [J]. 现代教育管理（11）：45-49.

魏春洋，陈凤，2007. 多元、开放、自由的荷兰教育 [J]. 基础教育参考（5）：46-47.

邬志辉，2010. 学校改进的"本土化"与内生模式探索：大学与中小学合作伙伴关系的维度 [J]. 教育发展研究（4）：1-5.

吴莹，周嘉，2015. 试析近代日本实用主义教育思想的特点 [J]. 东北师大学报（哲学社会科学版）（2）：170-175.

伍红林，2020. 学校共生群的理念、运作与治理：基于"新基础教育"生态区建设的探索 [J]. 教育发展研究（20）：39-45.

修春民，2014. 德国加强中小学尖子生培养 ［J］. 世界教育信息（5）：75.

徐昌和，柳爱群，2012. 质量为本：德国二十一世纪前十年基础教育改革回眸 ［J］. 外国中小学教育（5）：1-7.

徐晓红，2014.21 世纪澳大利亚基础教育改革政策评析：基于 PISA 测试的结果 ［J］. 外国中小学教育（3）：4-10.

徐一超，施光明，2012. 名校集团化：教育均衡发展的实践演绎 ［M］. 杭州：浙江大学出版社.

薛海平，孟繁华，2011. 中小学校际合作伙伴关系模式研究 ［J］. 教育研究（6）：36-41.

杨刚，2021. 教育高质量发展背景下集团化办学的思考与实践：以中关村二小集团化办学为例 ［J］. 中国教育学刊（增刊）：149-151.

杨琴，徐辉，2017. 德国移民教育的现状与发展新趋势 ［J］. 西南大学学报（社会科学版）（2）：95-99.

杨志成，张祥兰，2016. 激发学校文化力：学校文化建设北京经验 ［M］. 北京：北京师范大学出版社.

叶澜，2003. 教育创新呼唤"具体个人"意识 ［J］. 素质教育大参考（4）：6-7.

叶澜，2006. "新基础教育"论：关于当代中国学校变革的探究与认识 ［M］. 北京：教育科学出版社.

叶澜，2011. 略论"新基础教育"研究之路的若干特征 ［J］. 基础教育（2）：5-14.

叶澜，2013. "生命·实践"教育学派：在回归与突破中生成 ［J］. 教育学报（5）：3-23.

叶澜，2018. "新基础教育"班级建设究竟"新"在哪里：在全国"新基础教育"共生体学生工作第四次专题研讨会上的发言 ［J］. 班主任之友（小学版）（3）：38-40.

叶澜，2020. 溯源开来：寻回现代教育丢失的自然之维：《回归突破："生命·实践"教育学论纲》续研究之二（下编）[J]. 中国教育科学（中英文）（2）：3-29.

叶澜，李政涛，等，2010. "新基础教育"研究史 [M]. 北京：教育科学出版社.

叶澜，吴亚萍，2003. 改革课堂教学与课堂教学评价改革："新基础教育"课堂教学改革的理论与实践探索之三 [J]. 教育研究（8）：42-49.

叶晓玲，2011. 20 世纪 90 年代以来英国改造薄弱学校政策研究 [D]. 昆明：云南师范大学.

俞可，2003. 德国：40 亿欧元打造全日制学校 [J]. 上海教育（19）：57.

俞可，陈丹，赵帅，2017. 循证：欧盟教育实证研究新趋向 [J]. 华东师范大学学报（教育科学版）（3）：142-149，173.

张德伟，2003. 日本基础教育 [M]. 呼和浩特：内蒙古教育出版社.

张东娇，2010a. 论学校文化管理策略 [J]. 中小学管理（9）：46-49.

张东娇，2010b. 三方协作同盟：学校发展新主张 [J]. 中国教育学刊（4）：66-69.

张东娇，2013. 学校文化驱动模型的基础、需求与贡献 [J]. 教育科学（1）：6-9.

张东娇，2014a. 价值驱动型学校的特征、文化哲学与建设策略 [J]. 北京师范大学学报（社会科学版）（5）：5-12.

张东娇，2014b. 论学校文化管理中的价值重塑与流程再造 [J]. 教育科学（2）：9-12.

张东娇，2016a. 论学校文化的双重属性 [J]. 中国教育学刊（2）：37-42.

张东娇，2016b. 学校文化的秀外慧中 [J]. 中小学管理（3）：21-25.

张东娇，2016c. 研讨式评建：学校文化建设北京经验 [M]. 北京：北京师范大学出版社.

张东娇,2019a. 论学校管理的微妙性均衡 [J]. 清华大学教育研究 (6):27-32.

张东娇,2019b. 绘制学校文化管理地图:价值取向与路径选择 [J]. 中小学管理 (6):34-37.

张东娇,2019c. 学校文化建设成就美好教育生活 [J]. 中国教育学刊 (4):48-52.

张东娇,2022. 学校文化驱动模型:一项完整的中国学校改进经验的报告 [J]. 清华大学教育研究 (1):23-33,86.

张凤华,张东娇,2014. 学校文化建设与评估指标体系的研制与思考:基于北京市中小学学校文化建设示范校创建活动的研究 [J]. 中小学管理 (7):15-18.

张国华,2006. 从视学到学校评估:香港教育质量保证机制演变的启示 [J]. 教育发展研究 (6):24-27.

张济洲,2008. "国家挑战" 计划:英国政府改造薄弱学校的新举措 [J]. 外国中小学教育 (10):22-24,21.

张佳伟,卢乃桂,2010. 学校改进中教师领导研究述评 [J]. 教育学报 (3):35-40.

张建,程凤春,2016. 名校集团化办学的学校治理:现实样态与实践理路 [J]. 中国教育学刊 (8):16-22.

张爽,孟繁华,2014. 城乡学校一体化组织模式研究 [J]. 教育研究 (11):45-52.

张爽,孟繁华,陈丹,2013. 城乡学校一体化发展模式探究 [J]. 中国教育学刊 (8):27-31.

张向众,叶澜,2015. "新基础教育" 研究手册 [M]. 福州:福建教育出版社.

张新平,2015. 对义务教育优质学校及其建设路径的几点思考 [J].

教育研究（4）：70-78.

张新平，2016. 义务教育优质学校的建设路径［J］. 教师教育学报（1）：78-92.

张玉娴，2015. 追求公平和卓越：新世纪以来澳大利亚基础教育改革研究［D］. 上海：华东师范大学.

赵志成，何碧愉，张佳伟，等，2013. 学校改进：理论与实践［M］. 香港：香港教育研究所.

钟秉林，2017. 关于基础教育集团化办学的若干思考［J］. 中国教育学刊（12）：3.

钟亚妮，卢乃桂，2011. 香港学校改进的个案分析：教师改变，从"心"开始［J］. 中小学管理（11）：45-47.

周丽华，2003. 德国基础教育的改革理念与行动策略：解读德国教育论坛"十二条教改建议"［J］. 比较教育研究（12）：6-10，37.

朱向军，2005. 基础教育均衡发展的杭州模式：名校集团化办学剖析［C］//中国教育学会教育经济学分会. 2005 年中国教育经济学学术年会论文集. 桂林：广西师范大学，

朱向军，2006. 名校集团化办学［M］. 北京：中国青年出版社.

朱忠明，2015. 美国"学校发展计划"模式实践与启示［J］. 外国中小学教育（12）：26-30，10.

外文文献

Ainscow M, Beresford J, Harris A, et al. , 2000. Creating the conditions for school improvement: a handbook of staff development activities［M］. 2nd ed. London: Routledge.

Ainscow M, Dyson A, Goldrick S, et al. , 2016. Using collaborative inquiry to foster equity within school systems: opportunities and barriers［J］. School effectiveness and school improvement, 27（1）：7-23.

Atelier Learning Solutions Pty Ltd, 2012. Final report on analysis of activity and evaluation effort in the Smarter Schools National Partnerships, phase 1 of the national evaluation of the Smarter Schools National Partnerships [R]. Edenvale: Atelier Learning Solutions Pty Ltd.

Australian Department of Education, 2014. Review of the Australian curriculum: final report [R]. Canberra: Australian Department of Education.

Australian Department of Education and Training, 2015. National evaluation for the low SES national partnership and the literacy and numeracy national partnership-impact stage [R]. Canberra: Australian Department of Education and Training.

Australian Department of Education and Training, 2016. Quality schools, quality outcomes [Z]. Canberra: Australian Department of Education and Training.

Australian Department of Education, Skills and Employment, 2022. Quality schools package [EB/OL]. [2022-05-07]. https://www. dese. gov. au/quality-schools-package.

Australia Institute for Teaching and School Leadership, 2017a. Australian professional standard for principals and the leadership profiles [EB/OL]. [2017-10-02]. https://www. aitsl. edu. au/docs/default-source/default-document-library/australian-professional-standard-for-principals-and-the-leadership-profiles652c8891b1e86477b58fff00006709da. pdf? sfvrsn=11c4ec3c_0.

Australia Institute for Teaching and School Leadership, 2017b. Australian professional standards for teachers [EB/OL]. https://www. aitsl. edu. au/docs/default-source/apst-resources/australian_professional_standard_for_teachers_final. pdf.

Barr A, Gillard J, Firth V, et al. , 2008. Melbourne declaration on educational goals for young Australians [Z]. Canberra: Ministerial Council on Education, Employment, Training and Youth Affairs.

Blok H, Sleegers P, Karsten S, 2008. Looking for a balance between internal and external evaluation of school quality: evaluation of the SVI model [J]. Journal of education policy, 23 (4): 379-395.

BMBF, 2015. Flüchtlinge durch Bildung integrieren [EB/OL]. (2015-09-30) [2017-11-15]. https://www. bmbf. de/bmbf/shareddocs/kurzmeldungen/de/fluechtlinge-durch-bildung-integrieren. html.

BMBF, 2017. Gemeinsame Initiative von Bund und Ländern-Bessere Entwicklungsmöglichkeiten für leistungsstarke und leistungsfähige Schülerinnen und Schüler [EB/OL]. [2017-11-15]. https://www. bmbf. de/bmbf/shareddocs/pressemitteilungen/de/gemeinsame-initiative-von-bund-ige-schuelerinnen-und-schueler. html.

BMFSFJ, 2017. 12. Kinder-und Jugendbericht: Bericht über die Lebenssituation junger Menschen und die Leistungen der Kinder- und Jugendhilfe in Deutschland [EB/OL]. [2017-10-31]. https://www. fachportal-paedagogik. de/literatur/vollanzeige. html? FId=776929#verfuegbarkeit.

Borman G D, Hewes G M, Overman L T, et al. , 2003. Comprehensive school reform and achievement: a meta-analysis [J]. Review of educational research, 73 (2): 125-230.

Center on Innovation & Improvement, 2017. Selecting the intervention model and partners/providers for a low-achieving school: a decision-making and planning tool for the local education agency [EB/OL]. [2017-09-12]. http://www. centerii. org/leamodel/.

Chapman C, Armstrong P, Harris A, et al. , 2011. School effectiveness and improvement research, policy and practice: challenging the orthodoxy? [M]. London: Routledge.

Cheung A, Slavin R E, 2005. Effective reading programs for English language learners and other language-minority students [J]. Bilingual research journal, 29 (2): 241-267.

Coleman J S, et al. , 1966. Equality of educational opportunity [Z]. Washington, D. C. : National Center for Educational Statistics .

Creemers B, Kyriakides L, Antoniou P, 2013. Teacher professional development for improving quality of teaching [M]. Dordrecht: Springer.

Creemers B P M, Reezigt G J, 2005. Linking school effectiveness and school improvement: the background and outline of the project [J]. School effectiveness and school improvement, 16 (4): 359-371.

Cross C, 2004. Putting the pieces together: lessons from comprehensive school reform research [R]. Washington, D. C. : the National Clearinghouse for Comprehensive School Reform.

Dickson M, Halpin D, Power S, et al. , 2001a. Education Action Zones and democratic participation [J]. School leadership & management, 21 (2): 169-181.

Dickson M, Power S, 2001b. Education Action Zones: a new way of governing education? [J]. School leadership & management, 21 (2): 137-141.

DIPF, 2017. Empfehlungen und Einzelergebnisse des Forum Bildung [EB/OL]. [2017 - 10 - 31]. http: //www. pedocs. de/volltexte/2008/266/pdf / ergebnis: fb_band02. pdf.

Dragoset L, Thomas J, Herrmann, et al. , 2017. School improvement grants: implementation and effectiveness [R]. Washington, D. C. : U. S. Department of Education.

Ehren M C M, Altrichter H, Mcnamara G, et al. , 2013. Impact of school inspections on improvement of schools: describing assumptions on causal mechanisms in six European countries [J]. Educational assessment evaluation and accountability, 25 (1): 3-43.

Ehren M C M, Gustafsson J E, Altrichter H, et al. , 2015a. Comparing effects and side effects of different school inspection systems across Europe [J]. Comparative education, 51 (3): 375-400.

Ehren M C M, Honingh M E, 2011. Risk-based school inspections in the Netherlands: a critical reflection on intended effects and causal mechanisms [J]. Studies in educational evaluation, 37 (4): 239-248.

Ehren M, Perryman J, Shackleton N, 2015b. Setting expectations for good education: how Dutch school inspections drive improvement [J]. School effectiveness and school improvement, 26 (2): 296-327.

Epstein J L, 2010. School/family/community partnerships: caring for the children we share [J]. Phi delta kappan, 76 (9): 701-712.

Franklin B M, 2005. Gone before you know it: urban school reform and the short life of the Education Action Zone initiative [J]. London review of education, 3 (1): 3-27.

Fullan M, 1991. The new meaning of educational change [M]. New York: Teachers College Press.

Fullan M, 2000. The return of large-scale reform [J]. Journal of educational change, 1 (1): 5-27.

Good T L, 2008. 21st century education: a reference handbook [M]. Thousand Oaks, CA: SAGE.

Gray J, Hopkins D, Reynolds D, et al. , 1999. Improving schools: performance and potential [M]. Buckingham: Open University Press.

Gray J, Reynolds D, Fitz-Gibbon C, et al. , 1996. Merging traditions: the future of research on school effectiveness and school improvement [M]. London: Cassell.

Griffin D, 2014. Education reform: the unwinding of intelligence and creativity [M]. Cham: Springer.

Guba E G, 1990. The paradigm dialog [M]. London: SAGE.

Gunter H M, Mills C, 2017. Consultants and consultancy: the case of education [M]. Cham: Springer.

Harris A, 2001. The role of external change agents in school improvement [J]. Improving schools, 4 (1): 20-23.

Harris A, Chrispeels J H, 2006. Improving schools and educational systems: international perspectives [M]. London: Routledge.

Harris A, Day C, Hopkins D, et al., 2013. Effective leadership for school improvement [M]. London: Routledge.

Harris A, Hopkins D, 2001. Capacity building for school improvement: the role of LEA [J]. Management in education, 15 (2): 21-23.

Harris A, Lambert L, 2003. Building leadership capacity for school improvement [M]. Maidenhead: Open University Press.

Harris A, Young J, 2000. Comparing school improvement programmes in England and Canada [J]. School leadership & management, 20 (1): 31-42.

Hattie J, 2003. Teachers make a difference: what is the research evidence? [R]. Melbourne: Australian Council for Educational Research Annual Conference.

Hattie J, 2009. Visible learning: a synthesis of over 800 meta-analyses relating to achievement [M]. London: Routledge.

Hopkins D, 2001. School improvement for real [M]. London: Routledge.

Hopkins D, 2002. Improving the quality of education for all: a handbook of staff development activities [M]. London: Routledge.

Hopkins D, 2005. The practice and theory of school improvement: international handbook of educational change [M]. Dordrecht: Springer.

Hopkins D, Ainscow M, West M, 1994. School improvement in an era of change [M]. London: Continuum Intl Pub Group.

Hopkins D, Reynolds D, 2001. The past, present and future of school improvement: towards the third age [J]. British educational research journal, 27 (4): 459-475.

Hopkins D, Stringfield S, Harris A, et al., 2014. School and system improvement: a narrative state-of-the-art review [J]. School effectiveness and school improvement, 25 (2): 257-281.

Houtveen A A M, van de Grift W, Creemers B, 2004. Effective school improvement in mathematics [J]. School effectiveness and school improvement, 15 (3-4): 337-376.

Houtveen T, 1993. Dutch school improvement project: evaluation results of the first project year [C]. Norrkoping: the Annual Meeting of the International Congress for School Effectiveness and Improvement.

Hoyle E, Megarry J, 2005. World yearbook of education 1980: the professional development of teachers [M]. London: Routledge.

Jencks C, Smith M, Acland H, et al., 1972. Inequality: a reassessment of the effect of family and schooling in America [M]. New York: Basic Books, Inc.

Jones K L, Tymms P, Kemethofer D, et al., 2017. The unintended consequences of school inspection: the prevalence of inspection side-effects in Austria, the Czech Republic, England, Ireland, the Netherlands, Sweden, and Switzerland [J]. Oxford Review of Education, 43 (6): 805-822.

Karsten S, 1999. Neoliberal education reform in the Netherlands [J]. Comparative education, 35 (3): 303-317.

KMK, 2017. Förderstrategie für leistungsstarke Schülerinnen und Schüler [EB/OL]. [2017-11-12]. https://www. kmk. org/fileadmin/Dateien/ veroeffentlichungen _ beschluesse/2015/2015 _ 06 _ 11-Foerderstrategie-leistungsstarke-Schueler. pdf.

Leithwood K, Jantzi D, Mascall B, 2002. A framework for research on large-scale reform [J]. Journal of educational change, 3 (1): 7-33.

Lieberman A, 2005. The roots of educational change [M]. Dordrecht: Springer.

Luginbuhl R, Webbink D, De Wolf I, 2009. Do inspections improve primary school performance? [J]. Educational evaluation and policy analysis, 31 (3): 221-237.

Marginson S, Tytler R, Freeman B, et al. , 2013. STEM: country comparisons: international comparisons of science, technology, engineering and mathematics (STEM) education-final report [R]. Melbourne: Australian Council of Learned Academies.

Masters G N, 2016. Five challenges in Australian school education [R]. Camberwell: Australian Council for Educational Research.

Muijs D, 2010. A fourth phase of school improvement? introduction to the special issue on networking and collaboration for school improvement [J]. School effectiveness and school improvement, 21 (1): 1-3.

Newmann F M, King M B, Young P, 2000. Professional development that addresses school capacity: lessons from urban elementary schools [J]. American journal of education, 108 (4): 259-299.

Newmann F M, Smith B A, Allensworth E, et al. , 2001. Instructional program coherence: what it is and why it should guide school improvement policy [J]. Educational evaluation and policy analysis, 23 (4): 297-321.

O' Donoghue T, Dimmock C, 1998. School restructuring: international perspectives [M]. London: Routledge.

OECD, 2004. Message form PISA 2000 [R]. Paris: OECD Publication.

OECD, 2007. Understanding the brain: the birth of a learning science [M]. Paris: OECD Publication.

OECD, 2012. Does money buy strong performance in PISA? [R]. Paris: OECD Publication.

OECD, 2014. Education policy outlook: Netherlands [EB/OL]. (2014-10-28) [2018-06-12]. http://www.oecd.org/education/EDUCATION% 20POLICY%20OUTLOOK_ NETHERLANDS_ EN%20. pdf.

OECD, 2016. Low-performing students: why they fall behind and how to help them succeed [R]. Paris: OECD Publication.

Ohlhaver F, 2014. Schulentwicklung in Deutschland seit 1964 [EB/OL]. (2014-08-28) [2017-10-05]. https://www.uni-frankfurt.de/51736016/ Ohlhaver_AufsatzSchulentwicklung. pdf.

Perlman C L, Redding S, 2011. Handbook on effective implementation of school improvement grants [EB/OL]. (2011-01-01) [2020-07-16]. http://files.eric.ed.gov/fulltext/ED565866. pdf.

Potter D, Reynolds D, Chapman C, 2002. School improvement for schools facing challenging circumstances: a review of research and practice [J]. School leadership and management, 22 (3): 243-256.

Prosser J, 1999. School culture [M]. London: SAGE.

Reid I, Brain K, 2003. Education Action Zones: mission impossible? [J]. International studies in sociology of education, 13 (2): 195-216.

Reynolds D, Bollen R, Creemers B, et al., 1996a. Making good schools: linking school effectiveness and improvement [M]. London: Routledge.

Reynolds D, Sammons P, Stoll L, et al., 1996b. School effectiveness and school improvement in the United Kingdom [J]. School effectiveness and school improvement, 7 (2): 133-158.

Reynolds D, Hopkins D, Stoll L, 1993. Linking school effectiveness knowledge and school improvement practice: towards a synergy [J]. School effectiveness and school improvement, 4 (1): 37-58.

Scherman V, Bosker R J, Howie S J, 2017. Monitoring the quality of education in schools: examples of feed back into systems from developed and emerging economies [M]. Rotterdam: Sense Publishers.

Schildkamp K, Karbautzki L, Vanhoof J, 2014. Exploring data use practices around Europe: identifying enablers and barriers [J]. Studies in educational evaluation, 42: 15–24.

Schildkamp K, Kuiper W, 2010a. Data-informed curriculum reform: which data, what purposes, and promoting and hindering factors [J]. Teaching and teacher education, 26 (3): 482–496.

Schildkamp K, Visscher A, 2010b. The utilisation of a school self-evaluation instrument [J]. Educational studies, 36 (4): 31–389.

Schildkamp K, Teddlie C, 2008. School performance feedback systems in the USA and in the Netherlands: a comparison [J]. Educational research and evaluation, 14 (3): 255–282.

Schildkamp K, Visscher A, Luyten H, 2009. The effects of the use of a school self-evaluation instrument [J]. School effectiveness and school improvement, 20 (1): 69–88.

Slavin R E, 1987. Ability grouping and student achievement in elementary schools: a best-evidence synthesis [J]. Review of educational research, 57 (3): 293–336.

Slavin R E, 1997. Educational psychology: theory and practice [M]. 5th ed. Needham Heights, MA: Allyn and Bacon.

Slavin R E, Madden N A, 1999a. Multi-site replicated experiments: an application to Success for All [Z]. Atlanta: Annual Meeting of the American Educational Research Association.

Slavin R E, Madden N A, 1999b. Effects of bilingual and English as a second language adaptations of Success for All on the reading achievement of students acquiring English [J]. Journal of education for students placed at risk, 4 (4): 393-416.

Slavin R E, Madden N A, 1999c. Disseminating Success for All: lessons for policy and practice [Z]. [S. l.]: The Center for Research on the Education of Students Placed At Risk.

Slavin R E, Madden N A, 2000. Roots & wings: effects of whole-school reform on student achievement [J]. Journal of education for students placed at risk, 5 (1-2): 109-136.

Slavin R E, Madden N A, 2001. Success for All: research and reform in elementary education [M]. Mahwah: Lawrence Erlbaum Associates.

Soguel N C, Jaccard P, 2008. Governance and performance of education systems [M]. Dordrecht: Springer.

Stoll L, Wikeley F, Reezigt G, 2002. Developing a common model? comparing effective school improvement across European countries [J]. Educational research and evaluation, 8 (4): 455-475.

Teddlie C, Reynolds D, 2001. Countering the critics: responses to recent criticisms of school effectiveness research [J]. School effectiveness and school improvement, 12 (1): 41-82.

Thomson S, De Bortoli L, Buckley S, 2013. PISA 2012: how Australia measures up [R]. Camberwell, Victoria: Australian Council for Educational Research.

Townsend T, 1997. Restructuring and quality: issues for tomorrow's schools [M]. London: Routledge.

Townsend T, 2007. International handbook of school effectiveness and improvement [M]. Dordrecht: Springer.

Van der Bij T, Geijsel F P, Ten Dam G T M , et al. , 2016. Improving the quality of education through self-evaluation in Dutch secondary schools [J].

Studies in educational evaluation, 49: 42-50.

Visscher A J, Coe R, 2002. School improvement through performance feed-back [M]. London: Routledge.

Wikeley F, Stoll L, Lodge C, 2002. Effective school improvement: English case studies [J]. Educational research and evaluation, 8 (4): 363-385.

Yiasemis C, 2008. School improvement: international perspectives [J]. School effectiveness and school improvement, 19 (1): 121-126.

后　记

　　本书是 2015 年度教育部人文社会科学重点研究基地重大项目"学校改进模式与策略比较研究"（项目编号：15JJD880003）的最终研究成果。世界各国的学校改进运动如火如荼正当时，需要勇气、智慧和持续投入。回顾研究，当登高提炼意义；任务完成，当铭记心生感谢。

　　"提炼意义"指回顾和总结研究的高度和角度。

　　这项研究立足于这样的目的论：学校改进的根本目的是引导学生学习和促进其健康成长，建设价值驱动型学校，形成优质教育群落，引导学校成员过一种健康、优雅、从容、完整的美好教育生活。据此目的而成的这一成果适合抱有同样目的的教育研究者、实践者和学习者阅读。

　　这项研究传递这样的认识论：学校改进是一项依靠政府、大学和中小学校多方合作，专业性很强的综合性活动，是持续的教育质量提升与循证改进，以接近最佳教育实践样态。随着理性主义管理思想的胜利、人本主义思想的流行和物质生活的繁荣，公众对好教育的需求持续增长，教育质量持续提高成为主流，世界各国持续关注学校改进的研究与实践，名目繁多的学校改进项目层出不穷。学校改进所面临的共同问题是：成本相对高，成效相对小，成功相对难。系统化工程、专业化网络和数据化驱动是学校改进的未来发展趋势。这些经验为世界各国学校改进的深入研究、广泛开展和持续推进提供了有益借鉴。

这项研究运用这样的方法论：通过对美、英、德、荷、日、澳、中 7 个国家的 22 个代表性学校改进项目的比较分析，发现其共同经验是以促进学生成长为根本目的，注重研究与实践高度互动，以项目方式推进和管理，走政府、大学、中小学校和社会多方合作的道路。

这本书的撰写和叙述采用"总—分—总"的逻辑，以各国学校改进项目为抓手，按照各国学校改进模式特征和策略实施两条线索进行，思路和结构清晰，资料翔实。

必须铭记这项研究及其成果中的合作性智慧。历时五载，勤学苦读；研讨修改，精耕细作。具体分工如下：导论，张东娇、时晨晨；第一章、第二章、第九章，时晨晨；第三章，饶舒琪；第四章，石玥；第五章，黄璐欢；第六章，王希彤；第七章，蔡娟；第八章，邹维；后记，张东娇。张东娇对全书思路、结构和内容进行了设计、把关和修改。感谢这些来自比较教育专业和教育管理专业的作者们，尤其感谢时晨晨的担当和付出。你们的勤奋和才学在这里闪光。感谢学校改进领域成果丰硕的研究者和实践者提供的观点和样例，你们的智慧给予我们营养。感谢教育科学出版社的真诚相助，感谢教育部人文社会科学重点研究基地为课题立项和资助。

反思回顾，当不止于此；质量提升，当永无止境；瞭望前行，当勇敢投入。

张东娇

2020 年 6 月 30 日于北京师范大学

出 版 人　郑豪杰
责任编辑　方檀香
版式设计　郝晓红
责任校对　马明辉
责任印制　米　扬

图书在版编目（CIP）数据

寻找最佳教育实践之路：学校改进国际比较研究 /
张东娇等著. — 北京：教育科学出版社，2023.9
ISBN 978-7-5191-3245-3

Ⅰ. ①寻…　Ⅱ. ①张…　Ⅲ. ①学校管理-对比研究-
世界　Ⅳ. ①G47

中国国家版本馆 CIP 数据核字（2023）第 155464 号

寻找最佳教育实践之路——学校改进国际比较研究
XUNZHAO ZUI JIA JIAOYU SHIJIAN ZHI LU——XUEXIAO GAIJIN GUOJI BIJIAO YANJIU

出 版 发 行	教育科学出版社			
社　　　址	北京·朝阳区安慧北里安园甲 9 号	邮　　编	100101	
总编室电话	010-64981290	编辑部电话	010-64981252	
出版部电话	010-64989487	市场部电话	010-64989009	
传　　　真	010-64891796	网　　址	http://www.esph.com.cn	
经　　　销	各地新华书店			
制　　　作	北京金奥都图文制作中心			
印　　　刷	唐山玺诚印务有限公司			
开　　　本	720 毫米×1020 毫米　1/16	版　　次	2023 年 9 月第 1 版	
印　　　张	23.75	印　　次	2023 年 9 月第 1 次印刷	
字　　　数	314 千	定　　价	82.00 元	